西北宗教论丛

XIBEI ZONGJIAO LUNCONG

唐景福　才让　主编

第2辑

甘肃人民出版社

图书在版编目（CIP）数据

西北宗教论丛. 第2辑 / 唐景福、才让主编. — 兰州 : 甘肃人民出版社，2010.11
ISBN 978-7-226-04035-5

Ⅰ. ①西… Ⅱ. ①唐… Ⅲ. ①宗教—研究—西北地区
Ⅳ. ①B929.2-53

中国版本图书馆CIP数据核字(2010)第225004号

责任编辑：马　强
封面设计：王林强

西北宗教论丛第2辑
唐景福　才让　主编
甘肃人民出版社出版发行
(730030　兰州市南滨河东路520号)
兰州瑞昌印务有限责任公司印刷
开本 710毫米×1020毫米 1/16　印张 16　插页 3　字数 260千
2010年11月第1版　2010年11月第1次印刷
印数：1～1000册

ISBN 978-7-226-04035-5　定价：42.00元

前　言 | QIAN YAN

中国的大西北，地域辽阔而壮美，既有气势磅礴的高山大岭，又有一望无际的平原草地，荒凉的沙漠与繁华的绿洲交错分布。西北地区虽属于干旱荒漠地带，但其地貌却呈现出复杂多样，并非是飞沙走石的单一景观。在其雄浑、苍茫的怀抱中，又不乏精致而具温情的景色。令人惊奇的是，在这高山绵延，沙丘起伏不断的大西北，却是早期欧亚文明的交汇之地。穿越西北的丝绸之路不仅是重要的商道，也是文化交流的通道。干燥的气候，使西北地区保存有大量古代的文化遗存，而每一次的发现都令世界震撼。敦煌学、吐鲁番学、简牍学、西夏学、藏学等东方学学科的兴起，无不与西北地区的考古发现有着直接的关系。西北地区丰富的古代文化资源，总能引来世界的目光。

在历史的长河中，西北地区是多种宗教的传播区域，祆教、佛教、摩尼教、道教、基督教、伊斯兰教等世界性的宗教在这里竞相呈现，成为人类宗教文化的大展台。这些世界性的宗教也是最先在这里发生碰撞、交流与汇合，并互相影响，形成了复杂多样的宗教文化景观。长安以西的丝绸古道上，遍布着佛教的石窟和造像，诉说着佛教从印度一路走来的历史；祆教、摩尼教、基督教、伊斯兰教等宗教亦无不取道于丝绸古道，进入中国内地；中国土生的宗教道教亦由此传入西域、印度，丝绸古道堪称为宗教文化之路。那些悠久而灿烂的宗教文化遗存，至今闪烁着璀璨的光芒，令世人由衷地发出赞叹。在西北地区发掘出的各种文字的古代文献中，宗教文献是其大宗，数量众多，以致研究宗教成为东方学诸多学科领域内的不可或缺的内容，一直受到了学界的关注。而且宗教文化曾是中外文化交流中最为显赫的部分，不研究宗教，无以构建宏大的世界文化交流史。

从历史到现在，西北地区一直保持着民族众多，文化多元的特点。西北地区虽然经历过多种宗教文化的洗礼，但是宗教多元的格局一直得到了保持，而且各种宗教能够和平相处。佛教（包括汉传佛教和藏传佛教）、伊斯兰教、基督教和道教，以及各种民间宗教，仍在西北地区生存发展。宗教的发展在总体的稳定态势中又有所变化，而适应时代是其根本的发展趋向。当代，宗教对西北各民族的影响有大有小，有的民族的宗教信仰出现淡化的趋势，有的又有局部的复兴现象。宗教的价值观或多或少地影响着各民族的思维方式和行为模式，宗教文化与西北各民族间的文化有着各种层面的结合，尤其是少数民族的文化与宗教文化往往重叠在一起，难分彼此，民族特性中宗教特性的表现格外显著。宗教的社会影响以各种方式存在，社会要得到和谐发展，不能不考虑宗教的因素。发挥宗教的积极作用，抑制宗教的消极作用，在西北地区的经济文化发展中应是被长期关注和认真对待的问题。

就宗教学研究而言，西北地区的宗教研究资源可谓丰厚。无论是宗教历史文化方面，还是当代宗教现状及社会影响方面，可研究之领域极为广阔。从现有的研究成果来看，对历史文献资料的梳理考证及相关宗教史事的探讨，在西北的宗教研究中独领风骚，亦颇受中外学界的青睐。而符合学术规范的现实宗教研究成果，则是凤毛麟角，研究的理论和方法亦不够成熟。这一局面，在短期内是无法改变的。由于历史积淀的深厚，学界的兴趣也不会一时转移。而敦煌学、西夏学、藏学、蒙古学等学科的研究中，宗教的研究方兴未艾，正在迎来一个兴盛时期。不过，对西北地区的宗教现状问题的研究具有现实意义，应引起学界的高度重视。西北地区宗教现实问题的研究，实则也是一片肥沃的土壤，值得研究者去辛勤耕耘，必有可观的收获。

这次我们编辑出版的《西北宗教论丛》（第2辑）受到了西北民族大学省级重点学科经费的资助。其中所收论文的研究区域大都以西北地区为主，或与西北地区的宗教有关。研究的内容既有宗教历史、文献等，又有对民族地区的宗教现状的研究和思考。我们愿以此为西北地区的宗教研究尽绵薄之力。不当之处，请识者正之。

编　者

2010 年 10 月 6 日

目　录　CONTENTS

新中国60年中国宗教发展状况述论

【摘　要】 新中国60年，中国的宗教事业与其他社会各项事业的发展一样，呈现出翻天覆地的变化。中国共产党人对宗教的认识由表及里，由浅到深，本身有一个质的飞跃；中国的宗教法制建设也有一个不断完善的过程。中国宗教的发展在新中国60年里的发展是和谐的、平稳的。

我国是一个多种宗教并存、信教群众众多的国家，五大宗教，即佛教、伊斯兰教、道教、基督教和天主教在我国都有传播。全国现有各种宗教信徒1亿多人，宗教活动场所共约13万处，宗教教职人员约36万人，宗教团体近5500个，宗教院校110余所。新中国成立60年来，我国宗教工作努力把马克思主义宗教观的基本原理与中国宗教问题的具体实际相结合，不断探索，实现了对宗教认识、宗教管理、宗教实践方面的一次又一次创新、发展和完善。各宗教革故鼎新、努力发挥积极作用，在与社会主义社会相适应的道路上迈出一个又一个坚实的步伐，充分体现了党的宗教政策的合理性。

一、与时俱进：党对宗教认识质的飞跃

早在1945年，毛泽东主席在《论联合政府》中明确指出："根据宗教信仰的原则，中国解放区内容许各派宗教的存在，不论是基督教、天主教、回教、佛教及其他宗教，只要教徒遵守

人民政府法律，人民政府就给以保护。信教的和不信教的各有他们的自由，不许加以强迫或歧视。”表明了党在早期对宗教所奉行的基本原则和所持的基本观点。新中国建立后，我国实行了宗教信仰自由政策，该政策的实施使我国宗教事业的发展推进到了一个新的历史时期，各宗教信众的数量不断增加，相关宗教机构也进一步趋于合理。

但在“左”倾思想的错误指导下以及十年“文化大革命”的动荡中，我国宗教事业的发展受到了严重的摧残，统战工作部门和宗教工作部门被说成是“执行投降主义路线”、“牛鬼蛇神的庇护所”[①]。直至 1978 年十一届三中全会后，才恢复了宗教信仰自由政策。1979 年 6 月，邓小平同志在全国政协五届二次会议上的开幕词中指出：“我国各兄弟民族……结成了社会主义的团结友爱、互助合作的新型民族关系。各民族的不同宗教的爱国人士有了很大的进步。”[②] 1982 年 3 月，中央书记处又专门研究了社会主义时期的宗教问题，并形成了《关于我国社会主义时期宗教问题的基本观点和基本政策》的文件。这个文件，以马克思主义的观点，论述了宗教的产生、宗教的本质、宗教的消亡，比较系统地总结了新中国成立以来党在宗教问题上正反两个方面的历史经验，阐明了党对宗教问题的基本观点和基本政策，完成了党在宗教问题上的拨乱反正。文件指出：“尊重和保护宗教信仰自由，是党对宗教问题的基本政策，这是一项长期的政策，是一直要贯彻执行到将来的宗教自然消亡的时候为止的政策。”[③]充分体现出党和国家重视宗教问题、尊重各族人民宗教信仰的勇气和作风。这个文件还第一次对“宗教信仰自由”的含义作了解释：“宗教信仰自由，就是说：每个公民既有信仰宗教的自由，也有不信仰宗教的自由；有信仰这种宗教的自由，也有信仰那种宗教的自由；在同一宗教里面，有信仰这个教派的自由，也有信仰那个教派的自由；有过去不信教而现在信教的自由，也有过去信教而现在不信教的自由。”同样，它也第一次规定了“各级爱国宗教组织的基本任务，是协助党和政府贯彻执行宗教信仰自由的政策，帮助广大信教群众和宗教界人士不断提高爱国主义和社会主义觉悟，代表宗教界的合法权益，组织正常的宗教活动，办好教务”；“成为党和政府争取、团结和教育宗教界人士的

---

① 中共中央文献研究室综合研究处、国务院宗教事务局政策法规处编：《新时期宗教工作文献选编》，北京：宗教文化出版社，1995 年，第 1～2 页。

② 《邓小平文选》第二卷，北京：人民出版社，1994 年，第 186 页。

③ 《新时期宗教工作文献选编》，北京：宗教文化出版社，1995 年，第 59 页。

桥梁”。这个文件特别谈到，在基本上全民信教的少数民族当中，生活在基层的共产党员，“执行共产党员不参加宗教活动的规定时，也应当按照具体情况，区别对待，以利于联系群众”。与此同时，各级人民政府陆续对 1958 年以来错划为右派分子的宗教界人士给予了平反，对“文化大革命”期间查收的宗教人士的财物予以归还，被其他部门和单位占用的宗教房产予以清退，关闭的宗教场所予以重新开放。特别是落实宗教房产政策，是一项繁杂的工程，任务十分艰巨，中央要求“一定要有很大的决心和坚强的毅力，要舍得花力量，把这件事抓紧办好”[①]。差不多用了十多年时间，宗教房产的落实工作才基本完成。

1991 年，党中央、国务院正式提出“使宗教与社会主义社会相适应”；1993 年 11 月，江泽民同志在全国统战工作会议上的讲话中提出三句话，即：“一是全面、正确地贯彻执行党的宗教政策，二是依法加强对宗教事务的管理，三是积极引导宗教与社会主义社会相适应。”而在 2001 年 12 月 10 日的讲话中，江泽民同志指出了新世纪宗教工作的基本任务：“全面贯彻党的宗教信仰自由政策，依法管理宗教事务，积极引导宗教与社会主义社会相适应，坚持独立自主自办的原则，巩固和发展党同宗教界的爱国统一战线，维护稳定，增进团结，为推进社会主义现代化建设，实现祖国完全统一，维护世界和平与促进共同发展而努力奋斗。”[②]即在 1993 年“三句话”的基础上又补充了一句：“坚持独立自主自办的原则。”在 2002 年 11 月召开的中共十六大上，这四句话被写进了政治报告中，成为全党的共识。

以胡锦涛同志为总书记的党中央，同样十分重视宗教工作，不仅采取一系列有力措施加强和改善宗教工作，而且根据国内外实际情况的发展变化，提出了许多新理论、新政策。2006 年 10 月 11 日，中共十六届六中全会通过的《关于构建社会主义和谐社会若干重大问题的决定》，对党的宗教政策，从“四句话”扩展为六句话：“全面贯彻党的宗教信仰自由政策，依法管理宗教事务，坚持独立自主自办的原则，积极引导宗教与社会主义社会相适应，加强信教群众同不信教群众、信仰不同宗教群众的团结，发挥宗教在促进社会和谐方面的积极作用。”[③]在十七

---

① 《新时期宗教工作文献选编》，北京：宗教文化出版社，1995 年，第 125～126 页。

② 《江泽民文选》第三卷，北京：人民出版社，2006 年，第 382 页。

③ 胡锦涛：《高举中国特色社会主义伟大旗帜，为夺取全面建设小康社会新胜利而奋斗——在中国共产党第十七次全国代表大会上的报告》，北京：人民出版社，2007 年，第 31～32 页。

大上，胡锦涛同志强调："牢牢把握各民族共同团结奋斗、共同繁荣发展的主题，保障少数民族合法权益，巩固和发展平等团结互助和谐的社会主义民族关系。全面贯彻党的宗教工作基本方针，发挥宗教界人士和信教群众在促进经济社会发展中的积极作用。"十七大通过的《中国共产党章程》，在总纲中增加了"全面贯彻党的宗教工作基本方针，团结信教群众为经济社会发展做贡献"的内容。把党的宗教政策写进党章，这在中国共产党党章中还是第一次，体现了中国共产党对宗教工作更加重视。在十七大成立的中央政治局第二次集体学习会的内容，就是学习宗教问题。胡锦涛同志强调："正确认识和处理宗教问题，切实做好宗教工作，关系党和国家工作全局，关系社会和谐稳定，关系全面建设小康社会进程，关系中国特色社会主义事业发展。我们要从这样的战略高度，充分认识做好新形势下宗教工作的重要性。"

60 年间，党对宗教的认识是从中国宗教实际出发，在实践中不断总结、不断完善、不断发展的，其中，"引导宗教与社会主义社会相适应"最富创新价值，有着非同一般的意义，它标志着我们党在对宗教的认识上有了质的飞跃，体现了马克思主义与时俱进的理论品质，从此，中国共产党将不再被动应付宗教，而是化一切消极因素为积极因素。它是我们党从社会主义初级阶段这一基本国情出发，总结新中国成立以来宗教工作的成功经验作出的科学论断。我国是社会主义国家，我国宗教是在社会主义条件下存在和活动的，必须与社会主义社会相适应。这既是社会主义社会对我国宗教的客观要求，也是我国各宗教自身存在的客观要求。

引导宗教与社会主义社会相适应，是我们党对马克思主义宗教理论的重大发展，它意味着中国共产党人尊重宗教存在和发展的客观规律，承认宗教是一种社会文化体系，是传统文化的组成部分。挖掘和发扬宗教中的积极因素，为祖国统一、民族团结和社会发展多做贡献，既是必要的，也是可能的。宗教作为一种社会现象，在社会主义社会将长期存在。宗教活动服从和服务于国家的最高利益与民族的整体利益，将是历史的必然。

当然，引导宗教与社会主义社会相适应，并不必然要求宗教信徒放弃有神论的思想和宗教信仰，而是要求他们在政治上热爱祖国，拥护社会主义制度，拥护共产党的领导。同时，改革不适应社会主义的宗教制度和宗教教条，利用宗教教义、宗教教规和宗教道德中的某些积极因素为社会主义服务。我国过去进行的宗教制度改革，包括天主教、基督教革除帝国主义的操纵和控制，实行独立自主自办教会，在佛教和伊斯兰教方面革除封建剥削和压迫制度，使我国宗教界迈出了与社会主义社会相适应的重要一步，为进一步的适应奠定了坚实的基础。宗教界应当在这个基础上，与时俱进，不断适应社会主义现代化建设的新形势、新任务，继往开来，继续前进，而不能倒退。只有社会主义才能救中国和发展中国，这是全国人民的共识。广大宗教信徒是拥护社会主义制度的，同全国人民在根本利益上是一致的，这是宗教能够与社会主义社会相适应的政治基础。应该相信，共产党人有办法、有能力，引导爱国宗教团体和广大宗教信徒把爱教与爱国结合起来，把宗教活动纳入宪法和法律的范围，做到同社会主义社会相适应。

二、依法管理宗教：公民宗教信仰自由权利得到切实保障

新中国成立以来，党和政府不断致力于法制建设，把依法管理宗教、保障公民的宗教信仰自由作为处理宗教问题的一项长期的基本政策。尤其是改革开放后，党的宗教工作方针全面落实，法制建设不断完善，公民的宗教信仰自由权利得到法律保护，宗教管理实现了由政策规范为主向政策指导和依法管理相结合的转变，开始步入法制化、规范化轨道。目前我国宗教事务的主要方面已经基本实现了有法可依，初步形成了宗教方面的法律框架，走出了一条符合我国国情和教情的宗教立法之路。

1949 年 9 月 21 日至 30 日，中国人民政治协商会议第一届全体会议通过的《中国人民政治协商会议共同纲领》第五条明确规定："中华人民共和国人民有思想、言论、集会、结社、通讯、人身、居住、迁徙、宗教信仰及示威游行的自由权。"《共同纲领》是中华人民共和国建国初期的施政纲领，是团结全国人民建设新民主主义中国的大宪章，在 1954 年《中华人民共和国宪法》颁布以前，实际上起了临时宪法的作用。《共同纲领》规定的"人民有宗教信仰自由权"是新中国保障公民宗教信仰自由权利的原始法律依据。

为了切实保障我国广大信教群众的宗教信仰权利，依法加强对宗教事务的管理，1951 年，中央发出了《关于积极推进宗教革新运动的指示》，提出了宗教革新的方针政策，为开展宗教革新工作指明了方向。国家支持宗教界坚持独立自主自办教会的方针，坚决抵制境外势力利用宗教进行政治和思想渗透；坚持政教分离的原则，坚决纠正宗教干涉行政、司法、教育的现象；支持爱国宗教团体加强自身建设，努力培养新一代爱国宗教人士，将宗教领导权真正掌握

在爱国爱教人士手中;坚持党同宗教界人士政治上团结合作,信仰上互相尊重,以利把宗教界的力量凝聚到建设有中国特色社会主义事业上来。1958年,中央转批了《国家民委党组关于当前伊斯兰教、喇嘛教工作问题的报告》,规定了宗教改革的具体政策和措施。另制定了《寺庙民主管理试行章程》,要求在寺庙民主管理委员会的领导下,开展各项宗教活动,切实维护信徒的权益。宗教制度的改革和宗教信仰自由政策的落实使我国宗教界人士及信徒排除疑虑和担忧,积极废除宗教中的封建特权和宗教压迫剥削制度,在民主、平等、健康的发展环境中,使宗教界人士更有信心为建设我国社会主义事业做出贡献。

可惜的是,从20世纪50年代后期开始,我们党在宗教工作指导思想上"左"的错误开始滋长,严重影响了宗教工作的正常进行。到"文化大革命"期间,甚至达到用行政命令和暴力手段消灭宗教的极端状态,宗教信仰自由政策被任意抛弃和践踏,宗教界爱国人士以至一般信教群众被当作了"专政对象"。①

十一届三中全会后,我国走上了依法治国的正道。1982年3月,中共中央印发了《关于我国社会主义时期宗教问题的基本观点和基本政策》(简称中央19号文件),重新确立了宗教信仰自由政策,实现了在宗教工作指导思想上的拨乱反正。该文件明确指出:"为了保证宗教活动的进一步正常化,国家今后还将按照法律程序,经过同宗教界代表人士充分协商,制订切实可行的宗教法规。"②这是我们党第一次明确提出要制定宗教法规。19号文件还旗帜鲜明地表明,党和政府坚决反对宗教干预政治,"绝不允许宗教干预国家行政、干预司法、干预学校教育和社会公共教育";"一切宗教活动场所,都在政府宗教事务部门的行政领导之下,由宗教组织和宗教职业人员负责管理";"一切爱国宗教组织都应当接受党和政府的领导,党和政府的干部也应当善于支持和帮助宗教组织自已解决自己的问题,而不要包办代替"。

1982年12月,第五届全国人民代表大会第五次会议审议通过了新宪法,第36条明确规定中华人民共和国公民有宗教信仰自由;任何国家机关、社会团体和个人不得强制公民信仰宗教或者不信仰宗教,不得歧视信仰宗教的公民和不信仰宗教的公民等,从国家根本大法的高度保障公民的宗教信仰自由。

---

① 《新时期宗教工作文献选编》,北京:宗教文化出版社,1995年,第58页。
② 《新时期宗教工作文献选编》,北京:宗教文化出版社,1995年,第64页。

1991 年 2 月,中共中央、国务院下发《关于进一步做好宗教工作若干问题的通知》(简称中央 6 号文件),第一次明确提出了“依法对宗教事务进行管理”。之前,江泽民同志在会见全国性各宗教团体主要负责人时,对为什么要“依法对宗教事务进行管理”作出解释。他指出:“从四十年的经验看,规定这样一条,根本目的是为了更好地、保护正常的宗教活动和宗教界的合法权益,也有利于防止和制止不法分子利用宗教和宗教活动制造混乱、违法犯罪,有利于抵制境外敌对势力利用宗教进行渗透。这是为了更好地全面地贯彻执行宗教信仰自由政策,决不意味着干预宗教团体自身的活动,更不是宗教政策收紧了。我们一贯主张在宗教工作中一定要充分发挥宗教团体和宗教界人士的作用,支持你们按照我国的国情和各教的特点,独立自主地办好教务。”①中央 6 号文件指出:“要加快宗教立法工作。国务院宗教事务局应抓紧起草有关宗教事务的行政法规。各省、自治区、直辖市也可根据国家的有关法律和法规,结合当地实际情况,制定地方性的有关宗教事务的行政法规。”②

按照中央文件精神,广东省在 1988 年 3 月颁布《广东省宗教活动场所行政管理规定》,这是新中国建立以后制定颁布的第一个宗教方面的地方政府规章。继广东之后,1991 年,河南省人大常委会颁布实施《河南省宗教活动场所管理办法(试行)》;1991 年,甘肃省人民政府发布实施《甘肃省宗教事务暂行规定》;1994 年,新疆人大常委会颁布《新疆维吾尔自治区宗教事务管理条例》;1995 年,上海市人大常委会颁布《上海市宗教事务条例》。

1994 年,国务院颁布了《中华人民共和国境内外国人宗教活动管理规定》和《宗教活动场所管理条例》,这是新中国成立后国家第一次颁布专门的宗教法规。

2002 年出台《中共中央、国务院关于加强宗教工作的决定》,对“依法管理宗教事务”的内涵重新作了阐述,指出依法管理宗教事务,是指政府根据宪法和有关法律、法规及规范性文件,对宗教方面涉及国家利益、社会公共利益的关系和行为,以及社会公共活动涉及宗教界权益的关系和行为的行政管理。

2004 年 3 月,十届全国人大二次会议把“国家尊重和保障人权”写入了宪法。2004 年 11 月,国务院颁布了历时 6 年起草完成的《宗教事务条例》。《条

① 《新时期宗教工作文献选编》,北京:宗教文化出版社,1995 年,第 211 页。

② 《新时期宗教工作文献选编》,北京:宗教文化出版社,1995 年,第 217 页。

例》以保障公民宗教信仰自由、维护宗教和睦与社会和谐、规范宗教事务管理为目的，将宗教团体、宗教活动场所、宗教教职人员、宗教院校和信仰宗教群众的权利、义务，以法的形式确定下来，并按照依法行政、建设法治政府的要求，规范了政府有关行政管理部门的行政行为。作为我国第一部宗教事务方面的综合性行政法规，《条例》的制定和颁布，标志着我国宗教工作由政策规范为主向政策指导和依法管理相结合的深刻转变，加快了把宗教工作纳入法制化、规范化、制度化轨道的历史进程，在宗教立法史上具有里程碑意义。

与此同时，地方宗教立法工作继续推进，截至 2004 年底《宗教事务条例》颁布时，全国已有 30 个省、自治区、直辖市颁布了宗教事务方面的地方性法规或地方政府规章，共 55 件，规范内容涉及宗教团体、宗教活动场所、宗教教职人员、宗教活动、宗教印刷品、宗教财产、宗教涉外事务等宗教事务的各主要方面。

《宗教事务条例》是中国首部综合性宗教立法，是我国长期奉行的宗教政策的系统化和法治化，是对我国已有宗教法规的整合和发展，堪称新中国成立以来我国宗教立法最为重要的一项工作。依据《宗教事务条例》规定，国家宗教局先后制定了一系列配套的部门规章和规范性文件，并推动各地建立健全地方性法规和政府规章，指导全国性宗教团体建立健全有关配套制度，宗教工作法治化、规范化水平进一步提高，宗教立法工作进入了一个新的阶段。

《宗教事务条例》颁布后，宗教工作部门的执法主体地位进一步明确，宗教工作队伍进一步壮大，素质进一步提高；执法责任更加明确，执法程序更加完善，依法行政能力显著增强。对宗教团体、宗教活动场所、宗教院校、宗教教职人员的管理日益制度化、规范化、法制化，对公民宗教信仰自由权利的保护更加全面，更加具体。

中央高度重视对《宗教事务条例》的宣传工作，从中央到地方都开展了规模空前的宣传培训活动。据不完全统计，仅 2005 年，全国共培训党政领导干部、统战和宗教工作干部、宗教界人士和信教群众等近 40 万人次。通过广泛宣传培训，各级党政分管领导、宗教工作干部的法律意识和依法管理宗教事务的水平不断提高，宗教界人士和广大信教群众的公民意识和法制观念大大增强，《宗教事务条例》的社会知晓面大大拓宽。

在进行宗教事务方面专门立法的同时，国家在制定和修订其他法律时，也开始注意增加或补充有关宗教的规定。如民族区域自治法、人民法院组织法、民法通则、刑法、教育法、义务教育法、民办教育促进法、劳动法、兵役法、全国人民代表大会和地方各级人民代表大会选举法、城市居民委员会组织法、村民委员会组织法、广告法等，在涉及宗教问题时，都遵循宪法原则和相关法规政策规定，作出了具体规定。

从宪法全面确立宗教信仰自由原则，到《条例》的颁布实施，经过各级立法机构、政府部门、宗教界及其他社会各界的不懈努力，我国宗教事务的各主要方面已基本实现“有法可依”，初步构建了以宪法为核心，包括行政法规、地方性法规、部门规章、地方政府规章的宗教方面法律的基本框架，为充分保障公民的宗教信仰自由权利提供了强有力的法律依据。当前，宗教信仰自由政策深入人心，尊重公民信仰自由成为广泛的社会共识，广大宗教界人士和信教群众心情舒畅，充分享受着信仰自由的权利。

三、和谐有序：中国宗教平稳发展

在我国，宗教历史悠长，丰富多彩，既有产生于中国本土的宗教，如公元 2 世纪形成的道教，也有从国外传入的宗教，如公元 1 世纪从古印度传入的佛教，公元 7 世纪从阿拉伯传入的伊斯兰教，近代从欧洲传入的天主教、基督教等。屈指算来，在中国，佛教已有 2000 年左右的历史，道教有 1800 多年的历史，伊斯兰教有 1300 多年的历史，天主教和基督教则主要是在鸦片战争之后获得了较大的发展。

新中国 60 年，我国的宗教发展可以说是发展平稳，整体呈现出的是和谐有序。

(一)我国佛教的发展状况

1. 新中国成立至改革开放前夕我国佛教的发展情况

(1)中国佛教协会和经学院的成立。1953 年，中国佛教协会成立。其宗旨为：“团结全国佛教徒，在人民政府领导下，参加爱护国家及保卫世界和平运动；协助人民政府贯彻宗教信仰自由政策；联系各地佛教徒，发扬佛教优良传统。”在之后的几十年中，佛教协会在团结组织各地佛教徒参加社会主义建设，协助贯彻中央制定的宗教政策，培养专门人才，研究佛学，保护、整理、出版佛教古籍经典，保护、修葺佛教文物、古迹等方面做了大量的工作，并取得了显著的成绩。中国佛学院创办于 1956 年，开设本科、专修班，1961 年开设研究部，后增设藏语班，为我国培养出众多佛教界的中坚力量。

(2)对佛教古迹文物的发掘、整理和保护。1949年,被视为稀世之宝的大藏经《赵城金藏》被送到北京图书馆馆藏,并对其进行了长达10年的修复。[①] 1952年、1961年分别由当地政府和国家拨出专款维修广济寺。1956年至1958年,佛教协会投入力量组织对北京房山石经的全面调查、发掘、整理和拓印工作,拓印了9个洞中的经版。1961年,布达拉宫被列入首批全国重点文物保护单位,自此,国家每年拨出专款对布达拉宫进行修葺和保护。

(3)有关佛教研究的刊物和佛教文化交流的情况。1950年,经赵朴初、巨赞、喜饶嘉措等人商讨组织建立现代佛教学社,负责《现代佛学》的出版工作。该刊物1964年停刊,在此期间共出版144期。此外还有《觉训月刊》、《弘化月刊》等刊物,对于佛教文化的弘扬和国家政策的宣传都具有很大的作用。20世纪50年代,我国佛教协会与国外佛教组织进行友好联谊,不断与国际佛教界进行文化交流,使国际社会对我国佛教有了进一步的了解。

(4)主要的佛教研究成果。著作主要有:印顺著《佛法概论》、南氏著《禅海蠡测》、南怀瑾的《楞严大义今释》和《禅宗丛林制度与中国社会》、明复编的《中国佛学人名词典》、顾法严译著《佛陀的启示》、任继愈编《汉唐佛教思想论集》等,这些论著从佛教教义、佛教思想、佛教哲学及佛教人物等方面入手加以研究,充实了我国佛教研究的内容。

1966年后,受到"文化大革命"的冲击,佛教协会工作被迫停止,佛学院停办,佛教寺院被关闭,部分遭到破坏,佛像被毁坏,僧侣被赶出寺院,被迫蓄发还俗,佛教信徒的一切正常宗教活动被禁止。

2.改革开放以来我国佛教的发展

十一届三中全会以来,我国佛教不仅得以全面恢复,而且在党和国家的关怀和支持下得到了发展。

(1)改革开放后佛教的恢复和发展。拨乱反正后,佛教寺院得以重新开放和重建,恢复了教职人员的身份,允许一切正常的宗教活动,信教群众的宗教信仰得到尊重。在恢复的基础上,随着佛教事业的进一步发展,教职人员和信教群众人数不断增加;在党和国家的大力支持下,新修了许多佛教寺院,以满足宗教活动的顺利进行。根据1997年出版的《中国的宗教信仰自由状况》统

---

① 罗哲文、刘文渊、刘春英:《中国著名佛教寺庙》,北京:中国城市出版社,1995年,第138页。

计，“现在中国有佛教寺院1.3万余座，出家僧尼约20万人，其中藏语系佛教的喇嘛、尼姑约12万人，活佛1700余人，寺院3000余座；巴利语系佛教的比丘、长老近万人，寺院1600余座”。据统计，1993年至2000年，“寺院建设成绩显著。全国佛教寺院基建投资上百亿元，古刹重光，殿宇庄严，改善了寺院弘法环境和僧人生活条件”[①]。

(2)活佛转世情况。改革开放以来，活佛转世这一藏传佛教特有的传承方式得到了党和国家的尊重和重视。1992年9月，经金瓶掣签、报国务院宗教事务局批准，楚布寺举行了十六世噶玛巴活佛转世灵童坐床典礼。1995年11月，经国务院批准，坚赞诺布继任第十一世班禅。2007年，国家宗教事务局局务会议通过并执行《藏传佛教活佛转世管理办法》，该举措完善了藏传佛教活佛转世的管理制度，反映了我国政府尊重和维护藏族群众宗教信仰自由的权利，是维护祖国统一、促进民族团结的有利举措。

(3)佛教学术交流。自十一届三中全会以来，佛教会议召开频繁，文化节、交流会举办次数多，促进了佛教研究事业。从1980年起，我国佛教会议的召开以及文化节、交流会举办的次数明显增多。1980年12月，中国佛教协会的四届全国代表会议召开；1987年2月，中国佛协第五届全国代表会议召开；1993年10月，中国佛协第六届全国代表会议召开；1994年9月，佛光山在台北举办“佛教现代化研讨会”；1995年11月，在北京召开“佛教文化与现代社会”两岸学术研讨会；1996年1月，佛光山主办第一届宗教文化国际学术会议；1998年7月，在北京全国政协礼堂举行“纪念中国佛教二千年”新闻发布会；1999年5月，法国禅佛教协会会长一行组成的梅村坐禅中心研修团来华参观。2002年10月，来自西藏自治区7个地市，54座重点寺庙的60名不同教派的高僧活佛前往上海、江苏、北京参观学习。[②] 2003年9月，举行了中国佛协成立50周年庆祝大会，会议上总结了50年来佛协的工作和取得的成绩，并提出今后佛协的新任务；2004年4月，第七次中韩日佛教友好交流委员会预备会议召开，中韩日佛教界代表出席了会议；2004年8月，在敦煌莫高窟举办了国际学术会；2004年11月，在杭州召开了第二届吴越佛教文化与社会研究暨纪念永明延寿大师诞辰1100周年会议；2006年2月，中国佛协第七届理事会第三

① 圣辉：《中国佛教协会五十年》，载《法音》2003年第10期。

② 国家民族事务委员会经济发展司、国家统计局民族经济综合统计司：《中国民族统计年鉴(2006)》，北京：民族出版社，2007年，第500页。

次会议召开，在此次会议上，通过了《全国汉传佛教寺院共住规约通则修正案》；2006年4月，中国佛协和中华宗教文化交流协会主办了首届世界佛教论坛，这次论坛是新中国成立以来的第一次世界多边国际宗教会议。这些会议的召开不仅有利于各民族团结，更促进了我国佛教事业的发展；不仅有利于国内各地区佛教文化的交流，更促进了我国佛教界与世界其他地区佛教界之间的交流。

(4)佛教古籍的整理和出版以及文物的保护。近几十年来，佛教古籍经典的整理收集工作得到了中国佛教协会和相关部门的大力支持，投入了大量人力、物力、财力，取得了相当的成绩。收集整理出版的佛教经典和古籍主要有：《频伽大藏经》、《普惠藏》、《中华大藏经》、《大藏经补编》、《佛光大藏经》、《藏文大藏经》、《藏外佛教文献》，还有全国图书馆文献缩微复制中心重刊原本《乾隆大藏经(168卷)》等。

党和国家在大力支持佛教经典古籍的收集整理工作的同时，也特别重视保护具有重要历史、文化价值的佛教寺庙及其宗教设施，并在保护这些寺院和场所工作中投入了大量的资金。自1980年代以来，我国政府对西藏拨款2亿多元人民币，专门用于修缮著名的布达拉宫、大昭寺、扎什伦布寺、桑耶寺等重要佛教寺庙。此外，政府拨款修缮国家重点保护文物古迹塔尔寺、临城普利寺塔；国家拨出400余万专项资金对西安市唯一的藏传佛教寺院进行维修；投入近70万元修缮第三批西藏自治区文物保护单位的噶举寺。总之，中央对于我国重要的佛教寺院给予了很大的重视，采取了积极有效的保护措施，使我国佛教寺院文化得以幸存。

(5)佛教研究。20世纪50年代后期，佛教研究曾被禁止，佛教研究曾成为很多人不敢涉足的“雷池”，这也就导致佛教研究史中，出现了50年代后期到70年代末期的空白期。这无疑对佛教研究造成无法弥补的损失。十一届三中全会以后，佛教研究开始恢复，并在改革开放以来近30年中，取得了丰硕的成果。“如果就当今学界佛教学术研究所包括的翻译、注疏、典籍整理、目录、辨伪、教史撰写、辞书编纂、疑词辨析等研究项目看，中国佛教注重佛教学术研究的传统在全球佛教界的确颇为突出，其成果极其辉煌，总字数达4亿以上”①。

改革开放以来，随着佛教研究的恢复，我国佛教研究机构也随之发展和成

① 陈兵、邓子美：《二十世纪中国佛教》，北京：民族出版社，2000年版，第434页。

立。其中包括中国社会科学院世界宗教研究所佛教研究室、中国社科院亚太暨南亚研究中心、中国藏学研究中心、中国社科院佛教研究中心、四川大学宗教学研究所、南京大学宗教研究所、中国人民大学哲学系宗教研究室、中央民族大学宗教研究所、西北民族大学佛教研究中心、陕西长安佛教研究中心、中山大学宗教文化研究所、北京大学宗教学系、五台山研究会、中国佛教文化研究所、支那内学院、逻辑学会因明专业委员会(我国唯一的因明学专业研究机构)等。这些研究机构为我国培养出许许多多佛教研究的专门人才,为佛教研究做出了很大的贡献。

(6)佛教界的慈善事业。在我国,慈善事业一直是佛教事业中的一大重要任务。改革开放以来,随着佛教事业的恢复和发展,佛教界机构和人士都以集体或个人的形式积极地从事慈善事业。1983 年,李荣熙代表中国佛教协会捐款 2.5 万美元资助孟加拉国建阿底峡纪念堂。1984 年,中国佛教协会、上海市佛教协会捐资 10 万元资助残疾人福利事业。1984 年 12 月,台湾各个佛教团体发起“慈光照边荒”活动,以此来救济泰国、缅甸难胞。1985 年,中国佛协捐资 10 万元资助重建失火后的甘南拉卜楞寺大经堂。1991 年,中国佛协向遭受洪灾的安徽、江苏等地捐款 10 万元,并呼吁各地佛协和寺院捐资 10 万元,海外佛教团体和教徒也纷纷向受灾地区捐款捐物。1994 年,苏州市佛协捐款 12 万元资助市儿童医院。1995 年,台湾慈济基金会向湛江灾区捐款 75 万元。1996 年,全国佛教界向云南灾区捐款过百万元。1998 年,中国佛协、广州佛教界人士向张北灾区捐款。拉萨大昭寺、十一世班禅向藏北灾区捐款捐物。9 月,南昌佑民寺捐款 38 万元建希望小学教学楼。1999 年,建立了香港慈辉福建基金会,自建立以来,该基金会每年向内地投入千万元作为扶贫资金。2003 年,祖国遭受“非典”肆虐的时候,中国佛协呼吁各地教徒捐款捐物,协助当地政府搞好防治“非典”工作。2004 年,印尼发生罕见的大海啸,中国佛协发函表示慰问,并组织了捐款活动。2008 年,5.12 汶川大地震中,数万人遇难,各地佛教协会、教徒纷纷向灾区人民捐款捐物,其中塔尔寺管委会及全寺仁波切、僧众捐款 15 万余元,此外寺院举行了 7 天法会诵经祈祷。据不完全统计,汶川大地震后,青海各藏传佛教寺院僧尼为灾区人民共捐款 110 多万元。

(二)我国伊斯兰教的发展状况

1. 新中国成立至改革开放前夕我国伊斯兰教的发展

(1)新时代伊斯兰教的新面貌。1949 年新中国成立,我国的伊斯兰教也步入了一个崭新的时代。成立初期，我国政府就开始重视对清真寺、道堂、拱北的修缮和保护工作，伊斯兰宗教场所的数量随之有所增加，教职人员也明显增加。“全国有清真寺三万多座，阿訇、满拉10万人。北京地区解放前清真寺有46座，解放后增加到80座，其中男寺62座，女寺18座，宗教职业人员，包括阿訇、海里凡、散班阿訇等由解放初期的100多人增至287人”[①]。

新中国通过一些改革措施，去除了伊斯兰教中存在的封建特权和制度。出台、实施了一些民族政策和宗教政策，极大地改善了各族穆斯林所处的环境。1951年，政务院发布并实施《关于处理带有歧视或侮辱少数民族性质的称谓、地名、碑碣、匾联的指示》，指出：“为加强民族团结，禁止民族间的歧视与侮辱，对于历史上遗留下来的加于少数民族的称谓及有关少数民族的地名、碑碣、匾联等，如带有歧视和侮辱少数民族意思者，应分别予以禁止、更改、封存或收管。”1956年，国务院发布通知，即《关于伊斯兰教名称的通知》，规定“回教”一律要称为“伊斯兰教”。1958年，中央转批了《国家民委党组关于当前伊斯兰教、喇嘛教工作问题的报告》，规定了宗教改革的具体政策和措施。

此外，各届全国、地方人大、政协会议中都推选了不少穆斯林代表，保障了各族穆斯林在政治上的平等权利。在穆斯林聚居地区设立自治地区、自治州、自治县、乡，使少数民族充分享有管理本民族内部事务的权利。尊重穆斯林的宗教习俗、重视穆斯林的节日，在古尔邦节、开斋节、圣纪节来临之际，对少数民族生活用品提供相应的优惠、免征牛羊肉的屠宰税，并规定放假日期。

(2)伊斯兰教协会成立。1953年，在各族穆斯林有识之士的倡导和组织下，中国伊斯兰教协会成立了，协会的宗旨是：“协助人民政府贯彻宗教信仰自由政策，发扬中国伊斯兰教优良传统，爱护祖国，团结各族穆斯林积极参加社会主义建设，发展和加强同各国穆斯林的友好联系，维护世界和平。”中国伊斯兰教协会在团结组织各地穆斯林参加社会主义建设，协助贯彻党中央制定的宗教政策，协调各穆斯林与非穆斯林的友好关系，培养专门人才，研究伊斯兰教古籍经典，保护、维修伊斯兰教文物、古迹，组织朝觐团加强与国外穆斯林的友好交往等方面做了大量的工作，并取得了一定的成绩。

(3)教育机构——经学院的开办。1955年，开办了中国伊斯兰教经学院。办学宗旨是“培养热爱社会主义祖国、拥护社会主义制度、具有较高伊斯兰教

---

① 周燮藩、沙秋真：《伊斯兰教在中国》，北京：华文出版社，2002年，第185页。

学识和阿拉伯语、汉语文化水平的伊斯兰教专业人才”。开设的课程主要有认主学、古兰经(包括《古兰经》的读法和《古兰经》的注释)、圣训学、教法学及阿拉伯文学。此外开设了政治、汉语、历史、地理等课程。经学院遵循其办学宗旨,自开办到 1966 年,培训出许多爱国爱教的教职人员。其中“第一批学员有 131 名,包括回、维吾尔、哈萨克、乌兹别克、柯尔克孜等五个民族”①,为各族穆斯林输送了有一定学识的阿訇、满拉等教职人员。为了更好地与社会发展相适应,也为研究我国穆斯林及世界穆斯林发展现状和传播情况,1961 年,经学院还开办了由具有一定学识和勤学的阿訇、满拉等组成的研究班。

(4)《中国穆斯林》刊物的创办。《中国穆斯林》期刊,由中国伊斯兰教协会组织、创办于 1957 年。其宗旨是:“协助人民政府宣传、介绍中国的宗教信仰自由、民族平等以及改革、开放等方针政策,团结各民族穆斯林积极参加社会主义物质文明和精神文明建设,报道全国各地伊斯兰教方面的有关消息和重大活动,发扬伊斯兰教的优良文化传统和道德传统,传播伊斯兰学术文化知识。”该刊物的创办,不仅成为沟通政府和各族穆斯林民众的桥梁,更为各族穆斯林提供了一个彰显自己民族特色、交流各自心得的平台,有利于展现各族穆斯林灿烂的文化、悠久的历史,介绍具有伊斯兰风格的文物古迹。

(5)朝觐活动。1952 年,在中国伊斯兰教协会筹备开办期间,达浦生带领我国第一个朝觐团,前往沙特阿拉伯朝觐,但因受到西方大国对我国的禁海政策,朝觐团受阻遏,只到达巴基斯坦就返回了中国。后经多方共同的努力,恢复了我国穆斯林朝觐的功课。1955 年,达浦生再次率朝觐团前往麦加朝觐,得到很高的礼遇。在我国伊斯兰教协会和经学院的组织下,中国穆斯林进行了多次朝觐活动,也促进了与国外穆斯林的友好往来和文化交流。

(6)学术研究成果。主要有白寿彝著的《回回民族底新生》,介绍了回族形成的历史,还有他著的《回回民族的历史和现状》;以少数民族社会调查的资料为基础编著的《回族简史简志合编》、《东乡族简史简志合编》、《撒拉族简史简志合编》、《保安族简史简志合编》,全面介绍了我国少数民族的社会、经济、文化、历史和生活状况;有庞士谦译的《回教法学史》、编写的《埃及九年》;马崇义编译的《穆罕默德的生平》;马坚译的《古兰经》(上册)、《伊斯兰教哲学史》、《回教真相》及《教典诠释》;陈克礼译的《回教与社会》及他根据《塔志》翻译的《圣

① 周燮藩、沙秋真:《伊斯兰教在中国》,北京:华文出版社,2002 年,第 198 页。

训经》,还有他编写的《从穆罕默德看伊斯兰教》一书;马安礼和马学海合译的《天方诗经》。另外还有《回族史资料索引》、《关于西北回族起义问题》、《关于伊斯兰教与回族的关系问题》、《甘肃文史资料选编》、《青海文史资料选编》等。以清代回族农民起义为题材的专著有:白寿彝的《回族起义》(全四册)、林幹的《清代回族起义》、马霄石的《西北回族革命简史》等。

2.改革开放以来我国伊斯兰教的发展

(1)伊斯兰宗教场所恢复重建,宗教教职人员重返教坛。1958年以来,在"左"倾思想的影响下,伊斯兰教受到了空前的破坏与打击。当时,穆斯林正常的宗教活动和仪式,被视为封建特权象征,一切宗教活动和仪式被废除和取缔,如"尔麦里"、礼拜、封斋等等;合并与关闭穆斯林宗教活动场所,穆斯林的宗教活动被迫中断。当时"甘肃全省2878座清真寺只保留了31座,152个拱北,7处道堂全部被拆除。宁夏全区1958年以前有清真寺1895座,经过1958年和1960年的合坊并寺,各县、市最后保留下的清真寺共计109座,约占原有清真寺的6%";[①]大量的宗教界人士被错划为"剥削阶级"的范围,大量的伊斯兰教教职人员在这一场文化浩劫中被批斗,当时即使是教职人员,也不敢承认其身份;更有甚者,当时还出现逼迫穆斯林养猪、亡人火化、男子不许留胡须、妇女严禁戴盖头,严重伤害了穆斯林的感情。

改革开放以来,中央总结了新中国成立以来在处理宗教问题方面的经验得失,拨乱反正,正本清源,从客观实际出发,分清主次矛盾,认定宗教问题是人民内部矛盾,而不是阶级矛盾。认真分析了宗教与民族的关系,根据宗教自身的特点,即民族性、长期性、群众性和国际性,明确了要尊重和保护宗教,并且要实行宗教信仰自由。从此,中国伊斯兰教步入了恢复发展时期。

宗教场所开放,是信仰自由的具体实践;教职人员身份的回归,为穆斯林正常的宗教活动和仪式提供条件。"据统计,这个时期(改革开放初期)新疆开放清真寺15500座,有教职人员20000人。宁夏开放清真寺2266座,教职人员1915人,满拉4163人。甘肃开放清真寺2774座、拱北80多处、道堂5处,共有阿訇2894人。全国共开放清真寺26000座,在职教长、阿訇66000人,凡属穆斯林聚居的地方,基本上是一村一寺……目前全国清真寺已达34000多

① 周燮藩、沙秋真:《伊斯兰教在中国》,北京:华文出版社,2002年,第221页。

座，在职阿訇 45000 人。仅新疆就有清真寺 17000 多座”①。目前，宁夏全区有回族穆斯林越 200 多万，共有阿訇 5300 多人，满拉 7000 多人，清真寺 3500 多座，拱北、道堂 50 余处。就全国而言，重建或修复的清真寺、道堂、麻扎和拱北，其建筑格式各异，有的是中国传统式的，有的是阿拉伯、波斯等中亚式的，有的是中阿融合式的。其中一部分具有文化价值，被列为国家、省、市县各级文物保护单位。

(2)伊斯兰教经学院相继涌现。伊斯兰教经学院是在各级政府的领导下，以政府的支持为后盾、以伊斯兰教协会为主办单位的培养穆斯林人才的伊斯兰教高等教育学府。其以伊斯兰教基本精神引导人，以高质量的教学培养人，以良好的校风塑造人，不断深化教学改革，不断完善培养模式，不断加强领导，为中国培养出了一批又一批穆斯林高素质人才。

中国伊斯兰教经学院，于 1955 年在原回民学院阿拉伯文专修班的基础上成立，“文化大革命”期间停办，于 1982 年复办，11 月正式开学。“这届本科班共招收学生 42 名，他们来自 21 个省(市)、自治区，具有高中毕业程度。学生们除较好地完成所学课程外，还履行宗教功课。开学以来，受到社会有关方面的注意和关心，来访的各国穆斯林也对经学院的开办表示赞赏”②。

据不完全统计，从 1955 年至 2005 年，中国伊斯兰教经学院已经培养出了“回族、维吾尔、哈萨克、东乡、撒拉、塔塔尔、柯尔克孜、乌兹别克等信仰伊斯兰教民族的 1064 名新老毕业生”③。他们中多数现已成为伊斯兰教界的领导和骨干，在各自的工作岗位上，为伊斯兰文化和教育发展贡献力量，成绩显著。

自 1982 年以来，中国伊斯兰教经学院重新招收阿訇进修班和本科班。“此后，共开办了 15 个教学班(其中一个是新疆班)，招收各族学员 314 名，本科班 6 个，130 人，大专班 2 个，45 人；在职阿訇进修班 5 期，113 人短期补习班 2 期，26 人，并每年选派名额不等的本科班毕业生赴埃及等伊斯兰教国家留学深造。学院毕业后有的担任伊玛目，有的在各地经学院任教，从事伊斯兰教研究，有的在各地伊协工作”④。中国伊斯兰教经学院课程主要有：认主学、古兰学(包括《古兰经》读法和注释)、圣训学、教法学、阿拉伯文学、历史、汉语、地

---

① 周燮藩、沙秋真：《伊斯兰教在中国》，北京：华文出版社，2002 年，第 225 页。

② 中国伊斯兰教协会四届三次常委会议工作报告(摘要)。

③ 恩霖：《庆祝中国伊斯兰教经学院成立 50 周年》，载《中国穆斯林》，2006 年第 1 期。

④ 周燮藩、沙秋真：《伊斯兰教在中国》，华文出版社，2002 年，第 227 页。

理、政治、英语、计算机等等。

在伊斯兰教协会的带动下，各地相继开办了规模不等的经学院、经学班、阿訇进修班和阿拉伯语学校。“全国穆斯林聚居区基本都有较完善的经学院，目前已有近10座，(分布于)北京、新疆、青海、甘肃、宁夏、云南、沈阳、郑州、济南等(地)”。清真女学、女寺在穆斯林地区也大量出现，如甘肃临夏中阿女校(现更名为临夏阿拉伯语外国语学校)等。

宁夏伊斯兰教经学院是宁夏回族自治区伊斯兰教协会举办的一所伊斯兰教高等学府。筹建于1984年，正式成立于1985年。该院于1985年9月正式招生，课程设置主要有阿拉伯语文、《古兰经》及经注学、圣训学、教法学、认主学、伊斯兰教史、回族史、中外史地、汉语、经济学和法学等。

(3)伊斯兰教经典及历史研究的相关书籍层出不穷，伊斯兰文化复兴。“文化大革命”期间，宗教被视为封建迷信，一度被封杀，相关的伊斯兰教经典和书籍多被焚毁。在打倒“牛鬼蛇神”的过程中，伊斯兰教职人员几乎被迫害殆尽，出现断层。改革开放以来，党和国家实行宗教信仰自由政策，伊斯兰宗教界和相关学术机构重新走上研究伊斯兰教之路。伊斯兰教经典和相关书籍层出不穷，伊斯兰文化再一次复兴。

《中国穆斯林》汉文版，按双月刊正常出版，该杂志维文版按季刊发行。

伊斯兰教经典及历史研究的书籍主要有以下几类：

资料性书籍：李兴华、冯今源著《中国伊斯兰教史参考资料选编(1911—1949)》；白寿彝著《中国伊斯兰教史存稿》；余振贵、杨怀中著《中国伊斯兰教文献著译提要》、《西北民族宗教史料文摘》、《新疆宗教研究资料》、《泉州回族谱牒资料选编》、《撒拉族档案史料》、《撒拉族史料辑录》、《西道堂史料集》等等。

专著：马通著《中国伊斯兰教派与门宦制度史略》、《中国伊斯兰教派与门宦制度溯源》；勉维林著《宁夏伊斯兰教派概要》；杨永昌著《漫谈清真寺》；陈达生著《泉州伊斯兰教石刻》；中元秀著《广州伊斯兰教古籍研究》；李兴华主编《中国伊斯兰教史》；余振贵、杨怀中主编《伊斯兰与中国文化》；宛耀宾主编《中国伊斯兰教百科全书》。相关的还有《伊斯兰教史》、《当代伊斯兰教》、《伊斯兰教与世界政治》、《伊斯兰教与中东现代化进程》、《伊斯兰复兴运动》、《近代伊斯兰思潮》、《伊斯兰哲学》、《伊斯兰教法概略》、《古兰经哲学思想》、《中国清真寺纵览》、《中国穆斯林朝觐纪实》、《中国伊斯兰文化类型与民族特色》、《中国伊斯兰文化》、《伊斯兰文化新论》、《回族历史与伊斯兰文化》、《中国传统伊斯兰文化研究》、《中国历代政权与伊斯兰教》、《中国伊斯兰教的基本特征》、《西北回族伊斯兰教》、《新疆伊斯兰教史》、《新疆回族伊斯兰教史略》、《宁夏回族与伊斯兰教》、《伊斯兰教在扬州》等等，不能详述。

译著：马坚译《古兰经》；纳忠译《阿拉伯—伊斯兰文化史》；吴云贵等译《伊斯兰教简史》；王怀德译《伊斯兰教派历史概要》；王怀德、周祯祥译《伊斯兰教简史》；吴云贵译《伊斯兰教法律史》；高晓译《战斗的伊斯兰》；宝文安、买买提·赛来译《布哈里圣训实录精华》(汉文、维吾尔文)；买买提·赛来译阿文维吾尔文对照《古兰经》等等。

伊斯兰教相关汉文古籍整理：刘智著《天方至圣实录》、《天方典礼》、《天方性理》；王岱舆著《正教真诠》、《希真正答》、《清真大学》；马注著《清真指南》等等。由于上述汉文古籍是明清时期中国回族先贤以儒诠经活动的结晶，其对中国回族学习和理解伊斯兰教，起到了至关主要的作用。

(4)伊斯兰教学术研讨会连续不断，学术研究进入规范。改革开放以来，我国文化研究取得了巨大的发展，逐渐形成一股"文化热"，随之，伊斯兰文化也日益兴盛。学术界也把目光投向伊斯兰文化研究，全国性和区域性的伊斯兰学术研讨会几乎每年都召开。

1979 年 2 月，中国社会科学院世界宗教研究所组织召开了全国宗教学研究规划会议——昆明会议，根据这次会议精神，1980 年至 1987 年，全国性、区域性的伊斯兰教学术讨论会先后举行，如西北五省区伊斯兰教学术研讨会，先后在银川、乌鲁木齐、兰州、西宁、西安举行；20 世纪实际 90 年代西安市连续举办三次伊斯兰文化讨论会。1986 年至 1988 年，江苏、浙江、福建、上海等省市的伊斯兰教研究工作者相继在苏州、上海、泉州召开了东南沿海伊斯兰教文史工作座谈会，对东南沿海伊斯兰教传播、发展、文化、教育、教派等问题进行了专门的讨论。1990 年 9 月，"第二届伊斯兰教史研讨会"在北京举行。1991 年 10 月，"伊斯兰教与中国西北地区现代化建设国际研讨会"在陕西召开。1991 年 10 月，"伊斯兰文化与中国学术研讨会"在山东济南举行。1994 年 2 月，"海上丝绸之路与伊斯兰教国际学术讨论会"在福建泉州举行。1995 年 6 月，"当代伊斯兰复兴运动"学术会议在安徽马鞍山举行。1996 年 10 月，"伊斯兰——阿拉伯哲学学术研讨会"在山东济南举行。1998 年 10 月，"首届回族历史与文化国际学术讨论会"在宁夏银川举行。2001 年 11 月 6 日至 8 日，中国伊斯兰教协会在北京召开了"中国伊斯兰教历史与发展"学术研讨会。2006 年 5 月 8

日,中国伊斯兰教第八次全国代表会议8日在北京召开……

(5)穆斯林朝觐人数剧增,国际交往频繁。朝觐是穆斯林民族“五功”(念、礼、斋、课、朝)之一。随着改革开放的发展和经济的发展,我国穆斯林朝觐人数逐年在增加。

改革开放以来,中国第一次正式组织“中国朝觐团”,是在1979年。20世纪80年代以来,由中国伊斯兰教协会组织的朝觐,其人数逐年增加,到2006年已经达到7000人,2009年达到了1.3万人。随着朝觐人数的不断增加,国际交流逐渐频繁,这些朝觐的穆斯林,将大量的伊斯兰宗教知识和信息带回中国,促进了中国伊斯兰教的发展。

(三)我国天主教的发展状况

天主教最早在16世纪中叶传入中国。伴随着新中国成长的60年,中国天主教探索出了一条具有中国特色的独立自主自办教会的道路。这条正确的道路选择,使中国天主教赢得新生。

60年来,在皮漱石、张家树、宗怀德、傅铁山、刘元仁等老一辈主教的带领下,中国教会根据中国国情坚持独立自主自办教会和民主办教的原则,努力为构建社会主义和谐社会贡献力量和智慧。特别是改革开放以来,中国天主教“一会一团”带领各地天主教“两会”团结奋进,协助党和政府贯彻落实宗教信仰自由政策,加强爱国组织建设,大力培养中青年爱国神职人员,教会的各项事业得到了长足的进步和发展。

1949年,新中国成立。中国天主教广大神长教友目睹祖国自立富强和人民当家作主的新生活,他们迫切希望能够与全国各族人民一起,共同建设新中国。但一些境外敌对势力,坚持反共反华立场,他们通过发布通谕和指令,强迫中国天主教神职人员和信教群众与人民政权对抗,将中国天主教会和广大神长教友置于危险境地。

1957年7月15日至8月2日,中国天主教第一届全国代表会议在北京召开,来自全国26个省、市,代表中国天主教的73位主教、84位神父、8位修女和74位教友参加了会议。会议提出,中国天主教必须坚决摆脱境外势力的控制,实行独立自主自办教会,并明确指出,独立自主自办教会不是指在当信当行的教规教义上,而是指在政治上、经济上和教会事务管理上由中国天主教神长教友独立自主自办,不受境外势力的利用和支配。8月2日,成立了由中国主教、神父、教友共同组成的爱国爱教群众团体——“中国天主教友爱国会”

(后更名为中国天主教爱国会),从此实现了中国天主教由中国人自己担负教会领导责任——自治;基督福音的传播由中国教会自己来完成——自传;中国天主教承担教会物质上的需求——自养的壮举。历史证明,中国天主教的命运是与国家和民族的命运休戚相关的。

中国天主教爱国会高举爱国爱教旗帜,坚持独立自主自办教会和民主办教原则,在中国天主教思想建设、组织建设、制度建设、人才培养、牧灵福传事业、宣传出版事业、对外交往、自养事业、社会服务等各个方面,推动教会事业健康发展,取得了令人瞩目的成就。

改革开放以来,党和政府大力贯彻落实宗教信仰自由政策,中国天主教神职人员和教友享有充分的信仰自由,当今可以说是中国天主教发展的黄金时期,中国天主教展现出前所未有的生机活力。天主教徒新中国成立初约有 270 多万人,到现大已超过了 500 万人。

改革开放以来,中国天主教爱国会先后选派了 340 位神父、修生、修女到欧美和亚洲的多个国家攻读神学,已有 150 多人取得博士、硕士学位回国,有的在教区和各修院任职。中国教会还邀请了近百人次海外天主教的神学家到各大修院进行短期授课。应邀派出几十个团组,共 1000 多人次,先后访问 20 多个国家和地区,与各国天主教会进行友好访问和学习,并进行牧灵经验交流。中国天主教会在爱国会的协助下出版、发行多种刊物,印刷发行《圣经》和各种圣书近千万册。许多教区还在爱国会协助下,发动农村教友修路、打井,关心艾滋病患者和为麻风病患者服务,兴办社会服务、慈善事业,如全国各地教会共开办医院 8 所、诊所 136 处、孤儿院 9 所、弱智儿童院 7 所、养老院 52 所、幼儿园 43 所,资助希望小学 173 所。2000 年至 2009 年,全国广大神长教友为灾区捐款达 1 亿元,这一切善言善行使教会赢得了社会的尊重和理解[①]。

(四)我国基督教的发展状况

19 世纪初,基督教(新教)从西方传入,历经岁月动荡和战争劫难,新中国成立前夕的中国基督教面临着存与亡的重大抉择。根本原因是在近代西方列强对华殖民侵略与传教运动互为交织的历史背景下,基督教被帝国主义利用,在西方列强侵略中国活动中扮演了不光彩的角色,对中国人民造成严重伤害。

① 刘柏年(中国天主教爱国会副主席):《一轮甲子满 ,好风正扬帆——中国天主教 60 年的新生与辉煌》,载人民政协网 www.rmzxb.com.cn 。

新中国成立后，面对划时代的转折，基督教勇于革新、励精图治，走出一条与祖国共命运、与人民同呼吸的崭新道路。

1950 年 5 月，以吴耀宗为首的基督教领袖访问团北上北京。周恩来总理在百忙中与访问团进行了 3 次坦诚相待的长谈。当有的教会领袖向周总理提到了中国基督教几十年来所提倡的自治、自养、自传的理念时，得到周总理的赞同和嘉许。周总理一针见血地指出，“基督教最大的问题，是它同帝国主义的关系问题”，他鼓励中国基督教要提高民族自觉，“独立自主，自力更生，建立自治自养自传的教会”，只有这样，教会才能“变成中国的基督教会”，才会“在中国人民的心目中观感一新”。与周总理的谈话使中国教会领袖们更加深刻地认识到，基督教若要在新中国有光明的前途，就必须割断与帝国主义的联系，摆脱对外国差会的依附，走独立自主自办的道路，进行脱胎换骨的革新。

为此，吴耀宗等 40 位教会领袖联名倡议发起了《中国基督教在新中国建设中努力的途径》，史称“三自宣言”。1950 年 9 月 23 日，《人民日报》全文刊登了宣言，并发表社论“基督教人士的爱国运动”予以支持。

三自爱国运动既是民族觉醒意识在基督教领域的成功实践，也符合基督教教义和圣经教导，得到了广大爱国信徒的热烈支持和拥护。从此，中国基督教摆脱了被帝国主义利用的羁绊，挣脱了西方差会管制的桎梏，破除了西方保守神学思想的禁锢，解除了“洋教”的束缚捆绑，恢复了福音的本来面貌，使基督教成为新中国建设的积极力量，中国基督教由此开始了伟大的新生，彻底改变了基督教在国人心目中的形象。三自爱国运动也大大增加了基督教各宗派之间的互相了解，达成了更紧密的团结，并在互相尊重的基础上走上了联合礼拜的道路，摆脱了旧中国留下来的宗派纷争，基本结束了宗派林立的分裂局面，在教会合一的道路上迈出了历史性的一步。

改革开放以来，在 20 世纪 50 年代基本实现反帝爱国的基础上，三自爱国运动进入从自办教会到办好教会，即治好、养好、传好，建设与祖国面貌相称的教会，加强神学思想建设，帮助信徒建立纯正的信仰、活泼的灵命和积极向上的人生态度，促进中国基督教与社会主义社会相适应的新阶段。30 年来，中国基督教迎来了自身历史上发展最好的时期，面貌焕然一新。如今，中国教会约有 55000 多座教堂和聚会点，其中 70% 是新建的，最大的教堂可同时容纳 7000 多人礼拜。据不完全统计，全国有约 2000 万信徒，是新中国成立初期信徒人数的近 30 倍①。

1980 年 10 月成立的全国性教务机构——中国基督教协会，自成立以来的几十年中，团结组织各地基督教徒为社会主义建设添砖加瓦，协助贯彻中央制定的宗教政策，培养专门人才，为基督教在我国的发展做了大量的工作，取得了优异的成绩。尤其是自改革开放以来，基督教神学院、经学院、培训中心数量大增，各地林立。如安徽神学院、黑龙江省基督教圣经学校、福建神学院、中南神学院、湖南圣经学校、江苏省圣经专科学校、内蒙古基督教培训班、甘肃省基督教培训中心、贵州省基督教神学班、青海省基督教培训中心、浙江神学院等。在培育基督教专门人才，抓起教学的同时，各地神学院、经学院还出版了一些基督教研究刊物，推动基督教研究不断前进。

此外，我国高等院校中开设了相关基督教研究的系部，如中央民族大学开办了哲学和宗教学系、陕西师范大学的宗教研究所，还有北京大学、北京外国语大学、中山大学、复旦大学、浙江大学都开办了相关的研究所、研究中心。这些高校中的研究所和研究中心成为发展我国基督教研究的又一推动力。

改革开放近 30 年中，出版、发表的基督教研究的学术著作、译著、词典和论文非常之多，研究内容涉及基督教的各个层面，主要有：杨真著《基督教史纲》、张绥著《中世纪"上帝"的文化——中世纪教会史》和《基督教会史》、孙庆芳著《教皇史话》、顾长声著《传教士与近代中国》和《从马礼逊到司徒雷登——来华传教士评传》、徐怀启著《古代基督教史》、赵紫宸著《耶稣传》、尹大贻著《基督教哲学》、闫国忠著《基督教与美学》、孙津著《基督教与美学》、朱维之著《圣经文学十二讲》、中国大百科全书编《基督教》、傅乐安著《托马斯·阿奎那基督教哲学》、《宗教改革史纲》、唐逸主编《基督教史》、于可主编《当代基督新教》、卓新平著《当代西方新教神学》和《圣经欣赏》、蔡春《新约导读》、文庸著《圣经蠡测》和《圣经文选》、梁工著《圣经经典故事》和《圣经与欧美作家作品》、萧潇著《爱的启示——圣经告诉我们》、《爱的成就——圣母玛利亚传》和《爱的使者——基督圣徒传》、张文健著《天国之路——基督教》、活泉主编《圣经人物传》、王美秀著《中国基督教史话》、《冲突与互补：基督教哲学在中国》、陈钦庄著《基督教简史》、章雪富著《基督教的柏拉图主义：亚历山大裏亚学派的逻各

① 傅先伟(中国基督教三自爱国运动委员会主席)：《坚持三自原则，走荣神益人之路——中国基督教六十年的新生与辉煌》，载人民政协网 www.rmzxb.com.cn。

斯基督论》、王亚平著《基督教神秘主义》、王晓朝著主编《信仰与理性：教父学导论》、王晓朝《罗马帝国文化转型轮》、傅和德著《旧约背景》等。

主要译著有：《基督教简史》、《基督教的起源》、《圣经后典》、《圣经人物词典》、《中华归主》、《新教理论与资本主义精神》、《宗教与西方文化的兴起》《中国文化与基督教的冲撞》、《中国文化与基督教》、《梵蒂冈内幕》、《基督教与文化》、《漫话圣经》、《基督教的人生观》、《中国宗教与基督教》、《神学与当代文艺思想》、《生存神学与末世论》、《中国和基督教》、《基督教概论》、《基督教概况》等。

编写的工具书主要有：《圣经词典》、《圣经百科词典》、《圣经人物词典》、《宗教词典》、《简明基督教百科全书》、《简明基督教全书》、《基督教文化百科全书》、《基督教词典》等。

中国基督教三自爱国运动几十年来的经历充分证明：三自爱国原则是基督教在中国社会的安身立命之本，是办好中国教会的方针和动力，也是指引中国教会前进的必然方向。在新形势下坚持三自爱国原则，体现了中国基督教与时代同行、与社会同步、与广大民众同心的时代精神。中国基督教将一如既往，坚持按三自原则办好教会，积极与社会主义社会相适应，努力为构建和谐社会发挥积极作用，为经济社会的发展做出应有的贡献。

主要参考文献：

[1]中共中央文献研究室综合研究处，国务院宗教事务局政策法规处编：《新时期宗教工作文献选编》，北京：宗教文化出版社，1995 年。

[2]国家民族事务委员会经济发展司，国家统计局民族经济综合统计司编：《中国民族统计年鉴(2006)》，北京：民族出版社，2007 年。

[3] 朱越利主编：《今日中国宗教》，北京：今日中国出版社，1994 年。

[4]米寿江：《宗教概论》，北京：人民出版社，2003 年。

[5]曹琦、彭耀：《世界三大宗教在中国》，北京：中国社会科学出版社，1991 年。

[6] 陈兵、邓子美：《二十世纪中国佛教》，北京：民族出版社，2000 年。

[7]罗哲文、刘文渊、刘春英：《中国著名佛教寺庙》，北京：中国城市出版社，1995 年。

[8] 周燮藩、沙秋真：《伊斯兰教在中国》，北京：华文出版社，2002 年。

[9] 马平：《简明中国伊斯兰教史》，银川：宁夏人民出版社，2006 年。

[10] 卓新平：《当代基督教教会发展》，上海：上海三联书店，2007 年。

[11] 卓新平：《“中国当代基督宗教研究”学术研讨会论文集》，北京：社会科学文献出

版社，2000 年。

[12] 卓新平、萨耶尔主编：《基督宗教与当代社会：国际学术研讨会文集》，北京：宗教文化出版社，2003 年。

（作者：尹伟先，西北民族大学历史文化学院教授；包国娟、沙彦奋，西北民族大学民族学专业研究生）

佛教"四大"说对回鹘宇宙观及医学的影响

【摘　要】 今天的维吾尔族全民信仰伊斯兰教，但在9至15世纪间，佛教一直是维吾尔族祖先回鹘人所崇奉的主要宗教，对维吾尔族历史文化曾产生过重大的影响。如佛教的"四大"说，对古往今来的维吾尔族宇宙观及由此而派生出的维吾尔医学都有着重大的影响。11世纪中叶成书的伊斯兰文化名著《福乐智慧(Kutadγu Bilig)》对这一现象有着具体而生动的反映。从中可以看出，在古代回鹘人的观念中，宇宙间的万事万物都是由"四大"，即火、气、水、土四种物质构成的，"四大"之间相互联系、相互制约，从而维持着宇宙动态的平衡。其理论来源即为印度佛教的"四大"之说。回鹘医学又直接受这种宇宙观影响，认为人体由"四大"组成，在人体内则表现为寒、热、干、湿四种状态，经常保持或基本保持着平衡，如果关系失调，就会诱发疾病。这一理论显然是对佛教医学理论中地火水风四大物质运动不调而致病学说的借用。这种辨证施治方法一直影响至今，成为今天维吾尔医学的基石。

本文系教育部人文社会社会科学重点研究基地——北京大学东方文学中心重大项目《梵语与西域胡语文献中的佛教神话研究》(项目批准号:2007JJD760081)阶段性研究成果。
回鹘是今天新疆维吾尔族与甘肃裕固族的共同祖先，其有着悠久的历史和灿烂的文化，以善于兼容外来文明而著称于世。

今天的维吾尔族全民信仰伊斯兰教，但在历史上却并非如此，他们曾信仰过萨满教、摩尼教、佛教、景教和祆教以及东来的中原道教，从公元 10 世纪中叶始，伊斯兰教在维吾尔族中逐步得到发展，到 15 世纪以后，维吾尔族才全部皈依了伊斯兰教。多种宗教的流行，对维吾尔族的历史文化和社会生活带来了极大的影响，尤其是来自印度的佛教，在回鹘中流行了 600 多年，对古代维吾尔族的文化艺术、哲学思想、语言文字、科学技术都产生了既深且巨的影响。[①]佛教“四大”学说对回鹘宇宙观及医学的影响就是突出的例证。

古代维吾尔族医学昌盛，有着为世人瞩目的成就，这在 11 世纪中叶成书的维吾尔族古典名著《福乐智慧》和《突厥语大辞典》中都有着突出而集中的反映，国内外学术界也已有了深入而全面的研究。但由于这两部名著都产生于伊斯兰教占统治地位的哈喇汗王朝时代，具有浓重的伊斯兰教文化色彩，这种文化色彩直到今天依然如故。然而，当我们审视今天的维吾尔族医学的辨证施治方法时，却不难发现其中隐含有一定成分的印度佛教文化因子，引人兴趣。

一、印度医学在回鹘中的传播与影响

维吾尔族的祖先回鹘人最早游牧于蒙古高原一带，与印度相距非常遥远。9 世纪中叶迁入西域地区后，与印度的距离虽拉近了许多，但仍有相当远的距离和重重山水的阻隔。尽管如此，由于宗教信仰上的缘故，印度文化对回鹘文化的影响一直是很大的。

19 世纪末 20 世纪初以来，在吐鲁番的胜金口、高昌故城、木头沟、交河故城等地先后发现了不少与婆罗迷文有关的回鹘语文献。据甄别，可大致确定的这类文献有 79 件左右。依其语言学属性，大致可分为两种情况，其一是双语的，即回鹘语与梵语同时书写，回鹘语是对梵语的翻译，其二是单语的，即用婆罗迷文字来书写回鹘语。简言之，即可分为有翻译和无翻译两种。[②]梵语、婆罗迷文在回鹘中的行用，必然会对古代回鹘语文产生相应的影响，以致有大量梵语借词也出现于回鹘语言文献之中，并进一步对回鹘语言的语法，尤其是词

① 杨富学：《佛教在回鹘中的传播》，《庆祝潘石禅先生九秩华诞敦煌学特刊》，台北：文津出版社，1996 年，第 325～351 页。

② D. Maue, Alttürkische Handschriften, Teil 1: Dokumente in Brahmī und Tibeti-scher Schrift, Stuttgart 1996, xxx, 1, 174.

法产生了一定的影响。

来自印度的梵语佛典，如《八大圣地制多赞》、《佛说决定毗尼经》等都由梵语直接译为回鹘文，《佛说无量寿经》也有可能是从梵文翻译过来的；印度的民间传说，如著名史诗《罗摩衍那》和童话故事集《五卷书》等，也在回鹘中有所传播，并被翻译或改编为回鹘文字流行于世。印度文化纷至沓来，越过耸入云端的帕米尔高原而落户西域、河西走廊等地，对回鹘文化产生了重要影响。[①] 这里仅举回鹘医学方面的例证。

在吐鲁番木头沟遗址出土的古代回鹘文医学写本（T III M 66）中记载有这样的内容：

> rasayan čurnï: piḍpidi biš baqïr, murč tört baqïr, kürbi üč baqïr, qadïz iki baqïr, suksumur bir baqïr, bišïγ singir üč baqïr, bïḍbul tört baqïr, qurnu bir baqïr, arḍun bir baqïr, yangï tana üč baqïr. bu ot-lar-nï yumšaq soqup, mïr bilän yoγurup, ït bur[nï]-ča yumγaq-lap, on (?)…qïïn inč bolur. qïšamuq önüp, qarïnï öḍmäsär, ingäk yaγïn säriḍ[ip] ang-a birgü ol, ötär.

> 长年药散：长胡椒五钱、胡椒四钱、kürbi 三钱、肉桂二钱、小豆蔻一钱、熟筋三钱、长胡椒枝四钱、qurnu 一钱、苋蒿一钱、鲜芝麻三钱。将这些草药捣碎研细，和蜂蜜掺和在一起，做成状如狗鼻子的药丸……疼痛就会止住。若出麻疹或患便秘，炼好牛油用之，即愈。[②]

该文献虽然残破，但明显可以看出系一药方。需引起注意的是，该药方中使用的梵语借词相当多，药方首题 rasayančurnï，应来自梵文 rasāyana cūrṇna，意为“长年药散”。其中，Rasāyana 是生命吠陀的八个分支之一。在《耆婆书》中也有以 rasāyana 直接命名的药方。[③] pi ḍ pidi 借自梵语的 pippali，意为“长胡椒”，古代汉语多写作“筚拨”；suksumur 借自梵语的 sūksmqilqṃsūksma elā，意为“小豆蔻”。从这些借词及特殊的药方名称“长年药散（rasayan čurnï）”诸因素看，该文献当译自梵语，至少应受到印度医药学的深刻影响。

---

① 杨富学：《印度宗教文化与回鹘民间文学》，北京：民族出版社，2007 年，第 28～36 页。

② G. R. Rachmati, Türkische Turfan－texte. VII, Berlin, 1936, S. 33－34；杨富学《回鹘文献与回鹘文化》，北京：民族出版社，2003 年，第 361～362 页。

③ 参见陈明：《殊方异药——出土文书与西域医学》，北京大学出版社，2005 年，第 40 页。

印度著名医学家日藏(Ravigupta)所著《医理精华(Siddhasāra)》在 13 世纪以前便被译为回鹘文。20 世纪初在吐鲁番交河故城和高昌故城曾出土有回鹘文《医理精华》残片 11 件(编号分别为 T II Y 17、T II Y 18、T II Y 27、T II 2、T II Y 46、T II Y 59、T II Y 66、T II D 296 等)。① 此外,吐鲁番胜金口遗址也有用婆罗迷文回鹘语书写的《医理精华》残片出土,一叶,编号为 T II S 49 (Mainz 208)。② 这些文献体现了印度医学对回鹘医学的影响,这种影响无疑是印度佛教在回鹘中广泛流行的结果。

宋元时代,在印度、中原乃至波斯等多种医学文化的交互影响下,回鹘医学不管在理论上还是施治手段上都取得了较为明显的发展。宋元时代,回鹘医学享有很高的声誉,据载,辽统和十九年(1001 年)正月"甲申,回鹘进梵僧、名医"。③ 说明回鹘医生在 11 世纪初即已开始在辽朝宫廷进行医疗活动。元代回鹘药物管理人才答里麻,在大德十一年(1307 年)被元成宗任命为"御药院达鲁花赤,迁回回药物院"④。江浙行省平章政事铁哥术之子义坚亚礼也颇懂医术,当河南发生瘟疫时,他当即采取有效措施以救军民人等于瘟疫之中。⑤ 在药物学方面,"有腽肭脐、硇砂,香有乳香、安息香、笃耨"。⑥ 值得特别注意的是,元代杰出的回鹘农学家鲁明善还曾撰成著名的《农桑衣食撮要》一书,该书仿《四民月令》体例,以月令为纲,按月列举应做的农事,以相当的篇幅详细记载了栽培中草药材和灭虫防病的知识。当时回鹘中涌现出许多优秀的医药科学家,如元代著名军医月举连赤海牙,曾在合州(今四川省合川)钓鱼山"奉命修曲药以疗师疫 ",即采用回鹘医方配药以治疗当时军中流行的传染病⑦。这

① G. R. Rachmati, Zur Heilkunde der uiguren. II, Sitzungsberichte der Preussischen Akademie der Wissenschaften, Phil. —hist. Klasse, Berlin, 1932, S. 418—431. 参见 H. W. Bailey, Medicinal plant names in Uigur Turkish, Mélanges Fuad K? prülü, Istanbul, 1953, S. 51—56.

② D. Maue, Sanskrit—uigurische Bilinguen aus de Berliner Turfanfunden, Giessen, 1981 (unpbl.), S. 210—227; D. Maue, Alttürkische Handschriften, Teil 1: Dokumente in Brahmī und Tibetischer Schrift, Stuttgart 1996, S. 128—134.

③ 《辽史》卷 14《圣宗纪》,北京:中华书局标点本,1974 年,第 156 页。

④ 《元史》卷 144《答里麻传》,北京:中华书局标点本,1974 年,第 3431 页。

⑤ 《元史》卷 135《铁哥术传》,北京:中华书局标点本,1976 年,第 3272 页。

⑥ [宋]洪皓:《松漠纪闻》卷上,《辽海丛书》第 1 册,沈阳:辽沈书社,1985 年,第 204 页。

⑦ 《元史》卷 135《月举连赤海牙传》,北京:中华书局标点本,1976 年,第 3279 页。

些都反映了古代回鹘医学之发达。印度医学,连同中原医学、西藏医学及西域医学一起,共同促进了回鹘医学的发展。

二、佛教宇宙观中的“四大”理论与医学之关系

古代回鹘人认为宇宙间的万事万物都是由“四大”,即火、气、水、土四种物质的运动、变化生成的,事物之间存在着相互联系、相互制约的关系,从而维持着动态的平衡,并产生周期性变化,具有朴素唯物主义和朴素辩证法的合理内核。究其来源,可追溯至印度佛教宇宙观——“四大”学说。佛教所言“四大”,指的是地、水、火、风四大元素,是沿用印度固有的思想而加以深化及佛教化的。这种理论认为地、水、火、风是宇宙物理,是形成一切物质现象的种子。一切的物象,都是通过“四大”的调和与分配而完成的。比如山岳土地属于地大,海洋河川属于水大,阳光炎热属于火大,空间气流属于风大。如把它们化为人体生理的,比如毛发骨肉属于地大,血液分泌属于水大,体温属于火大,呼吸属于风大。若从“四大”的物性上说:坚硬属于地大,湿润属于水大,温暖属于火大,流动属于风大。“四大”和谐,便会欣欣向荣;“四大”矛盾,便会归于毁灭。物理现象是如此,生理现象也是如此。所以佛教把病人生病,称为“四大违和”。

概言之,“四大”学说代表着佛教宇宙观。人既为宇宙万物之一种,人体生理也必然受到“四大”的制约,由是而派生出相应的佛教医学理论,认为人体生病的原因是多种多样的,但其中最重要的原因是地水火风“四大”不调,如三国时代竺律炎共支越译《佛说佛医经》载:

> 人身中本有四病:一者地,二者水,三者火,四者风。风增气起,火增热起,水增寒起,土增力盛。本从是四病,起四百四病。

北凉昙无谶译《金光明经》卷1亦云:

> 地火水风,合集成立,随时增减,共相残害,犹如四蛇,同处一箧,四大蚖蛇,其性各异,二上二下,诸方亦二,如是蛇大,悉灭无余,地水二蛇,其性沈下,风火二蛇,性轻上升。

除了印度佛经的记载外，隋代著名佛学家、天台宗开祖智顗讲述，由其弟子灌顶所笔录的《摩诃止观》卷8对佛教医学“四大”理论也有叙述：

> 四大不顺者，行役无时强健担负，棠触寒热，外热助火，火强破水，是增火病。外寒助水，水增害火，是为水病。外风助气，气吹火，火动水，是为风病。或三大增害于地，名等分病，或身分增害撤大，亦是等分，属地病。此四既动，众恼竞生。

唐代著名僧人道世在《法苑珠林》卷95《病苦篇》中更是对这一理论进行了详尽的阐述。他说：

> 夫三界遐旷，六道繁兴，莫不皆依四大相资、五根成体。聚则为身，散则归空。然风火性殊，地水质异，各称其分，皆欲求适。求适之理既难，所以调和之乖为易。忽一大不调，四大俱损。如地大增则形体黝黑，肌肉青瘀，症瘕结聚，如铁如石；若地大亏则四支损弱，或失半体，或偏枯残戾，或毁明失聪；若水大增则肤肉虚，满体无华色，举身萎黄，神颜常丧，手脚潢肿，膀胱胀急；若水大损则瘦削骨立，筋现脉沉，唇舌干燥，耳鼻焦闭，五藏（脏）内煎，津液外竭，六腑消耗，不能自立；若水大增，则举体烦镬，焦热如烧，痈疖疽肿，疮痍溃澜（烂），脓血流溢，臭秽竞充；若火大损，则四体羸瘠，腑藏（脏）如水，瞧隔凝寒，口若含霜，夏暑重裘，未尝温慰，食不消化，患常呕逆；若风大增则气满胸塞，腑胃否隔。手足缓弱，四体疼痹；若风大损则身形羸瘠，气裁如线，动转疲乏，引息如抽，咳嗽噫唠，咽舌难急，腹厌背偻，心内若水，颈筋喉脉，奋作鼓胀。如是种种，皆是四大乍增乍损，致有屙疾。

随着佛教的东传，佛教“四大”医学理论越过帕米尔高原、新疆、河西走廊而传入中原地区，对中国古代医学的发展产生了直接的影响。大致在隋唐时期，中原地区的古代医籍就已经开始引入佛教医学的“四大”理论了，如唐人王涛在其所著的《外台秘要》卷21中即曾就西国胡僧授予陇上道人的疗眼方做了如下记载：

夫眼者，六神之主也；身者，四大所成也。地、火、水、风阴阳气候，以成人身八尺之体，骨肉肌肤愧然处，是地大也；血泪清津之处，是水土也；生气温暖，是火土也；举动行来，曲伸俯仰，喘息视瞑，是风土也，四种假合。

大致相同的记载，又见于 610 年巢元方的《诸病源候论》和 682 年孙思邈的《千金翼方》等古代医学著作中。

三、"四大"理论与回鹘宇宙观

佛教"四大"宇宙观在西域也曾产生过比较大的影响，最突出的例证可见于古代维吾尔族文学名著《福乐智慧(Kutadγu Bilig)》一书中。该书作者玉素甫·哈斯·哈吉甫((Yusuf Has Hajib，约 1019—1080 年)是喀拉汗王朝时期著名诗人、学者和思想家，于 1070 年写成的《福乐智慧》是一部具有浓重伊斯兰教色彩的伟大著作，值得注意的是，书中竟然也有对"四大"理论进行描述的内容：

三者属春天，三者属夏时，三者属秋天，三者为冬天所有。三者为火，三者为水，三者为气，三者为土，由此构成了宇宙。它们之间，互相敌对，互为制约，上天以敌制敌，从而了结了怨仇。①

以玉素甫·哈斯·哈吉甫所谓的"四大"(即火、水、气、土)与汉族的五行(木、土、火、金、水)说进行比较，不难看出，二者之间虽有一定的联系，但差异却是显而易见的。然以之与佛教宇宙观与佛教医学理论中的"四大"(Mahābhūta)说相比，我们就可发现它们的内容竟几无二致。义净译《金光明最胜王经》卷 7 云："譬如机关由业转，地水火风共成身，随彼因缘招异果，同在一处相违害，如四毒蛇居一箧，此四大蛇性各异。"卷 9 又谓："三月是春时，三月名为夏，三月名秋分，三月谓冬时，此据一年中，三三而别说。"回鹘"四大"中的气相当于佛教所谓"四大"中的风，而土则又与地对应，水、火，二者完全一致；它们在《福乐智慧》中被称为"四敌"，《金光明最胜王经》则喻之为"四蛇"，

---

① 尤素甫·哈斯·哈吉甫著，郝关中、张宏超、刘宾译：《福乐智慧》，北京：民族出版社，1986 年，第 22 页。

其义一也。古代回鹘人认为，由于“四大”同“居一箧”，“互相敌对，互为制约”，由此而形成了世间万象。

《金光明经》是大乘佛教中一部十分重要的经典，在东亚地区流传广，影响大，有多种译本传世，其中以唐武周长安三年（703 年）义净译《金光明最胜王经》十卷三十一品最为完备，为后世通行的本子。回鹘文《金光明经》译本就是以义净本为底本的。

回鹘人对《金光明经》是极为崇奉的，此可由西域、河西诸地出土的大量回鹘文写本为证，如仅吐鲁番一带出土的回鹘文《金光明经》写本就多达 583 件，其中，高昌故城 76 件；木头沟遗址 163 件；吐峪沟遗址 17 件；葡萄沟废寺遗址 2 件；吐鲁番山前坡地 12 件；交河故城 11 件；具体出土地点不详者 302 件。吐鲁番出土的这些写本、印本大多都已非常残破，惟有甘肃酒泉文殊沟发现的本子保存比较完整，现存 399 页，对于研究《金光明经》的翻译与流传具有重要参考价值。①

至于该经的被译成回鹘文的具体时代，学术界众说纷纭。俄国的拉德洛夫和马洛夫认为该书译于 13—14 世纪，同时承认该书的用词与语法又与 8—9 世纪的回鹘语摩尼教文献之语言相似，②而德国的茨默则认为该经应译自 10 世纪，③学术界多倾向于 10 世纪说。文殊沟本《金光明经》在跋尾中明确地记录了它的翻译过程：

y(ä)mä qutluγ öngdün uluγ tabγač ilinčä tayšing siwšing alγu šasatarlarïγ nomlarïγ qalïsïz ötkürmiš bodisataw gitso samtso atlïγ ačarï änätkät tilintin tawγaš tilinčä äwirmištä yana bu biš čöbik käbik kälyük bulγanyuq yawaz ötdä qoluta kinki boš-γutluγ biš-balïqlïγ sïngqu säli tutung tawγač tilintin türk uyγur tilinčä ikiläwirmis altun önglüg yaruq yaltrïqlïγ qopta kötrulmiš nom iligi atlïγ nom bitig bitiyü oquyu yätildi sadu ädgü ymä qutluγ bolz-un!

时幸福的东方之伟大的桃花石国（即中国——引者）中洞彻大乘［与］小乘一切经的菩萨义净三藏从印度语译为汉语。时此五浊恶世

① В. В. Радлов — С. Е. Малов, Suvarnaprabhāsa. Сутра золотого Блеска, Текстъ уйгурской редакши (= Bibliotheca Buddhica XVII), Delhi, 1992.

② В. В. Радлов — С. Е. Малов, Suvarnaprabhāsa. Сутра золотого Блеска, Текстъ уйгурскойредакши (= Bibliotheca Buddhica XVII), Delhi, 1992, стр. 14—15.

③ П. Циме, О Второй щпаве сутры “золто—йблеск”, Turcologica. Festschrift zum 70. Geburtstag von A. N. Kononov, Leningrad, 1976, стр. 341.

之中别失八里后学胜光法师(Sïngqu Säli Tutung)又从汉语译为突厥—回鹘语,定名为《金光明最胜王经》,写讫。善哉!善哉!祝福![1]

此跋告诉我们,回鹘文《金光明最胜王经》是别失八里人胜光法师。依大唐三藏义净法师所译《金光明最胜王经》而转译的。

此外,在吐鲁番出土的回鹘文文献中,我们还可看到回鹘人颂赞《金光明经》的诗篇与偈语。可以说,《金光明经》是目前所知存留写本最多的回鹘文佛教经典之一,由此可见该经在回鹘中的盛行。故而可以说,《福乐智慧》的作者曾受到《金光明最胜王经》宇宙观的影响自为情理中事。

这里我们不能不提到古希腊哲学家、医学家、经验主义的创始人、西西里医学派的创立者恩培多克勒(Empedocles,约公元前490—前430年)所提出的生化万物的四根论。他在《论自然》一书中指出:宇宙万物是由水、火、气、土四元素构成的,而这些元素的结合与分离,其动力来源于元素之外。他把元素的生、克称作"爱"与"恨"。爱使几种元素结合起来,恨使各种元素分离开来。[2]四元素按相生可分为水火,因为水生气,火生土。水火是互不相容的两种要素。石油、煤气、酒精是水的范畴,却能生火,可以说水是本原。科学证明,有水就有生命。水的特性是柔弱,代表女性即母性。因此,万物之母水也。水的沉淀物是土,水的纯净物是气。水、土、气结合产生火。但是,须在时空、数量、度量及质量上得到平衡,才能生长、生存万物。

这一理论与印度佛教及回鹘人所说的"四大"有一定相似之处,但差异也是很明显的,如恩培多克勒把四元素的生与克表述为"爱"与"恨",《福乐智慧》则称之为"四敌",佛经喻之为"四蛇"。相较而言,"四敌""四蛇"意义相同,与希腊人恩培多克勒的四根论相去较远。故可以认为,维吾尔族的"四大"理论当直接来源于佛教,而佛教的"四大"理论有可能曾受到恩培多克勒的四根论的影响。

---

① F. W. K. Müller, Uigurica, Abhandlungen der Preussischen Akademie derWissenschaften, Berlin 1908, Nr. 2, S. 13—14.

② [希腊]恩培多克勒:《论自然》(残篇),见北京大学哲学系编:《古希腊罗马哲学》,北京:商务印书馆,1961年,第74页。

四、“四大”说与回鹘医学

基于上述宇宙观，古代回鹘人把人也视为宇宙万物之一种，认为人体也是由“四大”组成的。“四大”在人体内则表现为寒、热、干、湿四种状态，经常保持或基本保持着平衡，如果关系失调，就会诱发疾病。这种思想在吐鲁番木头沟遗址出土的编号为T III M 190(U 496)的回鹘文佛经《佛说北斗七星延命经》译本之回向文中即有着非常明确的表述：

> mn sïlïγ tigin[…]—ig aγrïγ öz—ä bastïqmaq tïltaγ—ï[…] bu yitikän sudur—nung yig—in daruq äšitip.
>
> 我色利的斤……由于地、水、火、风失调而生病……我想从不同〔地方〕听到此《七星经》的妙音，以摆脱病魔。①

由上可见，回鹘医学不仅历史悠久，而且具有鲜明的民族特色和较为完整、独立的医药理论体系，这一理论后来逐步发展成熟，最终形成了今天的维吾尔族医学理论。尽管今天的维吾尔族已全民皈依了伊斯兰教，但佛教医学理论却被维吾尔医学比较完整地保留了下来。依其理论，人的生、老、病、死都和自然界的四大物质(火、气、水、土)和人体自身产生的四要素(血液质、黏液质、胆液质、黑胆质)的盛衰有着密切的关系。以此为基本理论来解释人体与自然环境的关系，创立了一整套诊断和治疗疾病的方法。诊断疾病重视查脉、望诊和问诊。内科疾病以内服药为主，多用糖浆剂和膏剂，并重熏药、坐药、放血、热敷、拔火罐、饮食疗法等十多种疗法。

在今天的维吾尔族医学中，气质失调，可以说是维吾尔族医学的辨证大纲。用于调整失调气质的方法，自然也就成了维吾尔族医学的治疗大法，从整体言，其疗法可分为非体液型失调气质调整法和体液型失调气质调整法二种。值得注意的是，二者均与佛教思想、佛教医学存在着密不可分的关系。

非体液型失调气质调整法主要包含以下四种方法：

1. 寒法，采取寒性治疗措施和药物来清除热症，用于治疗因外来热性因素过多而引发的非体液型热性气质失调疾病。

① 杨富学：《回鹘之佛教》，乌鲁木齐：新疆人民出版社，1998年，第158页。

2. 热法，以热性治疗措施和药物来清除寒症，适治受外来寒性因素影响过多而形成的非体液型寒性气质失调疾病。

3. 干法，利用干性治疗措施和药物来清除湿症，可治因外来湿性因素影响而发生的非体液型湿性气质失调疾病。

4. 湿法，用热性治疗措施和药物来清除干症，适用于外来干性因素过多影响而导致的非体液型干性气质失调疾病。

很显然，这一辨证方法讲的是人体内气质失调而形成的寒、热、干、湿四种状态。这种气质失调现象都不是由体液引起的，而是“四大”，即火、气、水、土四种物质在人体内运动、变化的结果。

体液型失调气质调整法则包括致病体液成熟法、致病体液排泄法和失调体液平衡法。其中失调体液平衡法包括以下几种疗法：

湿寒法，用湿寒性治疗措施和药物来清除干热性病症，对受热性因素影响而发生的体液型干热性气质失调疾病有效。

干寒法，以干寒性治疗措施和药物来清除湿热性病症，适治于受湿热性因素过多影响所诱发的体液型湿热性气质失调疾病。

干热法，采用干热性治疗措施和药物来消除湿寒性病症，适用于因湿寒因素过多影响而发生的体液型湿寒性气质失调疾病。

湿热法则是用湿热性治疗措施和药物来消除干寒性病症的一种疗法，可治疗因干寒性因素过多而形成的体液性干寒性气质失调疾病。

这一系列辨证施治方法都没有脱离古代回鹘人对寒、热、干、湿四种状态的理解与运用，其理论基础仍然是佛教医学所谓的四大物质运动与互相制约的学说。虽然疾病的变化很多，治疗方法也很多，但万变不离其宗，在佛教医学思想支配下形成的寒、热、干、湿医学理论，始终是维吾尔医辨证施治的基本方法。

综上所述，可以认为，随着佛教与印度文化的传播，佛教“四大”理论与印度医学在古代回鹘人中也得以流行与发扬光大。回鹘人摄取了佛教宇宙观的地、水、火、风理论，吸纳佛教医学之合理内核，结合本民族的医学经验与历史文化传统，逐步形成了独立的医学理论体系。这种理论认为宇宙万物皆由火、气、水、土四种物质构成，这四种物质相互联系、相互制约，从而维持着动态的平衡。人作为宇宙万物之一种，其身体同样也受到这四种物质运动规律的制约，从而维系着平衡。然而，这种平衡一旦出现失调，身体内就会酿成各种疾病，故而在治疗时就必须考虑火、气、水、土所导致的寒、热、干、湿四种状态。这种辨证施治方法代代相传，一直影响至今，构成了今天维吾尔族医学的基石。

（作者：杨富学，敦煌研究院民族宗教文化研究所所长）

敦煌藏文佛教文献中有关观世音菩萨类的密宗经典考述①

——兼论吐蕃时代的观音信仰

【摘　要】 本文考察了法藏敦煌藏文文献中有关观世音菩萨的藏文密宗经典，包括文献的存世情况、主要内容，并对部分经典或部分内容作了翻译。通过这些文献的研究，表明在吐蕃时期，观世音菩萨的信仰已十分流行，观世音菩萨已成为吐蕃最崇拜的菩萨之一，为以后藏传佛教中的观音信仰奠定了基础。吐蕃观音信仰是从两地输入的，其一是印度，部分观世音密典直接译自于梵文；其二是唐朝，唐朝的密宗对吐蕃产生了重要的影响，敦煌成为唐朝佛教输入吐蕃的重要区域。

观世音菩萨为大乘佛教的著名菩萨之一，号称慈悲第一。凡大乘佛教传播之区域，无不有观音信仰之存在。藏传佛教中同样盛行观音菩萨之信仰，藏区对观音之崇拜，只能用“无以复加”四字来形容，而且这一信仰已完全融入民族文化中，成为深层的民族心理。此举二事可证，其一，藏传佛教中认为雪域高原是观世音菩萨教化之地，故称其为“雪域之救主”。西藏的统治者、圣人往往说成是观世音的化身，如松赞干布、历世达赖喇嘛等，都被视为是观世音之化身。菩萨以化身降临雪域，实现其教化之责。甚至连藏族起源神话中的猕猴祖先也被附会为观世音菩萨的弟子，并说藏族因受观音慈悲精

① 本文是国家社科项目“法藏敦煌藏文佛教文献的翻译整理研究”(07BZJ008)的阶段性成果。

神之感召，而具怜悯心。其二，观音心咒即“六字真言”，几乎成为藏传佛教之象征，在藏区处处可见，处处可闻，其普及之广泛程度是任何一种密宗真言都难以企及的。

上述观世音菩萨与雪域高原之间有密切联系的相关说法，大致产生在后弘期，如以《柱间史》为代表的佛教史书中，无不渲染观世音菩萨与雪域高原之间的深厚关系，由此成为藏传佛教界的一种共识。但是，观世音菩萨信仰的传入，应在吐蕃时期，敦煌藏文佛教文献中保存下来的与观世音菩萨相关的经典就是明证。考察吐蕃时期的此类经典，可知吐蕃时代观世音信仰的流行为后世的藏传佛教观音信仰情节的产生，起了铺垫作用。

一、《圣观自在一百零八名》

1. 写本之考察

《圣观自在一百零八名》(vphags pa spyan ras gzigs dbang phyug gi mtshan brgya rtsa brgyad pa)，属于密宗经典，吐蕃时期编纂的《旁塘目录》中该经被列为“一百零八名，赞颂、吉祥、祈愿杂类”，云：“《观自在一百零八名》，计有四十颂。”[①]布顿大师所著《布顿佛教史》之藏文《大藏经》目录中，列为密宗事部类经典，同样载该经有四十颂，但不载译者之名。之后编纂的其他版本的藏文《大藏经》中，对该经的归类全部遵从了布顿大师的划分法。拉萨版《甘珠尔》中该经在密续部“ph”函(以下简称为《甘本》)，同样不署译者名，显然是经的译者名已佚失无考。汉文佛经中，该经名称译为《观自在菩萨一百零八经》，译者是宋代天息灾，《至元法宝勘同总录》言汉译本与蕃本同。但经笔者对比发现，汉藏译本间有很大的差异，除序分和结尾相同外，正文部分汉译本全是音译，如同翻译的密宗真言，而藏文则是偈颂体的赞词。

在敦煌藏文佛教文献中，《圣观自在一百零八名》主要有以下写本：

(1)P. T7AV 号，折叠本，该卷子内共抄录有四部经，《圣观自在一百零八名》排在第三，其开头有梵藏对照的经名。

(2)P. T11V 号，折叠本，只残存两页，是该经的最后部分，结尾云：“圣观自在一百零八名赞，完毕。”在经名上加了“赞”(bstod pa)，加此一字，与经文的内容十分吻合，应是该经的全称。

---

① 《旁塘目录》，北京：民族出版社，2003 年，第 31 页。

(3)P. T23V 号，折叠本，开头有梵藏对照的经名，与 P. T7AV 号相同。内容完整，共有 12 页，经文结尾处绘有一朵莲花。

(4)P. T24 号，折叠本，开头有梵藏对照的经名，与 P. T7AV 号相同。内容完整，共有 15 页。

(5)P. T32B 号，折叠本，共存 7 页。(以上见《法藏敦煌藏文文献》第一册)。

(6)P. T109 号及背面(编号 P. T109R)，为折叠本，但部分处已断裂，内容基本完整，另该卷子上还抄写有《吉祥偈》。

(7)P. T110 号，梵夹本，存 2 页。

(8)P. T111V 号，折叠本，存 4 页。(以上在《法藏敦煌藏文献》第三册)

(9)P. T375V 号，折叠本，存 3 页。(在《法藏敦煌藏文献》第五册)

以上写本中，P. T7AV 号、P. T23V 号、P. T24 号三种内容完整，经比较，三者内容一致，属于同一译本。后世收入《大藏经》的《圣观自在一百零八名》(以下简称《甘本》)与上述敦煌本之间相比，除个别词语以外，内容完全相同，可知该经在后世得到过少量的修订。

2. 经文内容

《圣观自在一百零八名》的内容大致可分为三个部分，其中第一部分讲述该经的缘起，与其他佛经的格式大致相同。此据 P. T7AV 号现翻译如下：

原文转写：

“ thams cad mkhyen pa la phyag vtshal lo/ vdi skad bdag gis thos pa dus gcig na/ bcon ldan vdav vphag pa spyan ras gzigs kyi po brang ri po ta lavi rtse mo me tog dri zhim po sna tshogs kyis brgyan pa/ vdzam bu gling gi gser gyi kha dog vda ba/rin po che sna tshogs kun tu vbar bavi sa phyogs na bzhugs te/lha dang/klu dang/gnod sbyin dang/ dri za dang/ lha ma yin dang/nam mkhav lding dang/myi vam ci dang/ lto vphye chen po dang/ brgya byin dang/ tshangs pa dang/ vjig rten skyong ba dang/ myi dang myi ma yin ba bye ba khra khrig brgya stong du mas/ bcon ldan vdav la sti stang du byas/ rim gror byas/ mchod cing bkur stir bya ste/ yongs su bskor/ mdun gyis byas pa la chos ston te/ thog mar dge ba/bar du dge ba/tha mar dge ba/don bzang po/tshig vbru bzang po/ ma vdres pa/ yongs su rdzogs pa/ yongs su dag pa/ tshangs par spyod pa/yang dag par ston te/de nas tshangs pa las stsogs pas byang chub sems dpav vphag pa spyan ras gzigs dbang phyug la bstod pa ”

汉译文：

向一切智敬礼！如是我闻，一时世尊在圣观自在之宫殿普陀洛迦山顶，其山由各种芬芳鲜花装点，色如赡部洲黄金，各种珍宝处处放光。天、龙、夜叉、乾闼婆、阿修罗、迦楼罗、人非人、大腹行、梵天、帝释、世间护、人、非人等百千万亿，向世尊行礼，做侍奉，供养恭敬，全部绕转，（尔后）坐于座前。世尊说法初中后善，义妙，语言优美，未有混杂，一切圆满，一切清净，行梵行，清净开示。之后，梵天等，赞颂观自在菩萨。[1]

这里单说佛说法之圆满、清净，而无所说法的具体内容。当然，下文梵天等对观自在菩萨的赞颂，也可言是受佛的加持而说，与佛语无二。“天、龙、夜叉、乾闼婆、阿修罗、迦楼罗、人非人、大腹行”属于“天龙八部”，为佛教所谓的世间鬼神。“天龙八部”在佛经中常为闻法之听众而出现，也为佛所度化之对象。

第二部分，即经文的主题部分，是梵天等对观音菩萨所做的赞颂，用偈颂体写成，用语典雅，极尽赞美之能事，也可列入佛典文学之类。现将此部分据 P. T7AV 号写本翻译如下，在括号内附原文转写，并注明与《甘本》的不同处，凡敦煌写本中属古藏文的用法，不作说明。内云：

“所作以及能作作（bya ba byas shing byed pa byas，《甘本》最后一字作“mkhas”，意为“善巧”，可译为“所作并善于作事”），

利众随后自义获（khur bor bdag don rjes su btnyes），

轮回所行圆满尽（srid par sbyor ba yong su zad），

清净妙语解脱心（yang dag bkav la rnam grol semas）。

智慧极广胜解脱（shes rab shin tu rnam par grol），

如似大龙骏马般（klu chen po ni cang shes pa），

于自心获得自在（sems la dbang gyur thams cad kyi，《甘本》作“dbang bsgyur”，应是），

一切殊胜达彼岸（mchog tu pha rol pyin pa thob）。

---

① 金雅声、郭恩主编：《法藏敦煌藏文文献》第一册，上海古籍出版社，2006 年，第 47 页。

智慧资粮皆圆满(ye shes tshogs ni yong su rdzogs),

轮回荒野极跨越(srid pavi dgon pa rab tu rgal,《甘本》中“rgal”作“brgal”),

精进行于利他事(gzhan la phan bar mdzad la vbad,《甘本》中“bar”作“pa”,“vbad”作“brtson”,意思相近)。

悲心以及所缘心(thugs rje dang ni vbrel pavi thugs),

广为慈爱众有情(skye dgu kun la mchog tu byams),①

广授安乐因慈悲(bde ba rab stsol byams las vbyung,《甘本》中“rab stsol”作“brtson pa”,意为“精进”、“勤奋”),

无边有情善救度(mthav yas sems can sgrol la mkhas,《甘本》中“sgro”作“grol”)。

如来心性中所生(bde bar gshegs pa nyid la skyes,“nyid la skyes”在《甘本》中作“nyid kyi bkav”,整个句子可译为“如来亲语教”)。

三界惟一之亲友(khams gsum gyi ni gnyen cig pa ,《甘本》作“kun gyi gnyen gcig pu”),

贪欲嗔恨愚痴无(vdod chag zhe sdang gti mug myed),

三种污垢全舍弃(dri ma gsum ni rab tu spangs),

三明彼岸已到达 (rig pa gsum gyi pha rol phyin),②

六种神通亦获得(mngon par shes pa drug kyang brnye)。

多足树般紧聚拢(nya ga gro da lta bur zlum),③

胜士一切诸妙相(skyes bu chen povi mtshan rnams ni),

具足三十二种相(sum cu rtsa gnyis dag dang ldan),

以及八十种随好(dpe byad bzang po bryad cus kyang),

种种美饰遍全身(sku ni rnam pa kun tu brgyan)。

身色如同黄金色(sku mdog gser gyi kha dog vdra),

---

① “众有情”,原文作“skye dgu”,直译为“九生”,欲界、色界、无色界有情死后,分别往生三界,共为九处,故名“九生”,因此九生即指一切有情。

② “三明”指无学道者所具有的三种神通,即宿命明(能知以前一切生)、天眼明(能知以后一切生)和漏尽明(自身烦恼永尽的智慧)。

③ 据《藏汉大辞典》,多足树梵名为“尼枸卢”,为盛产南亚的一种香料果树,生长速度特快,枝叶繁茂。

身形高大而白净(sku tshad che la dkar sham po),

那噶花蕊童子般(na ga ge sar gzhon nu ltar),

肤色略呈红色样(chung zad dmar ba vdra bavi mdog)。

头顶之上有发髻(dbuvi thor tshugs dag dang ldan),

密密发髻相覆盖(thor tshugs mang po nye bar gyogs),

无量光佛顶上住(dbu la vod ni dpag myed bzhugs,《甘本》作"vod dpag med")。

身上光明极照射(vod gzer dag ni rnam par vphro,"gzer"是 zer 字之误),

光照一寻极燃烧(vod vphro mdom gang rab tu vbar, P. T23V 号中"mdom"作"vdom",应是),[1]

如似金山遍誉称(gser gyi ri vdra grags pas khyab),

威严身形极广大(gzi brjid dag kyang rab tu che)。

东方山顶所升起(shar gyi ri las shar ba ye, shar ba 在《甘本》作 vchar ba,二者意思相近),

如日一般顶髻具(nyi mavi gtsug tor dag dang ldan),

摩尼宝珠光焰焰(nor bu rin cen vbar ba ye),

腋络半身做美饰(se rel khas ni sku phyed brgyan)。

对于地道极通达(sa dag la ni rab tu mkhas),

行持十波罗蜜多(pha rol phyin pa bcu rnams spyod),

受持戒律无疲倦(tshul khrims ma nyams ral ba myed)。

胸部如似狮跳跃(thong ka seng ge mchong ba vdra),

身体柔和而轻盈(sku ni vjams zhing ldem bag cad),

观看行走如牛王(gzigs shing gshegs pa khyu mchog vdra),

又似右旋之海螺(gyas su vkhyil bavi dung yang vdra)。

额如满月如菊花(vphral ba zla ba kham pa vdra,"vphral"字是"dbral"之误),

额头之形亦宽广(vphral bavi dbyes kyi rgya yang che,"vphral"字是"dbral"之误),

眉毛浓密无间断(smyin mtshams bar yang yongs ma chad),

---

① 寻是长度单位,又称庹,一寻指两臂向左右平伸后,两掌或两中指尖间的距离。

舌之形状亦略高(shangs kyi dbyibs kyang chung zad mtho)。

脖子如同宝瓶颈(mgur yang bum pavi mgrin pa vdra),

肩膀手臂等极长(dpung pa dag kyang rab tu ring),

手上指节亦较长(phyag sor rnams kyi tshigs kyang ring),

指甲圆润而略红(ser mo vjam zhing chung zad dmar)。

手指之间相连接(phyag sor rnams kyi bar yang vbrel),

手掌足掌掌心处(phyag dang zhabs kyi mthil rnams la),

法轮纹饰所庄严(vkhor lo dag gis rab tu brgan),

美丽如同秋季月(ston kavi padm vdra bar mdzes)。

身色柔和鼻亦高(sku mthang vjam zhing shas kying rgyas,sku mthang《甘本》作“sku mdang”,应是。“shas”《甘本》作“shangs”,意为“鼻子”。应是),

语音深沉如梵音(gsung ni tshang pavi dbyangs ltar zab,zab《甘本》作“snyan”,意为“悦耳”),

令人悦意而欢喜(yid du vong zhing dgav bar gyur),

身形美观姿态喜(bltas na sdug cing mdangs dgav ba)。

生于莲花似莲花(pad ma las vkhrungs pad ma vdra),

莲花等中遍生起(pad ma dag las kun tu skyes),

住于莲花宝座上(pad ma dag gi gdan la bzhugs),

手中持有妙莲花(phag na pad ma bzang po bsnams)。

手中持有净宝瓶(ril ba spyi lugs phyag na bsnams),

手中持有羚羊皮(khri sna sa revi pags pa bsnams, khri sna 在《甘本》作“khri snyan”),

手持涂香及念珠(byug pa dang ni bgrang vphreng vdzin,byug pa 在《甘本》作“dbyug pa”, P. T23V 号与《甘本》同),

吉祥如意而净化(bkra shis dag gis gtsang mar vgyur)。

诚实语言为前导(sngon nas bsu zhing gsong por gsung,《甘本》作“sngi nas gsungs shing gsong por gsung,”显然《甘本》中的“sngi”字有误),

甘露之雨普遍降(bdud rtsi char ni rab tu vbebs),

犹如如意宝珠般(yid bzhin nor bu rin cen vdra),

一切有情无不喜(sems can thams cad dgav bar mdzad)。

如同妙胜光树般(bzang por snang bavi ljon shing ltar),

一切有情能养育(sems can rnams kyi gsos su vgyur),

成就佛位变化身(sangs rgyas kyi ni sprul pa lags),

如来装饰全齐备(bde bar gshegs pavi cha lugs mngav)。

持有如来之舍利(bde bar gshegs pavi ring bsrel vdzin),

各个细微毛发中(ba spu nyag ma re re pa ,《甘本》中作"re re yang"),

成为一切有情尊(sems can rnams kyi gtso bor gyur),

积聚福德行善业(bsod nams mdzad cing sge ba mdzad)。

迅捷无缓做决定(bshol ba myed cing nges par mdzad),

具足猛厉精进力(rab tu drag pavi brtson vgrus chan),

一切轮回得超越(vkor ba dag kun tu rgal,《甘本》中" kun tu"作"rab tu"),

获得圣法摄政位(dam chos rgyal mtshab manav gsol pa,《甘本》中"rgyal mtshab"作"rgyal mtshan",意为"胜利幢",而"rgyal mtshab"意为"摄政",P. T23V 号与《甘本》同,P. T24 号中作"rgyal vtshab","mtshab"与"vtshab"的正字为"tshab",可能 P. T7AV 号和 P. T24 号写本有误)。

天女度母皆跟随(lha mo sgrol ma rjes su vbrang),

愤怒护法遵语教(khri gnyer can ni bkav bzhin bryid,《甘本》中以上二句置于后面,排序不同),

不空羂索脱苦难(don yod zhags pa sdug bsngal vdren),

如意轮尊修善行(yid bzhin vkhor lo dge bar sbyor,《甘本》中以上二句顺序与敦煌写本 P. T7AV 号真好相反,而 P. T23V 号与《甘本》同),

圣者马头灭四魔(vphags pa rta mgrin bdud bzhin vjoms,《甘本》中"vphags pa rta mgrin"作"ha ya gri ba ","ha ya"在梵语意为"马","gri ba"在梵语意为"脖子",合译为"马头",指观世音化身"马头金刚",这里应是音译和意译的区别。P. T23V 号作"a rya gri ba ","a rya"梵语意为"圣者"),[1]

忿怒青颈伏恶者(gro da mgrin sngon gdug pa vdul,《甘本》中"gro da"作"gro dha","gro"应是"kro"字之误,为梵语,"kro dha"意为"忿怒"、"怖畏"。P. T23V 号作"gre ba",意为"喉部"。另此句之后,《甘本》多出一句,为"chu srin

① 四魔指烦恼魔、蕴魔、死魔和天子魔。

vdzin khrivi vjigs las sgrol”)。[①]

具足胜利之相状(rgyal ba can la tshul dang ldan),

具足神通忆念力(mthu che ldan zhing dran dang ldan),

具足功德并慈爱(yon tan ldan zhing byams dang ldan),

具足智慧并吉祥(shes rab ldan zhing dpal dang ldan),

具足戒律并义理(tshul khrims ldan zhing don dang ldan)。

一切义理遍明者(don rnams kun ni tig pa po),

一切疑惑断绝者(the tsom thams cad gcod pa po),

一切法意能说者(chos rnams thams cad gsung ba po,《甘本》中“gsung ba po”作“smra bavo”),

一切世间之导师(vjig rten rnams kyi ston pa po)。

脸容美妙如满月(zhal bzang zla ba nya ba vdra),

诸种珠宝饰下身(sku smad rin cen kun kyis brgyan),

住坐犹如金灵塔(gser gyi mchod sdong vdra bar gnas),

光明超胜千般日(vod gzer nyi ma stong bas lhag)。”[②]

从上赞颂文的内容可知,“mtshan”,非是指名号,而是指菩萨所具众多“妙相”,亦即菩萨在内在智慧、外在行为,尤其在相貌等方面所拥有的殊胜之处,而非指有“一百零八种”名号,因此译为“相”似乎更合适。

第三部分为念诵经文的种种功德,翻译如下:

(1)原文转写:

“tshangs pa las stsog pas phyag bgyis pavo/ vphag pa spyan ras gzigs dbang phyug la mtshan brgya rtsa brgyad kyis gang stod par byed pa de mtshams myed pa lnga byas pavi las kyi sgrib pa yongs su vbyang bar vgyur/ dkyil vkhor thams cad du zhugs par vgyur/ gsang sngags thams cad kyang vgrub par vgyur/bskal pa stong gi bar du ngan vgror myi skye/ mnar myed par myi vgro vo/ su zhig nang par langs nas klog gam/ klog tu vjugs gam/ kha ton du vdon na devi lus la mdze dang/ shu ba dang/glo na ba dang/ dbugs myi bde ba las stsog pavi nad thams cad las thar par vgyur ro/ skyes so

① 不空羂索、如意轮尊、圣者马头、忿怒青颈均为观世音菩萨的不同形象。

② 金雅声、郭恩主编:《法藏敦煌藏文文献》第一册,上海古籍出版社,2006年,第48～51页。

chog tu skye ba dran bar gyur/ lhavi bu dang vdra bar vgyur/ vchi bavi dus kyi tshe na yang vjig rtan gyi khams bde ba cad du skye vo/ gar skyes gar skyes(此二字是衍文) kyang vphag pa spyan ras gzigs dbang phyug dang myi vbral bar vgyur ro/ rtag tu bzlas pa byas na yid gzhungs par vgyur/dpav bar vgyur(《甘本》在此句前面多一"sems"字)/ dbyangs snyan par vgyur/gtsug lag thams cad la mkhas par vgyur ro/ (《甘本》此处多出一句"tshig btsun par vgyur ro")bstod pa vdis bstod na sangs rgyas bcom ldan cdas gang ga klung gi bye ma dru cu rtsa gnyis snyed mchod par vgyur te/ rnam par smyin pa vdra bas na bye brag myed do/ rgyal ba thams cad kyi ring bsrel tin po chevi za ma tog ces bya ba vphags pa spyan ras gzigs dbang phyug gi mtshan brgya rtsa brgyad pa rdzogs so"①

(2)汉译文:

梵天等敬礼。凡以一百零八名向圣观自在作赞颂者,其所做五无间业障,亦能圆满解脱,能住一切坛城,能成就一切密咒,千劫间不堕恶趣,不堕无间地狱。任何人,如早起而诵念,或让他人诵念,或日常讽诵,其身从麻风、脓疮、肺病、气喘等一切疾病中得解脱。能忆想所有前世。成为如天神子。临终时,亦能生于极乐世界。无论生于何处,与观世音菩萨不相分离。如常诵念,使心意正直,变得勇敢,声音悦耳,通达一切经典。做此赞颂,等同于供养六十二恒河沙数佛世尊,其果报无异。名一切胜者之舍利宝箧圣观自在一百零八名,完毕。

诵念对菩萨的赞颂,如同诵念陀罗尼经咒一样,能得种种益处,包括世间和超世间的利益。"五无间业障"即五无间罪,又称五逆罪,其具体内容大小乘所述不同,通常所说的无间罪,即弑父、弑母、杀阿罗汉、破僧和合、以恶心出佛身血,凡犯无间罪者必堕无间地狱受苦,所受业报最重,故名无间罪。无间地狱为八热地狱之一,梵音为阿鼻。其"无间"之义指犯五逆罪之一者,其果报是立堕地狱,无有间隔,在地狱中所受的罪亦无间断,故名无间地狱。但佛教同时又认为,依靠佛菩萨的加持力可免受五无间罪之报应,尤其在密宗经典中认为消除五无间罪是密宗真言的特殊功效之一,有关观世音菩萨的密典中亦是如此。

赞颂所信奉的对象而获取保护的力量是许多宗教中风行的做法,而且简单易行,能为多数信徒所能掌握。佛教中佛菩萨的赞辞犹多,再加这些赞辞文

① 原稿缺注文。

辞优美，用韵文体，容易背诵，而成为信徒的常课。

二、《圣观世音如意轮赞》

1. 敦煌写本及相关密典的汉藏译本

P. T7AV 号中的第二部分为《圣观世音如意轮赞》(rphags pa spyan ras gzigs yid bzhin vkhor lo cu bstod pa)，属于赞颂类密宗经典，有两部分组成，第一部分为赞颂文，第二部分为咒语，不过仅有一行。因此，该经文仍以赞颂为主，与《观自在一百零八相赞》大致雷同。

《布顿佛教史》之《大藏经》目录中，不载此经。笔者查阅拉萨版《大藏经》之《甘珠尔目录》，亦不见载有《圣观世音如意轮赞》。因此，我们可以认定该经属于敦煌藏文佚经，十分珍贵。

相比于藏文佛典，汉文佛典中有关观世音如意轮类的密典较多。其中，观自在如意轮的仪轨类密典有唐朝金刚智所译《观自在如意轮菩萨瑜伽法要》、不空译《观自在菩萨如意轮瑜伽》，及北宋慈贤译《如意轮莲花心如来修行观门仪》等，据《至元法宝勘同总录》，如意轮的仪轨类密典藏文未译。但《旁塘目录》中载："《圣观自在转如意摩尼轮陀罗尼密咒及仪轨》，一百五十五颂。"[①]说明吐蕃时期对如意轮的仪轨类密典有翻译，只是未传至后世。

有关观自在如意轮的密宗佛经，汉文《大藏经》中有同一经的数种译本，即《观世音菩萨秘密藏神咒经》(实叉难陀译)、《观世音菩萨如意摩尼陀罗尼经》(宝思维译)、《观自在菩萨如意心陀罗尼经》(义净译)、《如意轮陀罗尼经》(菩提流支译)、《如意摩尼陀罗尼经》，《至元法宝勘同综录》云："右五经(即上引五经——引者)同本异译，与蕃本(指藏文本——引者)同。"黄明信在笺证中进一步指出，藏译本在德格版藏文《大藏经》为 898 号，北京版为 370 号，从汉文本转译。[②] 查拉萨版《甘珠尔》，其藏文经名为："vphags pa sphyan ras gzigs dbang phyug gi gsang bavi mdzod thogs pa med pavi yid bzhin gyi vkhor lovi snying po zshe bya bavi gzungs"(共有六品)，[③]可译为《圣观自在秘密库无碍如意轮心要陀罗尼》，与实叉难陀译本的名称较为接近。《布顿佛教史》的《大

---

① 《旁塘目录》，北京：民族出版社，2003 年，第 24 页。

② 黄明信：《汉藏大藏经目录异同研究——至元法宝勘同总录及其藏译本笺证》，北京：中国藏学出版社，2003 年，第 108 页。

③ 拉萨版《甘珠尔》，密续部"pa 函"，第 454 叶 B 面。

藏经目录》中载该经的名称为《圣观自在如意轮心要》，此应是简称，并注明："计有二百四十颂，由法成译自于汉文。"[①]从译经的数量可知，唐代密宗中，观世音如意轮类的密法受到重视。敦煌莫高窟中绘有或塑有六臂观音如意轮像，敦煌地区流行观音如意轮崇拜，并影响到了吐蕃人，因此有法成的翻译之举。

2. 经文内容翻译

P. T7AV 号中是经只有藏语名称，而无对照之梵文名称，经文中缺通常佛经的开头(序分)和结尾，而是直接进入主题。现翻译如下：

"圆满清净法之身(rdzogs pa yang dag chos kyi sku)，

如实平等如虚空(ci bzhin mnyam pa nam mkhav vdra)，

化身功德皆具有(sprul pavi yon tan kun mngav bas)，

亦行救度士夫事(skyc bo sgrol bavi don yang mdzad)。

点燃解脱之熏香(rnam par grol bavi spos bsregs la)，

无有忏悔而行忏(vgyod pa myed pas vgyod tshangs bya)，

无缘供奉而敬礼(dmyigs myed mchod cing phyag vtshal na)，

以一手遍及四方(phyag gcig gis ni kun tu khyab)。

一切如来所拥有(de bzhin gshegs pa thams cad kyi)，

智慧行为皆善巧(mkhyen pavi spyod pa thams cad mkhas)，

慈悲救主如意轮(yid bzhin vkhor lo thugs rjevi mgon)，

菩提自性入心中(byang chub ngo bo thugs chud pa)，

变化神通具加持(rdzu vphrul byin gyi rlabs dang ldan)，

证得大宝莲花库(rin cen pad mavi mdzod brnyes pas)，

做一切有情救主(sems can kun kyi skyabs kyang mdzad)。

月轮清净中央处(zla bavi dkyil vkhor dag pavi dbus)，

大宝莲花宝座上(rin cen pad mavi gdan steng na)，

如似自主国王般(rang dbang rgyal po ci bzhin du)，

讲说佛法之相住(chos vchad pavi tshul du bzhugs)。

六手身色如水晶(phyag drug sku ni shel gyi mdog)，

发上装饰蓝宝石(dbu skra rin cen mthon ting rgyan)，

---

① 布顿:《布顿佛教史》(又译为《佛教史·大宝藏论》)北京:中国藏学出版社,1988年,第 251 页。

殊胜珠鬘饰身体(vphreng ba dam pas sku brgyan cing)。
用手扶持头顶者(phyag gis dbu la btran ba ni),
慈悲意想诸众生(byams pavi thugs rje kun la dgongs);
手中持有念珠者(phyag na vphreng ba bsnams pa ni),
意想救度众士夫(skye bo mang po sgrol bar dgongs);
手中持有珠宝者(phyag na rin cen bsnams pa ni),
意想一切愿圆满(smon lam thams cad rdzogs mdzad dgongs);
一手压住黄金山(gser gyi ri la phyag brtan ba),
勇士坚定无畏惧(dpav bo myi gyo cis myi bsnyengs);
手中持有莲花者(phyag na bad mo bsnams pa ni),
意想清净诸幻法(vkhrul pavi chos rnams dag mdzad dgong);
手中持有轮子者(pyag na vkhor lo bsnams pa n),
转动无上佛法轮(bla myed chos kyi vkhor lo bskor);
六手变化加持力(phya drug sprul bavi byin rlabs kyis),
救度六道有情众(rgyud drug gnas bavi sems can sgrol),
众多光明遍十方(vod gzer mang po phyogs bcur khyab),
具足圣相难睹视(vphags pavi mtshan ldan bltar myi bzad).
天神妙乐从天供(lha vi rol mos mkhav las mchod),
龙王从下举宝座(klu vi rgyal pos gdan las vdegs),
无际功德皆圆满(mthav yas yon tan kun rdzogs pas),
甘露之雨普降下(bdud rtsi vi char ni rab tu vbebs)。
具足心性此坛城(sems nyid ldan bavi dkyil vkhor de),
坛城平等若观修(dkyil ckhor mnyam ba de bsgoms na),
分别心相不会生(rtog bavi mtshan ma myi skye vo),
分别心者即菩提(rtog ba nyid ni byang chub ste)。
以此不住之智慧(myi gnas pa vi ye shes pas),
一切成就皆圆满(dngos grub thams cad rdzogs par vgyur),
吾与一切有情众(bdag dang sems cad thams cad kyang),
拔除诸障之过失(sgrib bavi skyon rnams kun byang nas),
消除外部一切相(rnam pa thams cad pyir bsal te),
如法平等而成佛(cho bzhin mnyam ba sangs rgyas zhing),

原生极乐世界处(bde bavi zhing der skye bar shog)。

圣如意轮赞完毕,心要。"[1]

之后缀有三句真言,亦即心要。

此经文中的观世音菩萨,即"如意轮观音",为观世音菩萨众多密宗形象之一,而如意轮观音也有不同的形象,如藏传佛教后弘期噶当派传自阿底峡的"观音如意轮",为七面二臂,左手执法轮,右手执如意,站立在莲花上。[2] 在汉译《观自在菩萨如意轮瑜伽》等经典中,对观世音如意轮六手所持物的象征意义有解释,如不空译本云:"第一手思维,愍念有情。第二持意宝,能满一切愿。第三持念珠,为度傍生苦。右按光明山,成就无倾动。第二持莲手,能静诸非法。第三挈轮手,能转无上法。"[3]与上引敦煌藏文本《圣观世音如意轮赞》的内容完全契合。因此,可知《圣观世音如意轮赞》中的如意轮观音与汉文本中的观自在如意轮形象相同。而且《圣观世音如意轮赞》是参考类似《观自在菩萨如意轮瑜伽》的经典而编写的,但现在尚难以判断《圣观世音如意轮赞》是译自何种文本。

三、《十一面观自在陀罗尼》

1. 敦煌写本

属于密宗经典,汉译本名为《十一面观世音神咒经》。

P. T45V 号为折叠本,开头有梵藏对照之经名,内容基本完整。结尾处压有一枚花纹印章。《旁塘目录》中收有此经的名称,并注经文共计五十五颂。

P. T45V 号从新出《法藏敦煌藏文文献》的图版看,《十一面观自在陀罗尼》第一页所连的第二页第一行,不见于该书接下来的第三页上,显然中间有断裂,或者法方提供的胶片不完整,有遗漏。此文献写本中,再后置字的运用较为广泛,如"vgyurd"、"vdzind"等字均有再后置字"da"。

《旁塘目录》载有《圣观自在十一面陀罗尼》,但因该目录不载译者名,亦无从得知翻译的具体时间。《布顿佛教史》的《大藏经目录》中,同样对该经的译者没有记述。但拉萨版《甘珠尔》所收《圣观自在十一面陀罗尼》(以下简称《甘

① 金雅声、郭恩主编:《法藏敦煌藏文文献》第一册,上海:上海古籍出版社,2006 年,第 45～47 页。

② 久美却吉多杰著,曲甘·完玛多杰译:《藏传佛教神明大全》(上册),西宁:青海民族出版社,2004 年,第 235 页。

③ 《大正藏》第 20 卷,第 208 页 c 栏。

本》)上有译者题记,云:"由印度的亲教师释兰扎菩提和任大校订之译师益西德翻译并校订而为定本。"①敦煌 P. T45V 号写本与《甘本》经比对发现,除敦煌写本中的古藏文用法外,二者完全一致,亦可知敦煌写本也是益西德的译本。根据以上佛经目录,知《圣观自在十一面陀罗尼》译自梵文。

2. 经文内容

该经大致可分为三部分,第一部分讲缘起。由观世音菩萨带领众多密咒师,至佛处,向佛礼敬,请求佛说法。

第二部分由观世音菩萨讲说是经中的密宗真言之功德及来历,此择主要者翻译如下:

(1)藏文转写:

"nang par langs nas brgya rtsa brgyad bton na / tshe vdi la yon tan bcu yongs su vdzind par vgyurd te / bcu gang zhe na / bro nad ma mchis par vgyur ba dang / de bzhin gshegs pa thams cad kyis yongs su bzung bar vgyur ba dang / des bsgrim myi vtshal bar / nor dang vbru dang / dbyig rnams rnyed par vgyur ba dang / dgrav thams cad khugs shing thuld bar vgyur ba dang/ rgyal povi tshogas pa rnams gsong por smra bar sems par vgyur ba dang / lus la dug gis myi tshugs pa dang / dbyig dug gis myi tshugs pa dang / rims nad kyis myi tshugs pa dang / mtshon cas myi tshugs pa vgyur bar dang / chab kyis vgum bavi dus bgyid par myi vgyur dang / zhugs kyis vgum bavi dus bgyid par myi vgyur dang / dus ma lags par vgum bas vgum bavi dus bgyid par myi vgyur ba lags so / gzhan yang yon tan bzhi yongs su vdzin par vgyurd te / vgum bavi dus kyi tshe / de bzhin gshegs pa mthong bar vgyur ba dang / ngan song rnams su skye bar myi vgyur dang / ya nga ba ma spangs pas vgum bavi dus bgyid par myi vgyur ba dang /

vdi nas shi vphos nas vjig rten gyi khams bde ba cad du skye bar vgyur ba lags so/ bcom ldan vdas bdag gis dran lags te / vdi nas bskal pa vgang vgavi klung bcu vi bye ma snyed dag gi snga rol kyi yang ches snga rold na / de bzhin gshegs pa man da ra bavi bstsung(《甘本》作"bsung") zhes bgyiv(《甘本》作"bgyi",应是) ba byung ste / de na bdag khyim par gyurd pas vdi bzung

---

① 拉萨版《甘珠尔》,密续部"pa 函",第 472 叶 A 面。

nas/bskal pa bzhi khri vi vkhor ba bsnyild lagso/ bdag gis snying po vdi btond pas/byang cub sems pavi rnam par thard pa/rgyal ba thams cad kyi snying rje vjug pa ye shes kyi snying po zhes bgyi ba thob lags so/gang dag bcing bas bcings pa rnams dang/gang dag bcing ba la thug pa rnams dang/chab dang/zhugs dang/sdug bsngal rnam pa sna tsogs kyis gnyend pavi sems can thams cad la bdag gis/vdi nas gnas pa dang/ bskyab pa dang/skyabs dang/dpung nyen bgyi vo/gnod sbyin dang/srin po sdang ba rnams kyang snying po vdis bkug la byams pa vi sems dang/ snying rjevi sems su bgyiv ste/blan na myed pa yang dag par rdzogs pavi byang cub la dgod par bgyi vo/bcom ldan vdas bdag gi snying po vdi ni de ltar rdzu vphrul che ba lags so/ lan cig brjod pas rtsa ba bzhi vi ltung ba bzhi po dag kyang vbyang bar vgyur/mtshams ma mchis pa lnga po dag kyang ma lus par bgyid par vgyur na/ ji skad bshad pa bzhin du nan tan gyis bgyd pa lta smos kyang ci vtshal/ ”

(2)汉译文：

若早起念诵一百零八遍，则于此世圆满获得十种功德。若问是何十种，则为不得疾病；一切如来圆满护持；不用费神而易得财物、粮食、珍宝；所有敌人心意回转而予驯服；国王的大臣们心意转变而说话诚实；毒药不能侵害身体，不受宝石毒，不受瘟疫；不受兵器之害；不会出现被水溺死之时；不会出现被火烧死之时；不会出现因时辰不详而致死亡的时候。另，可圆满持有四种功德，即死亡之时，能见到如来佛；不会转生恶趣；不会出现未舍恐惧而致死亡之时；从此世间去世后，能往生极乐世界。世尊！吾忆想，(此陀罗尼)比十恒河沙数劫以前更早之时期，由如来名曼扎热哇则者所出，时吾为在家人，持此陀罗尼。吾于四万劫中轮回，诵念此心要(指陀罗尼——译者)，获得菩提心解脱，入住一切佛之慈悲。此名智慧心要，凡被束缚者，凡遇束缚，及水、火等各种苦难煎熬的一切有情，吾令其安住，给与护佑、救助、帮助。夜叉、罗刹等虽嗔怒加害，但此心要可令其等回转成慈心、悲心，置于无上正等觉。世尊！吾之此心要，有如此大神通。若念诵一次，可净化四堕罪，五无间罪亦能无余净化，则如实讲说，认真而做者所得益处何须说！①

---

① 金雅声、郭恩主编：《法藏敦煌藏文文献》第一册，上海：上海古籍出版社，2006年，第292～293页。

第三部分为陀罗尼，亦有观世音菩萨诵出，并讲述了此陀罗尼在防治各种疾病方面的妙用，所提到的疾病雷同于其他同类密典中所述。如同其他密宗经典一样，《十一面观音陀罗尼》中亦不厌其烦地讲述了该陀罗尼的种种益处。

3. 十一面观世音菩萨

十一面观世音像是观世音菩萨较为常见的密宗形象，在藏传佛教中也是较为普及的。根据藏文史书记述，吐蕃本土亦十分流行十一面观音菩萨的造像和信仰。《柱间史》言，松赞干布时期，从印度请来了蛇心旃檀天成十一面大悲观世音像，并言该像，其根本双手于胸前合十，其下第一层双手，一手持念珠，一手持白莲；第二层双手，一手持法轮、宝剑，一手持水瓶；第三层双手，一手持能消除饿鬼饥渴的甘露瓶，一手持如意宝树；第四层双手，一手持化身佛，一手持弓箭。十一面的三根本脸为文静相，其上有三增广脸，发笑，其上三威势脸，其上为愤怒脸，其上有阿弥陀佛像。[①]《柱间史》的叙述有浓厚的神话色彩，说松赞干布和其眉间变化出的化身比丘共赴印度迎请了十一面观音像等佛教圣物。不过这种记述可能曲折地反映了历史事实，因为松赞干布为协助出使天竺的唐朝使臣王玄策，曾派吐蕃和尼婆罗的军队攻入中天竺，取得胜利，虏获无数。吐蕃军队返回时，带回的战利品中有佛教圣物自是可能的。《柱间史》并载，大昭寺修成后，在寺内供奉有“天成十一面大悲观世音像”，此像与上述蛇心旃檀天成十一面大悲观世音像略有不同，如言：“有根本十手，其中最根本双手在胸前合十，其下第二右手持化身佛释迦牟尼，第三右手结供施印，第四右手持轮，最下右手压地；左面第二手持药丸瓶，第三手持摩尼宝王，第四手持莲花，第五手持大山。根本三面，白色，中间面具智慧之眼，三面呈微笑、文静相，预示寂灭(zhi ba)的事业能成就。其上三增广面，黄色，大笑，预示增广事业能成就。其上权势二面，呈忿怒相，预示权势事业能成就。其上二忿怒面，呲牙咧嘴，预示猛厉之事业能成就。其上是光明无际之文静面，红色，微笑，共十一面。”[②]看来，当时传入吐蕃的十一面观世音菩萨像，有不同的风格。而现在供奉在大昭寺十一面观世音像，又与上述造像不同。

吐蕃著名的大寺桑耶寺中有观音殿，但没有供奉十一面观世音的记述。

---

① 《柱间史》(bkav chems ka khol ma)(藏文)，兰州：甘肃民族出版社，1989 年，第 118 页。《王统世系明鉴》中也有类似的记述，引用了《柱间史》的这部分记述。

② 《柱间史》(bkav chems ka khol ma)(藏文)，兰州：甘肃民族出版社，1989 年，第 225～226 页。

的确虽然有《柱间史》中的记述，但十一面观音造像传入吐蕃的历史并不清楚。而有关密法的传入是较为后期的，《贤者喜宴》中记载松赞干布时期翻译了有关观世音菩萨的佛经二十一部，其中有《圣观自在十一面陀罗尼》(bcu gcig zhal gyi gzungs)、《十一面经》(zhal bcu gcig pavi mdo)等，但这个记述的准确性值得怀疑。

四、《圣不空羂索陀罗尼》

1. 敦煌写本之考察及译者

《圣不空羂索陀罗尼》为观世音菩萨类的密典，“不空羂索”是观世音菩萨之别称。《不空羂索陀罗尼》源自于《不空羂索详细仪轨王》(don yod pavi zhags pavi cho ga zhib movi rgyal po，二十六卷，汉译文名《不空羂索神变真言经》)，即为该经的第一卷“母陀罗尼真言序品”。敦煌藏文佛典中，《圣不空羂索陀罗尼》有如下写本：

(1)P. T7B 号，折叠本，残本，剩四页，为该经的咒语部分，最后一页结尾处有“圣不空羂索心要完毕”的记述，显然该写本中未包括咒语后面的仪轨、修法部分，只抄写了一部分。

(2)P. T105 号第四部分为《不空羂索陀罗尼》，为长卷，首尾完整，开篇有梵藏对照的经名，藏文为“vphags pa don yod pavi zhags pa zhes bya bvi gzungs”，译为“圣不空羂索陀罗尼”。

《布顿佛教史》之《大藏经目录》中，该经归在密宗事续部“观世音续类”，不过载有两部：“《不空羂索心要经》，计一百二十颂，仁清扎(宝称)译；《不空羂索心要陀罗尼》，若干颂(缺)。”[①]敦煌本《圣不空羂索陀罗尼》中，往往将“不空羂索陀罗尼”称为“不空羂索心要”，因此布顿目录中所载两部经与《圣不空羂索陀罗尼》应是同一部经。之后的藏文《大藏经》中只收了《不空羂索心要》，而未收残缺的《不空羂索心要陀罗尼》。德格版、北京版、拉萨版均收《不空羂索心要》。据拉萨版《大藏经》，其目录中作《不空羂索心要》，而实际的经文中该经的全称为《圣不空羂索心要大乘经》(vphags pa don yod pavi snying po bya ba theg pa chen povi mdo)，有译经题记为：“印度之堪布阿莫噶班杂和西藏的译师比丘仁清扎巴翻译并校订。”[②]仁清扎巴简称为仁清扎，应指后弘期著名的译

---

① 布顿著，郭和卿译：《佛教史·大宝藏论》，北京：民族出版社，1986 年，第 304 页。

② 拉萨版《甘珠尔》，密续部“pha 函”，第 101 叶 B 面。德格版(第 683 号)、北京版(第 365 号)所收均是仁清扎巴的译本。

师巴日·仁清扎(ba ri rin chen grags,1042—1111 年),曾任萨迦寺住持达十年,为萨迦派祖师贡噶宁波之师。① 巴日·仁清扎是后弘期的译师,而《圣不空羂索陀罗尼》译自前弘期。笔者怀疑布顿目录所载《不空羂索心要陀罗尼》应是译自前弘期的旧本,但当时传下来的亦残缺不全,巴日译师重新予以翻译。现在所知 P. T105 号中的《圣不空羂索陀罗尼》内容完整,又未收入后弘期编纂的《大藏经》(即使有收入,也是不全)中,应属敦煌佚经,十分珍贵。可知,是经前后翻译两次。敦煌本和仁清扎的译本间多有差别,包括开篇、结尾、内容及语言风格等,说明所依据的梵文原本有差别。

那么敦煌本的译者是何人呢?与《不空羂索详细仪轨王》的译者是否是同一人呢?拉萨版《甘珠尔目录》中《不空羂索详细仪轨王》的译者署名"释迦比丘仁钦珠(rin chen grub)翻译并校订",②而在吐蕃时代编的佛经目录《丹噶目录》中收有《不空羂索详细仪轨王》,为 317 号,但吐蕃时期编的另一目录《旁塘目录》中则不收此经。从《丹噶目录》的记述,我们可大致推断出仁钦珠是前弘期的译师,《布顿佛教史》中记述的前弘期的译师中,有名仁钦列珠者,也许与仁钦珠是同一人。众所周知,现存藏文《大藏经》吐蕃时代的译本亦非其原始面貌,经过了后期的多次修订。但《不空羂索详细仪轨王》与敦煌本《圣不空羂索陀罗尼》相比,二者之间的一致性远大于仁清扎译本。试举一例:

1. 敦煌本 P. T105 号:

(1)原文转写

"gzhan yang chos brgyad thob par vgyur te/ brgyad gang zhe na vgum bavi tshe/ byang cub sems dpav sems dpav chen po vphags pa spyan ras gzigs dbang phug dge slong gi gzugs su mngon sum du ston tho/ bde bar vgum bavi dus bgyid do/ lta ba vkhul par myi vgyur ro/ la ba myi skyob/ rkang pa myi skyob/ bshang gci myi vbyung ngo/ khol mcis bzhin du vgum bavi dus bgyid par myi vgyur ro/ dran ba shin du nye bar bzhag par vgyur ro/ khas bub du vgum bavi dus bgyid par myi vgyur ro/ vgum pavi tshe devi spaobs pa myi bas par vgyur ro/ de sangs rgyas kyi zhing gang du smon pa der skye bar

① 东噶·洛桑赤列编纂:《东噶藏学大辞典》(藏文),北京:中国藏学出版社,2002 年第 1378 页。该辞典中载巴日译师所译佛经中有《圣不空羂索心要大乘经》。

② 《拉萨版甘珠尔详目》第 478 叶 A 面,《不空羂索详细仪轨王》在《拉萨版甘珠尔》的 pha 函和 ba 中。

vgyur/ dge bavi bshes nyed dang myi vbral bar vgyur ro"[①]

(2)汉译：

另可获八法，何为八法？则其临命终之时，菩萨摩诃萨圣观世音自在以比丘相，现前显示尊容；命终之时能成安乐；见解不会迷乱；手不会挥舞，足不会摇动，不遗失大小便，命终之时不会离于床座（原文作"khrel"，疑是"khri"之误）上；忆念极为清晰而住；命终之时不会俯身而死；临命终之时辩才不尽；复凡祈愿之佛净土处能往生，并与善知识不相分离。

2.《不空羂索详细仪轨王》本：

(1)原文转写：

"gzhan yang chos brgyad thob par vgyur te/ brgyad gang zhe na/ vgum bavi dus su vphags pa spyan ras gzigs dbang phug dge slong gi gzugs su mngon sum du zhal ston par vgyur ro/ bde bar vchi bavi dus bgyid par vgyur ro/ lta ba vkhul par mi vgyur ro/ la ba mi gyob pa dang/ rkang pa mi gyob pa dang/ bshang gci ma mchis pa dang/ khivi steng du vchi bavi dus bgyid par vgyur ro/ dran ba shin tu nye bar gnas par vgyur ro/ kha bub tu vchi bavi dus bgyid par mi vgyur ro/ vgum pavi dus na yang spaobs pa mi bas par vgyur ro/ de yang sangs rgyas kyi zhing gang du smon pa der skye bar vgyur zhing dge bavi bshes gnyen dang yang vbral bar mi vgyur ro"[②]

(2)汉译：

另可获八法，何为八法？则其临命终之时，圣观世音自在以比丘相，现前显示尊容；命终之时能成安乐；见解不会迷乱；手不会挥舞，足不会摇动，不遗失大小便，命终之时于座上不堕；忆念极为清晰而住；命终之时不会俯身而死；临命终之时辩才不尽；复凡祈愿之佛净土处能往生，并与善知识不相分离。

3. 巴日译师·仁清扎译本：

(1)原文转写：

"gzhan yang chos brgyad so sor vthob ste/ brgyad po gang zhe na/ vchi bavi dus su vphags pa spyan ras gzigs dbang phug dge slong gi gzugs kyis zhal yang dag par ston par vgyur ro/ bde bar tshevi dus byed par vgyur ro/

---

① 金雅声、郭恩主编：《法藏敦煌藏文文献》第三册，上海：上海古籍出版社，2007 年，第 149～150 页。

② 拉萨版《甘珠尔》，木刻版，密续部"pha"函，第 200 叶 B 面。

mthong par vkhrul pa med do/ lag pa gyob pa med do/ bshang ba med do/ gci ba med do/ rlung gi rnam pa med do/ shin tu legs par gnas shing dran pa dang ldan par vgyur ro/ kha vog tu bltas nas tshevi dus byed par mi vgyur ro/ vchi bavi dus su nyon mongs pa med par rab tu brjod par vgyur ro/ sangs rgys kyi zhing gang dang gang du smon lam btab pa de dang der skye par vgyur ro/ dge bavi bshes gnyen dang vbral bar mi vgyur ro"①

(2)汉译：

另可分别获得八法，若问何等八法？则临命终之时，圣观世音自在能以比丘之相，清净显示尊容；能于安乐中舍命；所见无错乱，手不摇动，无大便，无小便，无风相；极为安住并具正念；不会向下俯视而死；临命终时无烦恼，能流利讲说；凡所祈愿之佛净土，能于彼处往生；与善知识不相分离。

对比而言，敦煌本多有古藏文的拼写法，如元音字母 i 的反写，用词古奥，但与《不空羂索详细仪轨王》的语序、句式基本相同。《不空羂索详细仪轨王》本的语言更为通顺，而有些内容的差别可能源于梵文母本的差别。《圣不空羂索陀罗尼》虽是《不空羂索详细仪轨王》的组成部分，但在单独流通的过程中，定会因传抄等而发生变化，与母本有所区别。而仁清扎的译本与敦煌本和《不空羂索详细仪轨王》之间，在内容、语序等方面有着明显的差别。就此笔者倾向于认为《圣不空羂索陀罗尼》的译者应是仁钦珠。

《圣不空羂索陀罗尼》的汉译本有三种，即隋天竺三藏阇那崛多所译，名为《不空羂索咒经》，唐玄奘法师译本《不空羂索神咒心经》，唐南天竺三藏法师菩提流志译《不空羂索咒心经》。菩提流志译本较前二译本，内容多出，主要是礼敬的佛名多于其他译本。敦煌藏译本与三种译本间经比较，内容均有差别。也能说明，该经在流传过程中曾出现过不同的梵本。

2. 经文内容

《圣不空羂索陀罗尼》的内容可分为四个部分，第一为序分，讲述是经缘起。第二部分讲述该经密宗真言的诸多益处，第三部分讲述不空羂索密宗真言及相关的仪轨，第四部分为结尾。第一部分序分中，讲述的部分与上述《圣观自在一百零八名》相当，讲经的地点均在圣观自在之宫殿普陀洛迦山顶。第二部分中有关是经真言的功德妙用，也是无所不包，尤其提到了二十种益处，

---

① 拉萨版《甘珠尔》，木刻版，密续部“pha”函，第 96 叶 A 面至 B 面。

现翻译如下，并附仁清扎译本和汉译本中的相应内容，以资比较：

1. 敦煌藏译本 P. T105 号

(1)原文转写：

“tshig gzhan myi smra bar/ don yod pavi zhags pavi snying po lan bdun bzlas na/ bcon ldan vdvs tshe vdi nyid la des sman yon nyi shu vthob par rigs par bgys vo/ nyi shu gang zhe na/ vde lta ste/ devi lus la nad myi vbyung/ de la las kyi dbang gis nad byung ba yang myur du zhi bar vgyur ro/ lus la mdangs dang ldan zhing yid du vthad par vgyur ro/ skye bo mang po dgav bar vgyur ro/ dbang po bsdams par vgyur ro/ nor yang rnyed par vgyur/ nor thob pa rnams kyang chom rkun gyis myi cphogs so/ zhugs kyis myi tshig chab kyis myi vtsad/ rgyal po yang mthus vphrog myi nus so/ devi vtshos su bgyi ba yang rgyas par vgyur ro/ zhugs dang chab kyis vjigs pa myi vbyung ngo/ rlung dang char kyis vjigs pa myi vbyung ngo/ thal bavm chab la don yod pavi zhags pavi snying po lan bdun bzlas the/ phyogs dang phyogs mtshams dang/ steng dang vog du mtshams gcad par bgys na gnod pa thams cad zhi bar vgyur ro/ mdangs vphog ba yang/ mdangs vphog mi nus so/ sems can thams cad dgav zhing yid vthad par vgyur ro/ dgras vjigs par myi vgyur ro/ dgrs vjigs pa byung na yang myur du zhi bar vgyur ro/ myi ma yin bas vjigs pa myi vbyung ngo/ byad kyis vjigs pa myi vbyung ngo/ mkhav vgro mas vjigs pa myi vbyung ngo/ de la nyon mong pa dang/ nye bavi nyon mong pa drg po myi vbyung ngo/ zhuugs dang mtshon dang dug gis vgum bavi dus bgyid par myi vgyu ro/ lha vang de la rtag du rgyun myi vchad par bsrung ba dang/ bskyab pa dang/ sba ba bgyid par vgyu ro/ gang dang gang du skyes pa de dang der byams pa dang/ snying rje dang dgav ba dang btang snyoms dang myi vbral bar vgyur ro.”

(2)汉译文：

若念诵此不空羂索心要七遍，则世尊，于此世得二十种益处。若问是何二十种，则为其身不得病，若其身因业力得病，能速速消除；身体具光泽，并令人悦意；受到众人的欢喜；密护诸根；能获得财宝；所获财宝盗贼不会抢劫，火不能烧，水不能浸，国王亦以权力不能侵夺；其所作生业皆能圆满；火水之灾不生，暴风雷雨之灾不生；若有灾害或水灾，则念诵此不空羂索心要七遍，于八方及上下处结界，则能消除一切灾害；虽夺光泽而不能；一切有情欢喜，心意和睦；不会出现怨敌所作危害；若有怨敌危害亦能速速消除；不会出现非人所作危害；不会出现诅咒之危害；不会出现空行母所作危害；其不会出现猛烈之烦恼和随烦恼；不会有火、刀和毒伤害致命之时；天神对其时常不断地做守护、救助和掩护；无论生于何处，与慈、悲、喜、舍不相分离。[1]

2. 仁清扎译本

(1)原文转写：

"lan bdun du don yod zhags pavi snying po tshig tu mi brjod par yong su bzlas na/ da la bcom ldan vdas/ mthong bavi chos nyid la phan yon ni shu tham pa so sor vdod par byavo/ nyi shu po gang zhe na/gang devi lus la nad mi vbyung ba dang/las kyi dbang gis nad byung ba yang myur du zhi bar vgyur ro/snum zhing yid du vod bavi lus dkar bar yang vgyur ro/skye bo mang povi yid du vong bar vgur ro/dpang po spubs su nub pa dang/nor rnyed par yang vgyur ro/nor yod pa yang rkun pos vkhyer par mi nus so/ mes mi vtshig go/chus mi vkhyer ro/ rgyal povi yid kyis kyang vphog par mi nus so/ devi las kyi mthav rgyas par vgyur ro/ devi lus la chuvi vjigs pa vbyung bar mi vgyur ro/rlung dang char pavi vjigs pa vbyung bar mi vgyur ro/ lan bdun du don yod zhags pavi snying po chuvm thal ba la yong su bsngags te phyogs dang/mtshams dang/steng dang/vog gi zhing la bcing ba byas na/nye bar vtshe ba thams cad nye bar zhi bar vgyur ro/ mdangs za bas mdangs vphog par mi nus so/ sems can thams cad dgav bar vgyur ro/dgrs vjigs pa byung yang myur du zhi bar vgyur ro/mis vjigs par mi vgyur ro/ khyab par na bavi vjigs pa dang/ mkhav vgro mavi vjigs pa vbyung bar mi vgyur ro/ nyon mong pa drg po yang vbyung bar mi vgyur ro/me dang chu dang mtshon gyis vchi bavi dus byed par mi vgyur ro/ lhas kyang rgyun du nye bar srung ba dang/ skyob pa dang/sbed par byed par vgyur ro/gang dang gang du skyes pa de dang der byams pa dang/snying rje dang/dgav ba dang/btang snyoms dang vbral bar mi vgyur ro."

---

[1] 金雅声、郭恩主编：《法藏敦煌藏文文献》第三册，上海：上海古籍出版社，2007年，第149页。

(2)汉译文：

若非仅言语而是虔信念诵不空羂索心要七遍，于此世尊，于所见法性应许分别有二十种利益。若问是何二十种，则为彼之身体不得病，若因业力患病亦能速速消除；身体会变得有光泽并使(肤色)成令人悦意之白色；会成为令众多人士所欢喜。诸根隐秘；亦能获得财富，所具财富，贼人不能偷窃，火不能烧，水不能冲，国王想夺亦不能夺；所作事能最终圆满；其身不会出现水的灾难；不会出现风和雨之灾难；念诵七遍不空羂索心要于水或灰上，全面施咒，于田中八方、上下拴系，则一切灾害能全部消除；食精气妖魔不能夺其精气；能得一切有情欢喜；虽有怨敌所作危害，但能速速消除；不会有人所作危害，尤其是疾病之危害和空行母之危害不会出现；不会出现猛厉之烦恼；不会有火、水、兵器伤害致命之时；神亦时常能亲为守护、救助和掩护；无论生于何处，与慈、悲、喜、舍不相分离。①

3. 唐玄奘汉译本《不空羂索神咒心经》

当知是人现世定得二十胜利，云何二十？一者身无众病，安稳快乐。二者由先业力虽有病生而速除愈。三者身体细软，皮肤光泽，面目鲜明。四者众人爱敬。五者密护诸根。六者多获财宝，随意受用。七者所得财宝，王、贼、水、火不能侵捐。八者所作事业皆善成办。九者所有种植，不畏恶龙、霜、雹、风、雨。十者若有稼墙灾横所侵，以此咒心咒灰或水，经七遍已，於其田中八方结界，上下散洒，灾横尔时皆即除灭。十一者不为一切暴恶鬼神罗刹斯等吸夺精气。十二者一切有情见闻欢喜，爱乐尊重，常无厌足。十三者常不怖畏一切怨仇。十四者设有怨仇速自消灭。十五者人非人等不能侵害。十六者厌魅咒诅蛊道不著。十七者烦恼缠垢不数现行。十八者刀毒水火不能伤害。十九者诸天善神常随护卫。二十者生生不离慈悲喜舍。②

4. 隋天竺三藏阇那崛多译《不空羂索咒经》

世尊彼人现世得二十种功德，何等为二十种功德？一者一切病痛不恼其身，虽有病痛，以福业力故速得除差。二者其身微妙，柔软光泽，多人爱敬。三者诸根调伏。四者大得财宝，所求随称，不被他劫夺。五者火不能烧。六者水不能漂。七者王不能夺，凡所造业，常得吉利。八者恶雹不伤，恶龙摄毒。九

① 拉萨版《甘珠尔》密续部“pha”函，第95叶B面—96A面。

② 《大正藏》第20卷，第403页b栏。

者不被灾旱，不畏恶风疾雨。十者若人被虫食于禾稼，当取其沙灰水等任意咒之七遍，八方结界，上下诸方普遍结之。一切警怖，一切蟲毒，即得除减。十一者一切恶鬼吸人精气，或於梦中为人夫妇，欲相厌魅亦不能害。十二者於一切恶众生所常得安乐，心恒敬重，无时暂舍。十三者若有诸怨生於恶意，欲来仇对亦自消灭。十四者但有恶人欲相害者，不能为害即自去离。十五者一切咒诅，一切蛊道，速即自摄，不能加害。十六者若处于众中最强。十七者诸有烦恼，不能缠绕。十八者当在阵敌锋刃相害，一心诵咒，一切刀杖箭矢即不著身。十九者一切善神常随拥护。二十者生生处处，常得不离慈悲喜舍。①

5. 唐南天竺三藏法師菩提流志译《不空羂索咒心经》

彼人现身得二十种殊胜利益，云何二十？一者身无余病。二者由先作业有诸疾病速得销灭。三者其身光泽，皮肤细软，见者欢喜。四者众人爱敬，密护诸根。五者当得财宝。六者得财宝已，不为盗贼之所劫掠。七者不为水火之所漂焚。八者不为王力之所侵夺。九者所作事业皆善成办。十者所种苗稼，不为恶风、暴雨、霜雹、虫蝗之所损害。十一者若诵此咒心七遍，咒灰及水，八方、上下洒散结界，一切灾难皆得消灭。十二者不为诸恶鬼等夺其精气。十三者一切有情爱乐喜见。十四者不怖怨仇。十五者設有冤仇，速疾和解。十六者不畏人及非人之所侵害，厌蛊邪魅不能中伤。十七者无有猛利烦恼及随烦恼。十八者火、刀、毒药伤害不死。十九者诸天善神常所拥护。二十者所生之处，于中不离慈悲喜舍。②

显见，除了梵本的差别而导致的各种译本的差别外，译者对经文的理解亦有所不同，各具特色。但汉藏文的不同译本相比而言，大部分内容是一致的。念诵不空羂索陀罗尼的益处二十种中，前十九种皆与现实利益有关，而非来世，这符合大多数信徒的信仰需求。而现世中首先关心的是自身的安全，希望不会受到来自然和社会的一切灾害，尤其疾病是一直困扰人类的最大烦恼，在过去医学不发达，一般的病也往往能置人于死地。其次关心的是自己的事业、钱财和拥有的一切，不仅要保住，而且希望增长。上文中提到的“八法”，又是临终之时念诵此陀罗尼的益处，死亡是生命的最后关口，也是最难通过的关口，经文总结了临终的种种苦难，可谓直面人生。陀罗尼的神效既是解决现世

---

① 《大正藏》第20卷，第399页cl栏，400页a栏。

② 《大正藏》第20卷，第406页c栏，407页a栏。

困境的灵丹妙药，又是人生苦难的直接反映，说明密宗经典的编纂者对人生的各种不幸有着细致入微的观察。《圣不空羂索陀罗尼》的第三部分为不空羂索陀罗尼真言和各种成就法，咒文中间又有祈愿句。

成就法主要有以下方面：

1. 治愈各种疾病。包括各种寒热病、虐病、腹痛、牙齿痛，疮、眼病、耳鼻病等，治愈方法是或饮念诵咒语二十一遍的水，或戴诵咒语二十一遍的线结，或用咒水洗患处，但同时往往配用各种药物，如腹痛饮盐水，治牙齿痛时咒一种木枝，让病人嚼。治眼疾时，用甘草水洗。治耳病时用胡麻油。这种治法，是密咒和药物的结合。

2. 禳解不祥及鬼魔的侵害。破解他人之诅咒，戴念过咒语的彩色或红色线结(汉译本则言用面等作人形，用刀断之，敦煌藏文本中无此内容)。念诵咒语，用旃檀火祭，可护卫一切灾难和大种魔的伤害。用大麻、草木犀等十四种药和合制成丸药，诵咒语一百零八遍，戴在头顶和胳膊上，小孩戴在颈上。妇女用此洗浴，则可禳解一切不详，能得男孩。身上佩带此宝丸，可守护一切灾难，毒和火所不能伤害，能速速消除一切魔鬼的侵扰。若有狂风、乌云、冰雹，可将药丸溶于水中而洒，能止息狂风冰雹。身上佩带珍贵药丸以避邪护身，在当代藏医中仍在使用。因此，此类密宗经典中含有传统医疗技术，以及植物学的知识。

3. 修习成就法。在白布上绘佛世尊像，并绘观世音菩萨像，菩萨头有发辫，戴天冠，身披鹿皮，着大自在天装束，一切美饰装扮。在像前用牛粪作坛城，摆放鲜花，置装满香水的八宝瓶，八种供养和六十四种供养，奉献无血肉的食子，用阿噶日香熏，念诵咒语八千遍，一日或三日间，食三种白色食物，早中晚三时沐浴，着干净的衣服。能在像前见自身燃烧，见此情景心生欢喜，时观自在菩萨现其前，能令一切心愿圆满。若咒雄黄或索达杂纳，并涂抹与眼上能隐身不见，亦能往天空行。亦获得不空羂索庄严三摩地，所作无不能成。因此，这部分应是密宗成就的修习方法，而且具有事部密法的特点，如撒花、熏香，行沐浴、食净食、供养、诵咒等事，均为事部密法所重。

《圣不空羂索陀罗尼》的第四部分为结尾，内容较简，雷同于我们在前面介绍的密宗经典，即讲述了听众闻后欢喜赞叹之事。

五、《具千手千眼圣观世音王菩萨大悲无碍广大圆满陀罗尼》

1. 敦煌写本之考察

《具千手千眼圣观世音王菩萨大悲无碍广大圆满陀罗尼》属观世音菩萨密法类，敦煌藏文佛典中是经主要有以下写本：

(1)P. T420号，为梵夹本，每页四行，字迹工整秀丽，共存三十二页，是经文的前半部分。开篇有经文名称，为“pyag stong spyan stong mngav bav / byang chub sems dpav vphags pa spyan ras gzigs dbang po / thugs rje chen pov/ thogs pa myed pa / shin du rgyas pa chen povi gzungs”，①可译为：“具千手千眼圣观世音王菩萨大悲无碍甚广大圆满陀罗尼。”

(2)P. T421号，梵夹本，每页五行，残存两页，内容为月光菩萨所说咒语部分，属于结尾部分。

另P. T422号和P. T423号曾定名为《圣观世音自在菩萨大悲无碍广大圆满陀罗尼》，但从现在的比对看，属于不同的经典。

后期编纂的藏文《大藏经》中，是经有两种译本：

(1)《布顿佛教史》之《大藏经》目录中，作“千手千眼观自在菩萨广大圆满无碍大悲心陀罗尼”，译者为法成。拉萨版《甘珠尔》中作“vphags pa byang chub sems dpav spyan ras gzigs dbang phug pyag stong spyan stong dang ldan pa thogs pa mi mngav bavi thugs rje chen povi sems rgya cher yongs su rdzogs pa zhes bya bavi gzungs”，②可译为“《圣观世音自在菩萨具千手千眼无碍大悲心广大圆满陀罗尼》”（以下简称为“《甘本》A”），结尾题记云：“大校订译师沙门法成从汉文本翻译，并为定本。”可知，此经是法成从汉文本翻译的，与布顿目录所收是同一部经。不过在《拉萨版甘珠尔简目》中该经的名称作：“pyag stong spyan stong thogs pa mi mngav bavi gzungs chog ba ”③，可译为“千手千眼无碍陀罗尼及仪轨”，并注三卷。这应是简称，同时也反映了编者对是经的认识。

(2)第二种译本，《拉萨版甘珠尔简目》中作：“spyan ras gzigs phya stong

---

① 金雅声、郭恩主编：《法藏敦煌藏文文献》第五册，上海：上海古籍出版社，2007年，第284页。

② 拉萨版《甘珠尔》，密续部“pa函”，第454叶B面。全文在392叶B面至454页B面，其开头经名中缺“spyan stong”（千眼），应是刻板时所遗漏。

③ 《拉萨版甘珠尔简目》，木刻本，第42叶B面。

spyan stong gi cho ga zhib mo”,[①]可译为“《观世音千手千眼详细仪轨》”，并注：“无译经题记”。其正式经文中书名为：“byang chub sems dpav spyan ras gzigs dbang phug lag pa stong dang/ mig stong dang ldan pavi cho ga zhib mo”，可译为“《观世音自在菩萨具千手千眼之详细仪轨”》（以下简称为“《甘本》B”）。

以上两种译本加敦煌本，这部经有三种译本。敦煌本与《甘珠尔》中的译本是否有关联，敦煌本是不是法成翻译的，这需要译本之间进行比对。兹选三种译本中的两段偈颂体部分，并加西天竺沙门伽梵达摩（梵名 Bhagavat 一 dharma ，意译尊法，七世纪西印度人）的汉译本《千手千眼观世音菩萨广大圆满无碍大悲心陀罗尼经》（以下简称汉译本），予以比对，寻求其中的异同。

第一段偈颂：

敦煌本：su zhig deng vdir sangs rgyas na（谁于今日成正觉）
vdi ltar vod cen phyogs su btang bas（普放如是大光明）

《甘本》A：deng ni su zhig mngon par sangs rgyas na（谁于今日现正觉）
vdi ltar vod zer chen po rab bkye bas（极放如是大光明）

《甘本》B：deng sus byang chub yang dag mthar thug gyur（今日谁人菩提正究竟）thams cad ldan pavi vod zer su yis btang（具足一切光明何人放）

汉译本：谁于今日成正觉，普放如是大光明。

敦煌本和甘本 A 及汉译本间经文内容相吻合，但敦煌本和甘本 A 的语序不同，而且甘本 A 每句 9 个字，敦煌本每句 7 个字，甘本 A 中多出“mngon pa”（现前）、“rab”（极为）等词。甘本 B 则与其他译本间差别较大。

敦煌本：phyogs bcuvi vjig rten khams vdi dang（于此十方之世界）
stong sum gyi vjig rten gser du sngang（三千世界现金色）

《甘本》A：phyogs bcuvi vjig rten gser gyi mdog tu gyur（十方世界变金色）
stong chen vjig rten khams kyang de bzhin lags（大千世界亦如是）

《甘本》B：vjig rten mgon po ci slad phyogs bcu yi（世界怙主何故于十方）
zhing rnams gser mchog vdra bar gnas par gyur（一切世间成妙金色）

① 《拉萨版甘珠尔简目》。其经文在“pa”函，第 340 叶 A 面—392 叶 B 面。

stong gsum vdi ni ci slad tshig pa vdra(三千世界何故似燃烧)

汉译本:十方刹土皆金色，三千世界亦复然。

敦煌本和甘本 A 在语序上有差别,而甘本 A 与汉文本间更为接近,甘本 B 则与其他译本间差别较大。

敦煌本:su zhig deng vdir mthu brnyes na (于今谁得大神力)

ngo mtshar mthu chen vod btang bas(放射稀有神通光)

《甘本》A:deng ni su zhig rang dbang thob gyur na(于今谁人获自在)

ya mtshan rdzu vphrul chen po mthu bkye nas(施放稀奇大神通)

《甘本》B:deng vdir su zhig gis ni dbang thob lags(于今谁人获得自在力)

sngon chad ma byung rdzu vphrul stobs sus bstan(谁示前所未有神通力)

汉译本:谁于今日得自在,演放希有大神力。

敦煌本第一句中的“mthu”,意为神力、诅咒,而甘本 A 作“rang dbang”,意为“自由自在”。甘本 A 与汉译本基本一致。

敦煌本:mthav yas zhing kun gyo mdzad te (无际刹土令震动)

lha dang klu vi gnas myi bder byas(神龙住处不安稳)

《甘本》A:mthav med sangs rgyas zhing rnams rab gyos shing(无边诸佛刹土极震动)

lha klu gzhal med khang rnams mi bder gyur(神龙无量宫殿不安稳)

《甘本》B:su yis vdir ni zhing mang gyos par bgyis (谁人于此摇动诸刹土)

ci slad lha dang klu rnams khim vkhrug shing(何故所有神龙家宅乱)

gzhal med khang mchog dag kyang rab vgul dang (无量胜殿等亦极震动)

thams cad skrag nas rnam par blta zhing mchis(众人惊恐做观望)

ci yi slad du stong gsum gyos pa dang(三千震动是何故)

汉译本:无边佛国皆震动,龙神宫殿悉不安。

《甘本》A 与汉译本最接近,敦煌本中“mthav med”(无边)作“mthav yas”(无际),无“sangs rgyas”(佛)、“ gzhal med khang”(无量殿)等词。而甘本 B 与其他译本的差别较大。

敦煌本:rgyau rkyen vdi dag su vi mthu(此等因缘谁之力)

vkhor kyis myi dpogs the tsom na (眷属难解有疑惑)

《甘本》本 A:su yi mthu lags rgyu rkyen ma rtogs pas(未解谁人神力此因缘)

vkhor mang vdi dag the tshom vtshal gyur na(此等众多眷属生疑惑)

《甘本》B:gang gis vkhor vdir the tshom skyes gyur devi(于此谁令眷属生疑惑)

rgyu dang su yi mthu lagas ma vtshal na (难知此之因缘谁人力)

汉译本:今此大众咸有疑,不测因缘是谁力。

此两句的翻译甘本 A 和汉译本之间,除句子的前后排序不同外,内容及词句基本相同,甘本 A 中的"此等众多眷属"即汉译本中的"今此大众",而敦煌本中只作"眷属"(vkhor)。

敦煌本:rdzu vphru vdi dag civi slad du (如此神通为何因)

bcom ldan vdas thugs rjes bshad par gsol(启请世尊慈悲示)①

《甘本》A:bcom ldan vdas kyi thugs rje chen po yis(世尊以大慈悲心)

rdzu vphru vdi yi rgyu rkyen bkas bshad gsol(神通因缘请讲说)②

《甘本》B:ci slad rdzu vphrul mngon shes bstan bgyis pa (示现神通变化是何故)

rgyal ba byams pavi thugs can bkav stsal gsol(胜者具足悲心请讲说)③

汉译本:为佛菩萨大声闻,为梵魔天诸释等,

唯愿世尊大慈悲,说此神通所由以。④

此处汉译本多出两句,而三种藏译本中均无。除外,敦煌本的句子排序与甘本 B 相同,但用词和字数等不同。《甘本》A 和汉译本的三四句基本相同。通过以上的比对,完全可知《甘本》B 是一个独立的译本,与敦煌本和《甘本》A 之间无任何关联,同样与汉译本的差异也较大,估计是从梵文本翻译的。因

① 金雅声、郭恩主编:《法藏敦煌藏文文献》第五册,上海:上海古籍出版社,2007 年,第 285 页。

② 拉萨版《甘珠尔》,密续部"pa 函",第 394 叶 B 面。

③ 拉萨版《甘珠尔》,密续部"pa 函",第 341 叶 B 面至 342 叶 A 面。

④ 《大正藏》第 20 卷,第 106 页 b 栏。

此，第二段偈颂的比对中，《甘本》B 不再引述。

第二段偈颂（属于祈愿辞，又称“大悲发愿文”，其中前半段的每二句中的第一句重复，故以下只引一次，其余省略）：

敦煌本：phyag vtshal spyan ras gzigs dbang thugs rje che（敬礼观自在大悲）

bdag gis chos rnams myur du rtogs par shog（愿我速速证诸法）

《甘本》A：spyan ras gzigs dbang thugs rje che la phyag vtshal lo（向观自在大悲敬礼）

bdag gis chos rnams thams cad myur du rtogs par shog（愿我速速证悟一切法）

汉译本：南无大悲观世音，愿我速知一切法。

第一句除语序外，三个译本基本相同。第二句甘本 A 和汉译本中有“一切”（thams cad）一词，而敦煌本中无。

敦煌本：bdag gis myur du ye shes myig thob shig（愿我速得智慧眼）

《甘本》A：bdag gis ye shes mig ni myur du rtogs par shog（愿我速速证悟智慧眼）

汉译本：愿我早得智慧眼。

敦煌本与汉译本相同，“thob”即“得”，而甘本 A 中用了“证悟”（rtogs pa）一词。

敦煌本：bdag gis sems cad myur du sgro bar shog（愿我速速度有情）

《甘本》A：bdag gis sems cad thams cad myur du sgro bar shog（愿我速速度一切有情）

汉译本：愿我速度一切众。

《甘本》A 和汉译本均有“一切”（thams cad）一词，敦煌本则无。

敦煌本：bdag gis thabs mkhas myur du thob bar shog（愿我速得善巧方便等）

《甘本》A：bdag gis thabs mkhas pa dag myur du thob bar shog（愿我速得善方便）

汉译本：愿我早得善方便。

此句三种译本一致，只是《甘本》A 每句 9 字。

敦煌本：bdag gis myur du shes rab gru sgol(sgrol) shog（愿我速乘胜慧船）

《甘本》A：bdag ni myur du shes rab gru yis sgrol bar shog（愿我速被胜慧船救度）

汉译本：愿我速乘般若船。

“胜慧”(shes rab)即梵语“般若”之意译。

敦煌本:bdag gis myur du sdug bsngal mtho las thar par shog(愿我速脱苦海中)

《甘本》A:bdag ni myur du sdug bsngal mtho las vdav bar shog(愿我速从苦海中超越)

汉译本:愿我早得越苦海。

《甘本》A 中的“vdav ba”意为“超越”,而敦煌本“thar pa”一词,意为“解脱”,就此甘本 A 与汉译本更为接近。

敦煌本:bdag gis myur du ngang tshul lam rdsogas par shog(愿我速满本性道)

《甘本》A:bdag gis myur du tshul khrims rkang gi lam thob shog(愿我速得戒律禅定道)

汉译本:愿我速得戒定道。

此句甘本 A 和汉译本十分接近,甘本中的“rkang gi lam”,直译为“足之道”,足指“四神足”或“四如意足”,意为“禅定”。而敦煌本中的“ngang tshul”指自性、本性,与甘本 A 和汉译本的译法有差别。

敦煌本:缺

《甘本》A:bdag gis myur du mya ngan vdav bavi ri vdzeg shog(愿我速登无忧苦之山)

汉译本:愿我早登涅槃山。

《甘本》A 中的“无忧苦”即为“涅槃”一词的意译,就此甘本 A 与汉译本完全一致。

敦煌本:bdag gis myur du vdus myed khar phyi shog(愿我速至无为房)

《甘本》A:bdag gis myur du vdus ma byas kyi khyim phin shog(愿我速至无为之家宅)

汉译本:愿我速会无为舍。

敦煌本中的“kha”,意为房子,甘本 A 中的“khyim”,意为“家舍”,相比《甘本》A 与汉译本更接近。

敦煌本:bdag gis myur du chos nyid lus thob shog(愿我速得法性身)

《甘本》A:bdag ni myur du chos nyid sku dang mtshangs par shog(愿我速得相同法性身)

汉译本:愿我早同法性身。

《甘本》A 中的“mtshangs pa”即汉译本之“同”,就此二者内容完全一致。

敦煌本:gal te ral gyi ri dang phrad(如果遇上宝剑山)

ral gyi ri der rang rnyil(snyil) cig(愿此剑山自坍塌)

《甘本》A:bdag ni ral gri ri la vdzeg(我若攀登宝剑山)

ral grivi ri ni rang snyil shog(原剑山者自坍塌)

汉译本:我若向刀山,刀山自摧折。

《甘本》A 中的“攀登宝剑山”与汉译本中的“向刀山”较为接近。

敦煌本:gal te chu tshan mye mur snang(热水火炭若显现)

chu tsan mye mur rang zhi shig(热水火炭愿自灭)

《甘本》A:bdag ni chu tshan phrad gyur na(我若遇到热水时)

chu tshan me mur rang zhi shog(热水火炭愿自灭)

汉译本:我若向火汤,火汤自消灭。

敦煌本中的“snang”有见、显现之意,甘本 A 的意思较顺。

敦煌本:gal te sems dmyal bdag song na(地狱之中我若去)

sems dmyal gnas de myed par shog(地狱之境愿消除)

《甘本》A:sems can dmyal bar bdag song na(有情地狱我若去)

sems can dmyal bar rang bskams shog(有情地狱自枯竭)

汉译本:我若向地狱,地狱自枯竭。

“有情地狱”与“地狱”同义,则甘本 A 与汉译本完全一致。

敦煌本:gal te bdag lus yi dags gyur(我身若如成饿鬼)

yi dags nyid la yang vdren par shog(于此饿鬼亦引导)

《甘本》A:bdag ni yi dwags gnas song na(饿鬼之境我若去)

bkres skom dag ni vgrangs par shog(饥渴等苦愿饱满)

汉译本:我若向饿鬼,饿鬼自饱满。

敦煌本中作“vdren pa”,意为“引导”、“拽”等。甘本 A 作“vgrangs pa”,意为“饱足”、“餍足”,与汉译本同。

敦煌本:gal te lha ma yin du gyur(若如成为非天身)

gnod sems rang gis vdul bar shog(损害之心自调伏)

《甘本》A:bdag ni lha min gnas song na(非天之境我若去)

ngan sems rang ni dul bar shog(损害之心自调伏)

汉译本：我若向修罗，恶心自调伏。

以上二句，敦煌本和《甘本》A 意思相近，但用词及语序不同。

敦煌本：gal te bdag nid byol song vgyur（若如我成为畜生）

shes rab chen po thob par shog（愿能获得大智慧）①

《甘本》A：bdag ni dud vgrovi gnas phyin na（畜生之境我若去）

rang nyid shes rab cha(che) thob shog（自己愿获大智慧）②

汉译本：我若向畜生，自得大智慧。③

《甘本》A 中“rang nyid”与汉译本中的“自”同义，而敦煌本中无此词。

《甘本》A 题名法成所译，但吐蕃时期的译本在后弘期历次编纂中多多少少有所修订，《甘珠尔》中现存的法成译本，非其译本的原始面貌。这里的敦煌本是吐蕃时期的译本，是不是最早的法成译本呢？笔者认为《甘本》A 和敦煌本之间的差别，除了古藏文和后期藏文的差别外，还有用词不同、语序不同，而且甘本 A 与汉译本更为一致。可知敦煌本与甘本 A 之间差别较大，而这种差别绝不是后弘期的修订而导致的，二者应算是不同的译本，有可能法成所译参考类似的敦煌译本。法成译本即甘本 A 与汉译本基本一致，显然法成的译本来自于汉译本，不过法成的译本有三卷，包括各种手印仪轨部分，我们这里比对的汉译本只有一卷，而该经仪轨部分汉文有单独的译本，即《千眼千臂观世音菩萨陀罗尼神咒经》（二卷），由唐总持寺三藏沙门智通译（译于贞观年中），与伽梵达摩的译本合起来，刚好三卷。何以法成译本是合的，而汉译本是分开的，需要进一步研究。

2. 经文内容要旨

《具千手千眼圣观世音王菩萨大悲无碍广大圆满陀罗尼》（以下简称《大悲》）经文内容分三个部分：

第一部分为经文的缘起。包括讲说经典的地点，与会的听众，这与其他佛经的结构雷同。

第二部分也是《大悲》的核心，由观世音菩萨讲述了大悲咒的来源和大悲咒的各种功用及经咒的内容。经文中叙述大悲咒和千手千眼的来历时，云：

---

① 金雅声、郭恩主编：《法藏敦煌藏文文献》第五册，上海古籍出版社，2007 年，第 287 页。

② 拉萨版《甘珠尔》，密续部“pa 函”，第 397 叶 A 面至 B 面。

③ 《大正藏》第 20 卷，第 106 页 c 栏。

(1)藏文转写:

“de nas byang chub sems dpal vphags pa spyan ras gzigs kyi dbang bos/ sangs rgyas la vdi skad ces gsol to/ bcom ldan vdas sngun vdas pa bskal pa bye ba grang myed pa na/ bcom ldan vdas vod stong dbang po zhi bar gnas shes bya ba vjig rten du byung ste/ bcom ldan vdas de bdag dang/sems can thams cad la thugs rje bavi slad du/ shin du rgyas pa chen po thugs rje chen po thogs pa myed pa vi gzungs vdi bshad de/gser kyi kha dog can gyi phyag gyis/bdgi spyi bo la byugs nas/rigs gyi bu khyod gyis ma vongs pavi dus na / ngan pavi sems cad thams cad la pha ba dang/ bde ba chen povi phyir/ gzungs sngags vdi zung shig/ ces bkav stsal te/bdag de vi dus na/ sa dang po la gnas pa las sngags gyi tshigs vdi lan gcig thos pas/ sa brgyad par gyur te/ bdag de vi tshae na sems mgu ba dang/ rangs pa rnyed pas smon lam vdi skad ces btab bo/gal te bdag gis sems can thams can la phan ba dang/ bde ba nus par gyur ba zhig na/lus vdi nyid las/ phyag stong spyan stong mngon du phun sum thogs pa dang/ ldan bar gyur cig smon lam de skad btab ma thag tu/ lag pa stong dang/dmyig stong yang lus la ldan bar gyur te/ phyogs bcu vi sa chen po rnam pa drug tu gyos/ ”

(2)汉译文:

观世音王向佛做如是祈请云:‘世尊,过去无量亿劫前,有名世尊千光王静住出世,此世尊为悲悯我和一切有情,讲说此极为广大大悲无碍陀罗尼。以金色手抚摩吾首,赐教云善男子,未来时,为了利益、安乐一切恶有情,持此密咒。吾于此时住第一地,当闻此咒语之词一遍,遂登八地。彼时我心生大欢喜、随喜,发如此愿:若我能利益、安乐一切众生,则我此身现前圆满得千手千眼。发愿已,立刻身上具足千手千眼,十方大地发生六种震动。[①]

观音菩萨的千手千眼形象在密宗造像中,就臂之多寡而言,就已达到了极致,而又有以此来象征菩萨的大悲性情和救度精神,也具有匪夷所思的想象力。

关于大悲咒的功能亦是无所不包,经文中也是多处论及,其中提到十五种

---

① 金雅声、郭恩主编:《法藏敦煌藏文文献》第五册,上海:上海古籍出版社,2007 年,第 286 页。

善生和不受十五种恶死，此部分，现存的 P. T420 号写本正好保存有这部分。现翻译如下：

(1)藏文转写：

“gang yang thugs the chen po vo gzungs vdi vdon pavi lha dang / myi rnams ni dge bar skye ba vi / rnam pa bco lnga thob ste / gshis naan rnam pa bco lnga thob par vgyuro / de yang vdi ltaa ste / ltogs par snyon smongs(nyon mongs) te / vchi bar myi vgyur ba dang / brdeg cing nan gyis / gnan pa dang / mtshon chas shi bar myi vgyur ba dang / dgra vi lag tu vchi bar myi vgyur ba dang / gyul du vchi bar myi vgyur ba dang / stag dang spyang ku dang gcan zan ma rungs pavi khar vchi bar myi vgyur ba dang / sbrul dang sdig pavi khar vchi bar myi vgyur ba dang / mye dang chu vi nang du vchi bar myi vgyur ba dang / dug gyis vchi bar myi vgyur ba dang / srin bu gdugs pas vchi bar myi vgyur ba dang / smyo zhing dran ba nyams te / vchi bar myi vgyur ba dang / ri dang ngam grogs dang / shing las gyang du ltung zhing vchi bar myi vgyur ba dang / byad stems gyis vchi bar myi vgyur ba dang / vdre gdon ma rungs pas glags myed cing vchi bar myi vgyur ba dang / nad ngan gyis btab cing vchi bar myi vgyur ba dang / dus ma yin bar vchi ba la stsogs te / gshis ngan bco lnga po de dag gis vchi bar myi vgyur ro / dge bar skye ba rnam pa bco lnga yang vdi lta ste / skye ba thams cad du rgyal po dge ba dang phrad pa dang / yul dge bar skye ba dang / du bzang po dang phrad pa dang / rtag tu dge ba vi bshes nyin dang phrad pa dang / rtag tu lus gi dbang po ma nyams pa dang / rtag par chos la dgav ba dang / sdom ba nyams par myi vgyur ba dang / gnyen dang vkhor vdum bar vgyur ba dang / rtag tu vtsho bavi yo byad dang / ldan bar vgyur ba dang / rtg tu myis bkur zhing gus par vgyur ba dang / rtag du nor dang / rin po che myis myi phrogs pa dang / yid gyis vdod pa thams cad vgrub pa dang / lha dang klu dge ba rnams gyis / rtag tu bsrung ba dang / skye ba thams cad du sangs rgyas mngon du mthong zhing / chos nyan pa dang / dam pavi chos thos shing / don zab mo chudpar vgyur ba dang / vdi dag ni gzungs vdi / vdon pa vi legs pa viyon tan bco lnga ste /

(2)汉译文：

诵念此大悲陀罗尼之天神、人能得善，获得十五中善，不得十五中恶死。

此复如是,不因饥饿之苦而死;不因殴打、暴压和兵器伤害而死;不因怨敌而死;不会在战场上死;不会在虎狼等凶狠野兽口中死;不会在蛇和蝎子口中死;不会在水和火中死;不会被毒死;不会因毒虫死;虽发疯,但能恢复,不会死亡;不会从山、悬崖、树上坠落而死;不会因诅咒死;凶狠魔鬼无机可乘,不会死亡;虽得恶病,不会死亡;(不会)非时死等,不会得如此十五种恶死。得十五种善亦如是:一切生中能遇善王;能生善境;能值好时;常遇善知识;身体器官时常不坏;时常喜爱佛法;戒律不会败坏;亲属和眷属等和睦;生活资具时常不缺;时常受人尊敬;财宝时常不受人侵夺;心中所想一切能实现;天龙等善神时常守护;一切生中现前能见佛,并闻法,获得圣法;深奥经义能理解;此等是念诵此陀罗尼所得善好十五种功德。[①]

这里特别突出了大悲咒对人身安全的护佑作用,保佑人不会非正常死亡。可以说,对经咒功效的描述达到了细致入微的地步,十分具体,以此也彰显了大悲咒的功用无所不及。这也是密宗经典所共有的特征,也是这些经典流行的原因所在。

经文中,在观世音菩萨诵完大悲咒之后,又有讲述大悲咒神奇功效的内容,P. T420 号写本中此部分残缺。

第三部分,讲述用大悲咒对治烦恼、灾难、疾病等的方法秘诀、成就法,与前述《圣不空羂索陀罗尼》的第三部分相雷同,并讲说了如意珠手等四十手及其功能。《大悲》中此部分内容十分丰富,因现存敦煌本 P. T420 号写本中经文后半部分残缺,故不赘。

结语

吐蕃时期是观世音密法在亚洲的佛教信仰地区极为流行的时期,从中亚到中国内地莫不如此,有关观世音菩萨的密典除上述汉译本、藏译本外,敦煌写本中还有梵文本、粟特语译本。[②] 密宗的传播,推动了观音信仰的普及。吐蕃地区观音信仰的流行,也反映了当时世界佛教发展的特点。

吐蕃观音信仰是从两地输入的,其一是印度,部分观世音密典直接译自于

---

① 金雅声、郭恩主编:《法藏敦煌藏文文献》第五册,上海:上海古籍出版社,2007 年,第 288～289 页。

② 粟特语译本有《观自在菩萨一百八名经》等,梵文本有《千手千眼观自在菩萨广大圆满无碍大悲心陀罗尼》。

梵文;其二是唐朝,唐朝的密宗对吐蕃产生了重要的影响,敦煌成为唐朝佛教输入吐蕃的重要区域。

吐蕃时代的观世音信仰,对后世产生了重大的影响,前弘期翻译的大部分观世音密典流传至后世。而且在后弘期,观世音信仰出现了本土化色彩,在后弘期的藏传佛教著作中将观世音菩萨与雪域高原的关系渲染得更为紧密。

(作者:才让,西北民族大学历史文化学院教授,海外民族文献研究所副所长)

论大乘佛教的“菩萨”精神在当代社会中的价值①

——以藏传佛教经典教义为例

【摘　要】　佛教菩萨精神中蕴含着浓厚的平等慈悲观、自利利他思想，这些思想如能为我们所用，并运用于实际生活中，那么这对我们当今社会的伦理道德来说，可以说是一个重要的补充。在当代社会，佛教“菩萨”精神具有新的现实意义，有助于提高国民的素质，尤其是道德素质。提倡“菩萨”精神，必将有助于发扬团结和互助友爱的精神，有助于实践无私奉献、济世利人、救死扶伤、扶危济困等美德善行，有助于社会公德的完美与职业道德的提高。

“菩萨”是梵文“菩提萨埵”的简称，“菩提”是觉、智、道的意思，“萨埵”是众生、有情的意思。在藏传佛教中将其意译为“byang chub sems dpang”，意为“具有菩提心的勇士”。“菩萨”在大乘佛教中扮演着重要的角色，也是大乘佛教理论和实践的最主要化身。本文通过藏传佛教各派所推崇的代表性理论著作，从中提炼出有关大乘佛教“菩萨”精神的思想、观点和方法，并进一步结合当代社会价值观的实现，为共建和谐社会提供有益的理论借鉴和实践方法。

①　本文是藏学研究中心招标项目“藏传佛教基本教义中符合现代社会进步思想内涵之研究”的阶段性成果。

一、菩萨精神的人生观

人的地位如何，是人生观的首要问题。人的地位包括两个方面，即人分别在宇宙中和社会中的地位，也就是关于人类价值和自我价值的问题。在佛教中，经常强调人类的优胜，意为人类聪明，富有智慧，某些方面胜过天，从这个意义上说，佛教认为人在宇宙中的地位是比较高的。

关于人在宇宙地位中的优越性以及人身的难得，在藏传佛教经典教义中有许多非常真切的比喻和教诲，如在《律经十七事》中说，"从恶趣死复生彼者，如大地土，从彼殁生善趣者，如爪上尘。从二善趣死生恶趣者，如大地土，从彼殁已生善趣者，如爪上尘"；还有，世尊薄伽梵在《杂阿含经》等中说："人极难得，如龟项趣入海漂轭木孔"；在《致亲友书》中也进一步阐述这个道理说："从旁生出得人身，较龟处海遇轭木，孔隙尤难，故大王应行正法令有果。若以众宝饰金器，而用除弃吐秽等，若生人中作恶业，此极愚蒙过于彼。"[①]按佛教的说法，人是在善趣中，能够获得人身的机遇就如同"爪上尘"那么稀有，而堕入其它恶趣中的机会，则如"大地土"一样普遍。还比喻人身的难得就好像大海里的盲龟，非常偶然地钻到了海上漂泊的木孔当中。由此告诫我们，如果虚度这暇满人身，就像用各种珍宝所装饰的黄金器具，却拿来用做呕吐秽物的垃圾桶那样可惜；更值得惋惜的是，已经获得人身，而去造恶业，认为是世上最大的蠢材了。

佛教认为，生具体来说包括生活和生命两个层面。前者侧重于外在物质，后者则多指内在的精神。可以说，佛教强调的是生的内在精神生命，而忽略在物质上的追求。它非常重视生命的质量。我们应该如何度过这十分珍贵的人生呢？宗喀巴大师给我们一个非常有益的理念，他说："如是思维有暇义大而实难得，及虽难得然极易坏，念其死亡，若不勤修后世，以往毕竟安乐，仅于命存引乐除苦者，则诸旁生有大势力，尤过于人，故须超胜彼等之行，若不尔者，虽得善趣，仍同未得。"[②]是说如果我们不做对后世有利益而获取究竟的安乐，只为现世的一点利益和解除痛苦忙碌的话，那些众多的畜生也具有同样的本

---

① 转引自宗喀巴著，法尊法师译：《菩提道次第广论》，上海佛学书局印行，1994 年，62～63 页；参见《菩提道次第广论》（藏文版），西宁：青海民族出版社，1985 年，83～84 页。

② 宗喀巴著，法尊法师译：《菩提道次第广论》，上海佛学书局印行，1994 年，84～85 页；参见《菩提道次第广论》（藏文版），西宁：青海民族出版社，1985 年，113 页。

领甚至会超过我们。所以，我们定要做出超越其他众生的特殊事业，若不这样，我们就跟畜生是同样的，虽已获得了善趣之身，就和没有获得是一样的。对此，寂天大师也非常幽默地从雇佣关系来提出要好好地利用这个身体，他说："既酬彼薪资，当令办吾利；无益则于彼，一切不应与。"[①]将自己的身体当作已付给工资的仆人，他的职责就是助我去作善业之事；如果不干，就觉得没必要给他任何东西。

生与死是人类永恒的主题，生死观是人生观的重要组成部分。佛教认为人的生命是非常珍贵难得的。同时，也是无常的，死亡随时都会降临到我们身上。所以，佛教特别提醒和告诫我们，一定要加倍珍惜这来之不易的人生，千万不要浪费、虚度这短暂而珍贵的一生，要为随时可能到来的死亡早做准备。对于无常的死，《入菩萨行论》中说道："昼夜无暂停，此寿恒损减，亦无余可添，我何能不死。"[②]是说昼夜在不断地流逝，这中间未有刹那的间断，由此想到人的寿命却是随着时间的流逝在一天天地减少，因此，人没有不死的道理。关于这个道理，在藏传佛教中有很多比喻，说人的寿命就如同织布，虽然每次都是一根横线在穿织，可是过不了多久就能织完整匹布料；也如同所宰杀的牛羊，赶回屠宰的场所时，是一步步地接近死亡；也如同江河或瀑布，从来都是没有刹那的停留而疾速流逝；也如同牧人手持棍杖，将牲畜赶向自己的棚圈时，这些牲口不由自主地奔向自己所居住的地方。因此认为疾病、衰老、死亡等都是不由自主地跟随来临。这是以现实生活中处处所表现出来的无常现象，比喻生命的无常也是如此。因此，宗喀巴大师非常感慨人生的无常，他说："谓应念云，我身无实，如蕉如沫，众病巢穴，老等众苦所出生处，应以上士所有现行度诸昼夜，令其不空而趣大乘。"[③]他认为这四大所组成的身体，就如同芭蕉和泡沫一样不坚实，并具有老、死、病等诸多劣因，所以不要贪着这个身体，应该夙兴夜寐地去精进修持大乘菩萨所行的诸道。

佛教将生死看为一体，认为死是生命的一部分，是真实的存在。如在《菩

① 寂天著，释如石释注，《入菩萨行》，成都文殊院印行，1996年，231页；参见《入菩萨行论》(藏文版)，西宁：青海民族出版社，2000年2版，37页。

② 寂天著，释如石释注：《入菩萨行》，成都文殊院印行，1996年，177页；参见《入菩萨行论》(藏文版)，西宁：青海民族出版社，2000年，12～13页。

③ 宗喀巴著，法尊法师译：《菩提道次第广论》，上海佛学书局印行，1994年，68页；参见《菩提道次第广论》(藏文版)，西宁：青海民族出版社，1985年，89页。

提道次第广论》中谈到："如是若见须往他世，尔时亲友极大怜爱而相围绕，然无一人是可随去，尽其所有悦意宝聚，然无尘许可得持住，俱生骨肉尚须舍弃，况诸余法。"[①]是说我们在临死的时候，亲属或朋友如何怜爱和痛爱，是没有任何办法来挽留的，他们尽管围绕在自己的身边，自己怎样恋恋不舍，可是连一个人也无法随同带走。还说在临死的时候，自己将生前最喜欢的东西和堆积的各种财物，连微尘大小的一点东西都带不走。因此，在临死的时候，连自己的肉身都要抛弃，更何况对其他的身外之物呢？对临死状态的真情描述，旨在让人们冷静面对死亡。实际上，正是这种对死亡的清醒认识和坦然面对，才会让我们的人生变得更有意义，更有价值。而现实生活中，我们往往忽视了这一点，对死视而不见，回避这一话题。其实，对死亡的淡漠与掩蔽恰恰说明了人们对死的无奈与恐惧，是懦弱和无知的表现。索甲仁波切的话也许能给我们一些反省和启示："我们的教育不谈死亡是什么，或不给予人们任何死亡的希望，或不揭开生命的真相，不是将使事情变得越来越糟吗？年轻人接受各种各样的教育，却对于生命整体的意义，以及与生存息息相关的主题，茫然无知，有哪件事情比这个还要讽刺呢？"[②]

人生价值观体现在对人生价值的根本性认识方面。佛教认为，人生是痛苦的，苦是人的命运，安于忍受世间的一切痛苦，是每个人的义务，也是人的价值。就人来说，也是由各种因缘聚会而生，即生理的、心理的多种成分的组合，并没有一个真正的独立的自我存在。既然人不能作为自身的主宰，人生无常，毕竟空无，这就构成了人生痛苦、一切皆苦的价值基础。人有生老病死的痛苦，有欲望和追求得不到满足与实现的痛苦。这就形成人生的一种根本的需要——抚慰痛苦，缓解痛苦，祓除痛苦。

当今社会的道德失落，根本原因还是人性自身的弱点未能克服，而人性最根本的弱点，无非是贪、瞋、痴三毒，特别是人的贪欲。由于与生俱来的无明我执，人们总是难以扼制对外在事物的贪求，追逐计较，不肯放舍，从无厌足。这种执著的、无休止、无节制的追求在正常条件下是无法满足的，于是便用非法的、不合理、不道德的方式达到目的，这就产生了种种犯罪和违背道德伦理的

① 宗喀巴著，法尊法师译：《菩提道次第广论》，上海佛学书局印行，1994 年，84 页；参见《菩提道次第广论》(藏文版)，西宁：青海民族出版社，1985 年，112 页。

② 索甲仁波切著，郑振煌译：《西藏生死书》，海拉尔：内蒙古文化出版社，1998 年版，8～9 页。

行为。贪欲造成的社会危害众所周知，贪欲一旦生起，就根本不管所欲之物是否属于自己，是否愿意为己所有，而是不惜一切手段进行占有，至于对方的利益、他人或国家的利益都根本不予考虑。在《菩提道次第广论》中提到："谓烦恼才生，先能令心杂染，倒取所缘，坚固随眠，同类烦恼，令不间断。于自于他于俱损害，于现于后于俱生罪，领受苦忧感生等苦。"①是说一旦烦恼生起时，起初烦恼定会染着整个心，对于所缘产生各种颠倒妄念，并能坚固随眠烦恼及同类烦恼，使这些烦恼不能间断。紧接着以这烦恼的力量，伤害自己，也伤害别人，就连这一世和后一世也造下罪业，感受痛苦，身心遭到极大的摧残，将会导致生生世世痛苦的果报。同样在《入菩萨行论》中也谈到："瞋贪等诸敌，无手亦无足，非勇非精明，役我怎如奴？惑住我心中，任意伤害我，犹忍不瞋彼，非当应呵责。纵使天非天，齐来敌对我，然彼犹不能，掷我入无间。强力烦恼敌，掷我入狱火，须弥若遇之，灰烬亦无余。吾心烦恼敌，长住无尽期；其余世间敌，命不如是久。若我顺侍敌，敌或利乐我；若随诸烦恼，徒遭伤害苦。"②贪、瞋、痴在佛教中被语为"三毒"，认为是一切烦恼产生的根源。因此，寂天大师视之若敌，勇对烦恼，并用非常积极的态度来对治它，他说："吾应乐修断，怀恨与彼战；似瞋此道心，唯能灭烦恼。"③这种对烦恼体验的智慧，对现代人有极大的启发。佛教要求我们反观自己的心灵的无明，一切贪、瞋、痴、慢、疑、恶见……都是从这里来的，故非对治不可。对治之道，即在扩阔自己的心灵，获取智慧，使自己从种种不同之见中超出，并在实践上改变自己的狭隘、怀疑、恐惧、冷酷的气质，使自己日进于高明之境，而不为无明所缚。这就是佛教安立种种智慧以超化众生分别性的烦恼与俱生性的烦恼的原因。对于今日自身尚陷于无明迷惘、不知病根的现代人，真有对治之功。

总之，佛教对人生痛苦的揭示，其真正目的是要人们认识到苦的根源，诱导人们从内心反省自己，认识自己，并找到解决痛苦的方法和途径，要人人得心地光明，彻悟自身心宗佛性，如此才能转痛苦为安乐，变烦恼为菩提，以得自

---

① 宗喀巴著，法尊法师译：《菩提道次第广论》，上海佛学书局印行，1994年，173页；参见《菩提道次第广论》(藏文版)，西宁：青海民族出版社，1985年，236页。

② 寂天著，释如石释注：《入菩萨行》，成都文殊院印行，1996年，205～207页；参见《入菩萨行论》(藏文版)，西宁：青海民族出版社，2000年，28页。

③ 寂天著，释如石释注：《入菩萨行》，成都文殊院印行，1996年，210页；参见《入菩萨行论》(藏文版)，西宁：青海民族出版社，2000年，27页。

在。在佛教看来，人生有生理、情感和精神多层次的痛苦，人世间苦海无边，应当回头信佛，解脱苦难。但是佛教并不否认人生也有快乐，只是提醒我们，世间的快乐是相对和短暂的，是变化无常的。佛教既反对过分追求舒适和享乐，也反对极端和无益的苦行，因为这两种方式都不但不让人最终解脱，而且还会给我们的人生带来伤害和痛苦。虽然佛教反对没有意义的苦行，但却提倡学佛修行人应该过相对简单、简朴的生活。这是值得我们重视和注意的。说到苦乐，就不能不谈欲望。佛教既反对纵欲，又不主张绝对的禁欲，而是提倡少欲、节欲。“多欲为苦”、“少欲知足”是佛陀对我们的忠告。这既是获得幸福生活的前提和要求，也是修行解脱的必须和保障。欲望往往意味着占有和竞争，如果不加以适当和有效的控制和引导，任其膨胀、泛滥，后果将是不堪设想的。尤其是在当今物质资源相对稀缺的社会里，强调和提倡“少欲知足”仍然有着一定的现实意义。

作为一种宗教，佛教把对现实世界与现实生命的超越当作追求的终极目标；另一方面，又主张对终极目标的追求离不开活泼泼的现实生活，并在对现实世界和人生价值的剖析和批判的过程中，凸现了佛教对人生的本质、人生的价值以及生命完善的途径和境界等问题的理解与探索。佛教对人生诸多问题的思考，不仅在两千多年的发展历史中对人们的价值观念和行为方式产生了深刻的影响，即使在当今社会，它的许多合理的思想仍然是全人类的宝贵财富，对缓解现代文化危机，提升人类的心灵境界，树立正确的人生观和价值观，都有着非常积极的意义。

二、菩萨精神的慈悲观

慈悲，按照佛教通常的解说，慈是慈爱众生并给予快乐，悲是悲悯众生并拔除其痛苦。在梵文里，把慈与悲合起来意译即是“拔苦与乐”。慈悲实际上就是怜悯、同情。佛教认为，慈心是希望他人得到快乐，慈行是帮助他人得到快乐；悲心是希望他人解除痛苦，悲行是帮助他人解除痛苦。要帮助他人得到快乐，就应该把他人的快乐视同自己的快乐；要帮助他人解除痛苦，就应该把他人的痛苦视同自己的痛苦。慈悲是佛教的核心理念之一，是佛教的重要伦理准则和理想价值观念，鲜明地体现了佛教的人文精神，构成为佛教人道主义思想的重要形态。

“悲”原意为痛苦，由痛苦而生悲情。一个人深刻感受到自身的痛苦，也就能对他人的痛苦感同身受，产生悲情，自然地由衷地衍生出对他人的友情，并扩展为对一切众生的普遍的平等的慈爱。如在《伽耶经》中说："曼殊室利，诸菩萨行，云何发起？何为依处？曼殊室利告曰：天子，诸菩萨行，大悲发起有情为依。"在《无尽慧经》中也说："大德舍利弗！又诸菩萨，大悲无尽，所以者何，是前导故。大德舍利弗，如息出入是人命根之所前导，如是诸菩萨所有大悲，亦是成办大乘前导。"在《观修次第初论》中说："如是菩萨大悲所动，全不自顾，极欲希利益他故，而能趣入至极难行，长夜疲劳集聚资粮。"[①]佛教慈悲理念的重要性和必要性由菩萨精神而被凸显出来。菩萨的目标，是要予众生有利益的乃至究竟的安乐。菩萨号召以慈悲心体察世界上苦难者的痛苦，通过各种途径与正在受苦的人接触，使自己和他人对世界上的苦难现实保持警醒，积极致力于痛苦的解救。

在藏传佛教教义对于慈悲心的生起，有两套实践理念，一为：如是应知，修诸有情为亲属者，是为令起悦意之相。亲之究竟是为慈母，故修知母，忆念母恩，及报恩三，是为引发悦意可爱。爱执有情犹如一子，此悦意慈是前三果。由此即能引发悲心。[②] 也就是说要求我们把一切有情看做是自己的亲属而做观修，就会生起欢喜之心，因为亲属的终究还是慈母，所以，以慈母而做观修，思念母恩，报答母恩，这三者是为引发欢喜心及爱恋的有力证据。把一切众生看做是自己最宠爱的独生子一样，所产生的这种仁慈心就是前三者之果，以此仁慈心促使引发起悲悯心。还有一套实践理念为：修慈次第先于亲修，次于中庸，次于怨修，其次遍于一切有情如此修习。修习道理，如于有情数数思维苦苦道理，便生悲愍，如是亦当于诸有情，数数思维缺乏有漏无漏诸乐，乐缺乏理，若修习此，欲与乐心任运而起，又当作意种种妙乐，施诸有情。[③] 也就是说修持仁慈心的次第，最初是从亲属开始，然后面对非亲非怨者，再去面对怨敌者，最后成就观修一切有情，这样的次序来逐渐修学仁慈心的发起。

作为慈悲精神在民间的具体体现，在藏区藏族人经常口颂《皈依颂》中就

---

① 转引自宗喀巴著，法尊法师译：《菩提道次第广论》，上海佛学书局印行，1994年，211～212页；参见《菩提道次第广论》(藏文版)，西宁：青海民族出版社，1985年，293～294页。

② 宗喀巴著，法尊法师译：《菩提道次第广论》，上海佛学书局印行，1994年，213页；参见《菩提道次第广论》(藏文版)，西宁：青海民族出版社，1985年，296页。

③ 宗喀巴著，法尊法师译：《菩提道次第广论》，上海佛学书局印行，1994年，220页；参见《菩提道次第广论》(藏文版)，西宁：青海民族出版社，1985年，306页。

说:“愿诸有情居足安乐及安乐因!愿诸有情永离苦恼及苦恼因!愿诸有情永不离失无苦之乐!愿诸有情远离爱憎亲疏住平等舍!”[①]实际上是发愿菩萨精神中的“慈、悲、喜、舍”四种宏愿来利益社会、他人和自己。一个内心充满了慈悲的菩萨,对一切众生,都会怀抱着深切的悯念,因为他知道,一切众生皆是过去父母、未来诸佛,视诸众生如同己身。正如藏传佛教噶举派大师岗波巴所言,“如果心中生起了慈心与悲心,就会爱眷众生,不会只求一己之解脱了”[②]。

总之,大乘佛教菩萨的慈悲理念所包含的价值理论和人文精神内涵是丰满的,也可说是深刻的,这表现在:首先,菩萨慈悲理念的提出,主要是缘起于对人类的局限性的反思,对人的生命脆弱性的关切,对人生苦难的忧患,这种以人为对象、以人的解脱为本位的人本思想,与以关怀人尊重人为特征、以人为中心的人道主义是相互会通的,且有相互一致之处。其次,菩萨慈悲理念是以利他为原则,强调要有利于他人,要为救济一切众生而致力行善,这与我们提倡的助人为乐、大公无私,一切以广大人民群众的根本利益为出发点的集体主义思想,也是相近、相通的。再次,菩萨慈悲理念是以平等思想为基础,慈悲是一种平等的道德体现。菩萨精神主张人与人之间平等、人与其他生物之间平等,强调对他人,对其他生命主体性的尊重、关怀以至敬畏。菩萨慈悲精神中所蕴涵的尊重一切生命的伟大同情心和博大的爱心,是值得肯定的。

佛教“菩萨”精神的现代意义从社会史的视角观察,我们不能不承认,佛教的“菩萨”精神符合相当多人的祈望和希求;从古至今,受到人民,尤其是下层人民的普遍欢迎。虽然佛教“菩萨”精神在古代社会的作用是复杂的、多重的,但是,从佛教“菩萨”精神中所折射出来的信息中我们不难发现:人的有限性、脆弱性、人的现实困境乃至深重灾难,人的追求和理想难以满足与实现,凡由此种种切身感受而导致的仰望神灵的慈悲、扶助、赐予之心,是真诚而强烈的,一部分信徒从中得到了程度不等的情感慰藉,也是真实不容置疑的。从这方面来看,佛教“菩萨”精神无疑发挥了某种抚慰社会人心、稳定社会结构和社会秩序的作用。在历史上,慈悲理念的意义不断得到新的诠释和新的发展,浸润人心,生发作用。在人类已经进入21世纪的今天,在进行社会主义现代化建设的中国,佛教“菩萨”精神是否也有其现代价值与意义呢?我们认为,佛教若

---

① 《颂辞汇编》(藏文),西宁:青海民族出版社,1993年,2页。

② 岗波巴著,张澄基译:《解脱庄严宝大乘菩提道次第论》,收在《米拉日巴大师集》下册,北京:民族出版社,933页。

能审时度势，与时俱进，革故鼎新，结合社会的需要、人民的生活和容受的条件，运用现代的思想、理论、概念、术语对佛教慈悲理念作出新的合乎本意和情理的诠释与阐发，必将有助于慈悲理念的弘扬，进而有益于社会的发展。

三、菩萨精神的利他观

佛教菩萨精神的主要宗旨是什么呢？一言以蔽之，“自利利他”也。在《菩提道次第广论》中明言：“以如是身学菩萨行，菩萨唯有二所作事，谓正引发自利利他。”[①]“自利、利他”与“自觉、觉他”、“自度、度他”是同义的，其核心是“利他”。也就是说要把自利行蕴含在利他行中，以救度众生为自救，把个人的解脱与拯救全人类联系起来，把众生的痛苦看作自身的痛苦；众生不能脱离苦难，等于自身的缺陷。在救济一切众生的过程中，精进自身的修行，达到自身解脱的目的，即个人的解脱只能在众生的解脱之中才能完成。当今社会存在的问题的根本既可说是思想问题，也可说是道德问题。人与人争，国与国争，而其行动的根本原则是“自利害他”。人人自利害他，那么结果必定是一片混乱，道德沦丧，到那时即使有千万种主义又能如何呢？而如果人人知自利利他之道并且能够实行之，则争端自灭，互利合作，雍容揖让。佛教的这种自利利他的伦理原则，有助于推动佛教信仰者进一步关心世俗生活，推动佛教伦理更具社会性与开发性，而对于当今社会的伦理原则也是一个重要的补充。

在藏传佛教中，对于利他心的发起，主要是以“自他相换”原则来实行，即把自己当成别人，把别人看成自己。对于具体的修持原则，在《菩提道次第广论》中论及：“言自他换，或说以自为他以他为自者，非是于他强念为我，于他眼等念为我所而修其心。乃是改换爱着自己，舍弃他人二心地位，应当发心爱他如自，弃自如他。故说改换自乐他苦，应知亦是于我爱执视如怨敌，灭除爱重我之安乐，于他爱执见为功德，灭除弃舍他人痛苦，于除他苦殷重修习，总当不顾自乐而除他苦。”[②]是说应当发起爱重他人就像爱重自己，舍弃自己如同舍弃他人那样的念头，来交换自己的安乐和他人的痛苦的精神。所以说只有抑制、排除我欲，反对我执我欲的纵肆，以“无我”为宇宙万物的法则，才能超凡入圣。

---

① 宗喀巴著，法尊法师译：《菩提道次第广论》，上海佛学书局印行，1994年，259页；参见《菩提道次第广论》(藏文版)，西宁：青海民族出版社，1985年，359页。

② 宗喀巴著，法尊法师译：《菩提道次第广论》，上海佛学书局印行，1994年，226页；参见《菩提道次第广论》(藏文版)，西宁：青海民族出版社，1985年，313页。

由此也就产生出自他一体、自他不二的观念,进而也就自然生起“同体大悲”心,认为自己的解脱与他人的解脱是难以分开的。因此,爱护自己,也应爱护他人;度脱自己,也应度脱他人。上述佛教大乘菩萨的利他观与《全球伦理普世宣言》中的一条“金规则”完全吻合,即“爱别人也就完成了一个人自己的人性,而且爱别人也就是本真的自爱之最伟大的行动了”①。

总之,大乘佛教菩萨精神以是否对他人有利作为区别大善大恶的标尺,认为对己对他都有利是善,对己不利对他有利是大善,对己对他都不利是恶,对己有利而对他不利是大恶。由此可见,大乘佛教的自他相换原则的重心是利他,这是其菩萨思想的进一步发展。佛教菩萨精神就是这样一种以己度人、尊重一切生命的伟大同情心,一种把自利与利他联系在一起的博大之爱。菩萨精神利他心的社会功用正如钱穆先生论及:“佛教教理所以能跳出此人世,又能回到此人世来做救世工作者,正为他们在人圈子外别有安顿精神之所在。在此人圈子里正当安富尊荣的时代,便不觉此种人在圈子外安放精神之意义。但一到此人圈子内起了大风波,极端危穷困辱之际,却不得不仰赖这一分安放在人圈子外的精神。这是佛教的大效用。”②

在社会主义的物质文明和精神文明的协调发展中,加强公民的道德建设具有重要意义。2001 年,中共中央下发的《公民道德建设实施纲要》中明确提到:坚持继承优良传统与弘扬时代精神相结合,使公民道德建设既体现优良传统,又反映时代特点,始终充满生机与活力③。我们认为在当今时代,大力提倡大乘佛教菩萨精神的利他心,对于社会道德风尚的提高,增强人们的团结,促进社会的稳定,都有重大的作用。当今社会虽然物质丰富,但道德滑坡、惟利是图、贪污腐败、抢劫偷盗、生产假冒伪劣产品等损人利己的现象屡禁不止。这些现象单靠国家的法律手段来治理是不够的,还必须辅之以提升人的道德境界。大乘佛教中的“利他”精神,能促使人们明白人生的最高价值在于为人类社会谋求幸福,培养人们高尚的精神境界,完善人格,净化心灵,净化社会。

---

① 〔德〕孔汉思、库舍尔编著,何光沪译:《全球伦理——世界宗教议会宣言》,成都:四川人民出版社,1997 年,第 145~146 页。

② 钱穆:《佛学传入对中国思想界的影响》,转引自吴平编:《名家说佛》,北京:北京图书馆出版社,2003 年,258 页。

③ 《〈公民道德建设实施纲要〉学习读本》,北京:人民出版社,2001 年,第 3 页。

四、菩萨精神的实践理念

菩萨精神的具体实践理念分为：布施、持戒、忍辱、精进、禅定和智慧六个方面，也就是大乘佛教中经常提到的"六度"。

1. 布施

布施是多方面的，主要是布施之心的展现，从心灵上真正去实施布施是最为关键的。因此，在《菩提道次第广论》中提出："如是若于一切所有破我所爱，数数修习施他之心，是名菩萨"。[①] 菩萨布施的关键在于破除那种"为我所有"的自私心态，而为利益他人之心来布施。布施的种类一般分为三类：(一)财物施——能使受者身得依仗；(二)无畏施——能使受者心得安全；(三)法施——能使受者心得安稳[②]。佛教把布施视为一种出自慈悲喜舍心、清净菩提心、广大平等心的道德行为，而不是期待报酬，期待功德的回报行为。

在当代，藏区的高僧大德和寺院僧人们发扬佛教济世布施的精神，对社会慈善事业、希望工程、灾区人民以及有困难的贫病者进行捐赠。广大佛教徒深深懂得，赞助社会福利慈善事业，不仅是实践佛教菩萨精神的主要内容，而且也体现出佛教崇高的人道主义精神和舍己为人的高尚道德情操，展现了人性的美好与庄严。特别是他们推行的这些广作福利、济世救人的种种义举，对推动整个社会关心、帮助贫病者和灾民，培养人们的同情心和慈悲心，对全社会道德水平的提高，对创造一种和乐共处、相亲相爱的社会氛围，都起着不可忽视的积极作用。

2. 持戒

佛教道德规范，主要体现在佛教戒律上，而这些戒律又都体现着"自利利他"精神。戒，原意是指行为、习惯、性格等，是以自身的努力为特征的，也就是出家的僧人发自内心的一种主观决意，自愿恪守戒规，具有自律性特征。宗喀巴大师，对受戒的认识为"从损害他及根本，令意厌舍，此能断心即是尸罗"[③]。

---

① 宗喀巴著，法尊法师译：《菩提道次第广论》，上海佛学书局印行，1994 年，265 页；参见《菩提道次第广论》(藏文版)，西宁：青海民族出版社，1985 年，369 页。

② 岗波巴著，张澄基译：《解脱庄严宝大乘菩提道次第论》，收在《米拉日巴大师集》下册，北京：民族出版社，996 页。

③ 宗喀巴著，法尊法师译：《菩提道次第广论》，上海佛学书局印行，1994 年，281 页；参见《菩提道次第广论》(藏文版)，西宁：青海民族出版社，1985 年，390 页。

意为能够彻底扭转损害他者的心，并断除恶行之心就是持戒的根本含义。

宗喀巴大师在《菩萨地·戒品释》中总结出菩萨的饶益有情戒有十一个方面，即"须助伴者，愚方便者，有恩造者，遭怖畏者，被忧恼者，乏资具者，求依止者，乐随心者，正善行者，邪恶行者，应以神通所调伏者，如其所应为作义利"[①]。是说菩萨为了诸有情的利益，对方方面面需要帮助的人都要用各种方式进行无私的帮助。

因此，对于受戒来说，最根本的还是利他为起点，如在《般若要义》中说，"毁戒无能办自力，岂有势力而利他，故劝善修利他者，于此缓慢非应理"[②]。由此可以看到佛教徒视持戒为自己的生命，在利益他者的目的下，严格要求着自己的言行，从而显出超凡脱俗、能行难行的高尚风范。

3. *忍辱*

人生是苦，人与人之间的争斗常常又是非常残酷的，因此，佛教开出在这世间息灭这一切暴行的最佳良剂，莫过于忍耐，从而在菩萨行的实践方面是极力提倡大家去难忍能忍，达到一个至高的品性度，成就自利利他的伟大事业。

宗喀巴大师认为忍辱的最高境界是指："圆满忍辱波罗蜜多者，唯由自心灭除忿等修习圆满，非为观待一切有情悉离暴恶，非能办故，调伏自心即能成办所为事故。"[③]强调忍辱的最终目的是调伏自心后，做利众的事业。

寂天大师总是以宽阔的胸怀来教导人们看待世间的苦难和烦恼，他说："自惜生命者，因惑尚自尽；况于他人身，丝毫不伤损？"[④]是说有时候，因为受到强烈烦恼的驱使，极其爱惜生命的人尚且会自杀身亡；何况是面对那些令人气恼的其他众生呢？由此可知，嗔怒者总会难免伤害别人的。我们不应该对犹如疯子般的忿怒者生起嗔恨，应当对他生起同情的心及悲悯的心。正是在这样的胸襟下才能正确处理嗔怒者的发作和危害，从而成为利他的美德。在《释迦牟尼佛本生传》中还倡导说："若有不思自法衰，为净我恶而行损，我若于此

① 宗喀巴著，法尊法师译：《宗喀巴大师集》(五)，北京：民族出版社，181 页。

② 宗喀巴著，法尊法师译：《菩提道次第广论》，上海佛学书局印行，1994 年，282 页；参见《菩提道次第广论》(藏文版)，西宁：青海民族出版社，1985 年版，391 页。

③ 宗喀巴著，法尊法师译：《菩提道次第广论》，上海佛学书局印行，1994 年，286 页；参见《菩提道次第广论》(藏文版)，西宁：青海民族出版社，1985 年版，397 页。

④ 寂天著，释如石释注：《入菩萨行》，成都文殊院印行，1996 年，255 页；参见《入菩萨行论》(藏文版)，西宁：青海民族出版社，2000 年，48 页。

不堪忍,忘恩何有过于此”[①]。是说我们应该修持自他交换菩提心法,若有人来伤害自己时,就要想到,这是净治自己罪障的时机已经来到,应该对他的这一切行为,自己忍辱承受,以恩报恩。烦恼即菩提,不幸即有幸,这是佛教菩萨行中的一贯作风。

忍辱的另一方面还表现在如何对待赞誉之词,能够不为所动,如在《入菩萨行论》中说:“受赞享荣耀,非福非长寿,非力非免疫,非令身安乐。若吾识损益,赞誉有何利?”[②]是说受人赞美和称誉所引生的荣誉感,既不能转变成增长福德、寿命的因缘,也不能改换成增加力量和消除疾疫的因素,更不能辗转成自己身心平安的因缘。因此,明辨利害,对于名誉的赞美,认为没有任何意义。寂天大师贴切比喻无知的儿童因沙子堆成的游戏之屋倒塌,就会伤心地哭泣的例子,同样如果我们因为失去虚幻的赞美而伤心时,不就和伤心的儿童一样幼稚了吗?

同样,对于其他的幸灾乐祸之心、嫉妒之心等等,都在菩萨行中要求息灭或纠正,如在《入菩萨行论》中说:“纵令敌不喜,汝有何可乐?唯盼敌受苦,不成损他因。汝愿纵得偿,他苦汝何乐?若谓满我愿,招祸岂过此?若为瞋渔夫,利钩所钩执,陷我入地狱,定受狱卒煎。”[③]对于仇敌遇害受苦,切莫幸灾乐祸,由此来鼓励人们成为一个心胸宽广、品德完美的人。

因此,修学忍辱既关联着自身的修养,又处处以利他为情怀,同样成为彰显大乘佛教菩萨精神实践的一个方面。

4. 精进

对于精进,宗喀巴大师认为是“缘善所缘勇悍为相”,指一种热衷于修持善行的心理状态,这是从心理学角度赋予了它独特的含义。精进对于成办事业是非常有用的,佛教号召菩萨们要勇于生起精进心的力量去成就广大众生的事业,如在《般若要义》中说:“自心莫思流转苦,而擐无量稳固甲,住戒悲性诸勇识,是为最初所应取。”[④]号召具有坚定勇猛悲心的菩萨勇士,不要思念流转

---

① 转引自宗喀巴著,法尊法师译:《菩提道次第广论》,上海佛学书局印行,1994 年,293～294 页;参见《菩提道次第广论》(藏文版),西宁:青海民族出版社,1985 年,409 页。

② 寂天著,释如石释注:《入菩萨行》,成都文殊院印行,1996 年,267 页;参见《入菩萨行论》(藏文版),西宁:青海民族出版社,2000 年,55 页。

③ 寂天著,释如石释注:《入菩萨行》,成都文殊院印行,1996 年,266～267 页;参见《入菩萨行论》(藏文版),西宁:青海民族出版社,2000 年,54 页。

④ 转引自宗喀巴著,法尊法师译:《菩提道次第广论》,上海佛学书局印行,1994 年,306 页;参见《菩提道次第广论》(藏文版),西宁:青海民族出版社,1985 年,427～428 页。

轮回对自己产生的痛苦,应该要披挂起饶益有情的精进盔甲,成就广大众生的事业,做出大无畏的宏业,这才是最殊胜的!

同样,如果缺乏这种勇为善行的精进状态,就会表现为懈怠、懒惰,从而无从谈起能够成办各种利他事业,如在《慧海请问经》中就谈到:“有懈怠者,菩提遥远最极遥远,诸懈怠者无有布施乃至无慧,诸懈怠者无利他行。”在《正法念住经》中也说:“谁有诸烦恼,独本谓懈怠,若有一懈怠,此无一切法。”①。在经典中提醒我们同这种慵懒习气作斗争,最好的对治方法,就是勇于生起精进的自信心。

因此,宗喀巴大师说:“如是见已,正修之时令心坚固,唯应向外催伏烦恼,不令烦恼向内催伏,更思中途舍弃誓愿所有过失。”②是说引发自信心,就能战胜烦恼,任何时候都难以被烦恼击败自己,要坚定这种心态,不要半途而废。他还十分形象地比喻,应该就像愚童游戏的心态,毫无厌足那样,从而对于利众的事业,也尽量引发这种信心。

总之,精进是自利利他事业中必备的心理状态,发起精进心,能够勇于做出大无畏的事业来,从而成为我们学习的楷模。具有这种精进精神的菩萨,为了护念众生,可以顿舍身命,精勤不懈,死而无憾。

5. 禅定

禅定,指对所缘境中心不散乱的专注善行。在《圣解深密经》中说,“由静虑故,降伏烦恼,由般若故,断诸随眠”③,是说禅定能降服烦恼,智慧能摧毁随眠。岗波巴大师告诉我们:禅定之首项要求,乃是克服散乱。无有散乱的境界,我们叫做“寂静”。这又包括“身离尘嚣之寂静”和“心离妄念之寂静”两种④。对于诸菩萨的禅定相者,在《菩萨地论》述为:“远离一切妄念;自觉身心十分清净;异常安寂;贪心不起;不觉诸味;远离一切诸相。若具足如是等相,

---

① 转引自宗喀巴著,法尊法师译:《菩提道次第广论》,上海佛学书局印行,1994年,305～306页;参见《菩提道次第广论》(藏文版),西宁:青海民族出版社,1985年,425页。

② 宗喀巴著,法尊法师译:《菩提道次第广论》,上海佛学书局印行,1994年,315～316页;参见《菩提道次第广论》(藏文版),西宁:青海民族出版社,1985年,440页。

③ 转引自宗喀巴著,法尊法师译:《菩提道次第广论》,上海佛学书局印行,1994年,343页;参见《菩提道次第广论》(藏文版),西宁:青海民族出版社,1985年,479页。

④ 岗波巴著,张澄基译:《解脱庄严宝大乘菩提道次第论》,收在《米拉日巴大师集》下册,北京:民族出版社,1031页。

应知即是于所观法喜乐安住之禅定”。[①]

禅修极其重要，而且是修习八正道的关键步骤。通过端正人生态度鼓励善行，坚持静默冥想最终得以培养出对他人的深刻道德关怀。在这种关怀的基础上，人们开始自然而然地为自己的福祉而行事处世，将他人的利益福祉等同于自己的。佛陀成佛之后依然继续坚持修习禅定，故此可以断定禅修中所体验到的境界，对于人性经验来说具有本质的价值意义。

6. 智慧

智慧代表人对他自己的各种活动的反省，由此而透出的一种慧识、一种洞见，使人自知其活动的意义，一方面又能超出其活动以达成人生更高的价值。在《庄严经论》注释中，曾解释智慧有三种：世间智慧；出世低级智慧；出世高级智慧。其中世间智慧包括对农业知识的了解；对因明理则学的了解；对文学诗歌的了解和对手工技艺的了解[②]。说明大乘佛教还是非常重视世间的智慧和知识的。德国波恩大学布莱克教授说：“藏传佛教在当今西方国家如此深入人心，其原因有两条：一是它那深邃的哲理，一是利益众生的价值观。”[③]

关于修学智慧的意义，吉祥勇(马鸣菩萨)说：“此施等福德，若有妙慧力，如诸金庄严，嵌宝尤光显。慧于彼彼义，增广功德力，如根于自境，由意显其力。”[④]是说对于布施等五度(指布施、持戒、忍辱、精进、禅定)所包含的一切福德，若再以智慧摄持，就显得更为有力。比如，对黄金的各种首饰，再以其它珍宝镶嵌后，就更加灿烂艳丽，绚丽多彩。对分辨五度各个意义，去粗取精，去伪存真的智慧，我们应该多做修习。如果具有智慧，就能善于分辨功过的取舍，也能通晓断除烦恼的道理。由此可见智慧在菩萨修行中是具有最重要的地位的。宗喀巴大师总结说：“众多异门解脱门，彼彼利益世间相，大力佛子所显

---

① 岗波巴著，张澄基译：《解脱庄严宝大乘菩提道次第论》，收在《米拉日巴大师集》下册，北京：民族出版社，1041 页。

② 转引自岗波巴著，张澄基译：《解脱庄严宝大乘菩提道次第论》，收在《米拉日巴大师集》下册，北京：民族出版社，1047 页。

③ 转引自多识·洛桑图丹琼排著：《爱心中爆发的智慧》，兰州：甘肃民族出版社，1998 年，27 页。

④ 转引自宗喀巴著，法尊法师译：《菩提道次第广论》，上海佛学书局印行，1994 年，324 页；参见《菩提道次第广论》(藏文版)，西宁：青海民族出版社，1985 年版，451 页。

示，次等皆从慧瘦生。”[①]是说利益世间的一切方式，佛菩萨饶益一切有情，解除众生痛苦的巨大威力，所显示的这一切皆从智慧中产生。

总之，上述六个方面，一般被称为“六度”，它们集中体现了大乘佛教菩萨精神的具体实践层面，是以大慈大悲、济度众生的道德为出发点，以克制自我，救助他人为行为的准绳，以“自利利他”、“自觉觉他”，即以个人利益的统一，以己的解脱和拯救全人类的统一，作为社会伦理关系的基本原则，也作为人生解脱的最高理想。大乘佛教菩萨精神在修持方面的表现，激励着人们引发美好善良、利国利民的崇善道德动机和热情，从而对于当代中国社会的道德建设具有非常有力的推动作用。

五、小结

我们一贯倡导的精神文明的根本点就是加强思想道德建设，在全社会形成共同理想和精神支柱。在现今时代，我们着眼于文化建设的高度，对藏传佛教文化进行重新认识，继承其优秀的精神成果，无论从理论上还是现实上都是十分必要的。李铁映同志 1995 年 12 月在十一世班禅坐床仪式上谈到：“佛教讲普度众生，关怀的就是生活在这个世界上的芸芸众生。其实，共产党人以为人民服务、以解放全人类为宗旨，与你们讲的‘普度众生’，有相近之处。虽然我们之间的信仰不同，但我们之间在政治上是团结合作的，在信仰上是互相尊重的，在造福于各民族人民方面是有共识的。”佛教菩萨精神提倡的利乐有情、普济众生、造福社会的慈悲胸怀，对一切众生伸出慈爱之手，“解苦恼者之忧、施贫困者所富、与患病者以药”的菩萨行，“难行能行、难舍能舍、难忍能忍”的自我牺牲精神，“地狱未空，誓不成佛；众生度尽，方证菩提”的济世宏愿等等，与我们党提倡以为人民服务为宗旨的基本道德原则和在这种原则基础上形成的“我为人人，人人为我”的新型人际关系的主张，以及要发扬的尊重人、关心人的社会主义人道主义精神，应该说是有批判继承关系的。

佛教菩萨精神是从“我是众生的一员，众生是全体的大我，度人所以为自度，利人所以为利我”的辩证认知出发，从根本利益关系上来提倡公德心，协调个人与社会人群的关系，使人们具有对社会群体的生存发展形成一定的义务

① 宗喀巴著，法尊法师译：《菩提道次第广论》，上海佛学书局印行，1994 年，326 页；参见《菩提道次第广论》（藏文版），西宁：青海民族出版社，1985 年，454 页。

觉悟,明白人生的最高价值是为人类社会谋求幸福。菩萨人生观就是佛教道德的最好体现,一个人如果能够努力追求菩萨的人生观,那么他必定具备良好的公民社会道德。菩萨发大愿、修大行,舍己利他,难行能行,难舍能舍,难忍能忍,只图利他,不愿损人,完全体现了佛教积极救世的精神,发扬这种精神,必定有补社会公民道德良好风气的养成。

佛教菩萨精神中蕴含着浓厚的平等慈悲观、自利利他思想,这些思想如能为我们所用,并运用于实际生活中,那么这对我们当今社会的伦理道德来说,可以说是一个重要的补充:社会交往方面,能缓和社会矛盾、等级差异、巩固和平、反对战争;生态环保方面,保护野生动物、保持生态平衡;商场上少了尔虞我诈,大家公平竞争,达到共同富裕;医学上,器官捐献者多了,既能拯救不少病患者,又有医学上的研究价值……作为大乘佛教、佛教菩萨精神所在的"自利利他"思想虽然有着佛教特定的宗教含义,但这种思想所内含的精神,即个人利益与他人利益的统一,或者说个人利益与集体利益的统一,也是现代社会处理个人与他人、个人与集体关系的准则。事实表明,处理好个人与他人、个人与集体的关系,对于个人的重要的,对于一个国家、社会也是极为重要的,是值得提倡的。

我们认为,在当代社会,佛教"菩萨"精神具有新的现实意义,有助于提高国民的素质,尤其是道德素质。伦理道德建设必须建立在符合人性的本质和要求上。可以说佛教提倡的"菩萨"精神,符合人性的弱点与优点共存的本质、去恶从善的要求、离苦与乐的愿望,以及平等博爱的追求。提倡"菩萨"精神,必将有助于发扬团结和互助友爱的精神,有助于实践无私奉献、济世利人、救死扶伤、扶危济困等美德善行,有助于社会公德的完美与职业道德的提高。有助于维护世界和平与人类安全。虽然当今世界总体来说是和平的,但是种族、宗教、地区的冲突此伏彼起,恐怖主义活动猖獗,核扩散问题形势严重,人类面临自我毁灭的危险。为了消除人类和平、安全的威胁,需要各国的共同努力,采取相应的坚决措施。就思想文化方面而言,以关怀、尊重生命价值为基础的佛教"菩萨"精神,实是一种跨种族、跨宗教、跨国界的博爱文化、和平文化和安全文化,有利于调整人的观念进而导致在行动上维护和平与安全。

(作者:牛宏,西北民族大学历史文化学院副教授)

从《佛说大乘庄严宝王经》看观音菩萨的形象及信仰

【摘　要】《佛说大乘庄严宝王经》阐述了观音菩萨普度众生的故事以及其变化的各种形象，并在经文后两部分详细地描述了芸芸众生念诵六字大明王陀罗尼所获得的功德。本文对文本进行分析从而得出藏地观音菩萨信仰的缘由，并从藏族信众的生活来反映观音信仰在藏区的普遍性。

观世音是大乘佛教中信仰最为普遍的菩萨，无论在印度佛教、汉传佛教还是藏传佛教中，都有大量的经典来阐释观音菩萨的功德。本文便是通过对《佛说大乘庄严宝王经》的分析来论述观音菩萨的形象及其信仰。

《佛说大乘庄严宝王经》由宋代天息灾译，收录于《大藏经》中，它是一部以讲述观音菩萨功德及念诵陀罗尼所获福德为主要内容的印度佛经。其藏译本翻译自吐蕃时代，而且汉藏译本卷数相同。"《大乘庄严宝王经》四卷，与蕃本同。[笺证]蕃本：丹噶目录 114 号，1365 颂，四卷；德格版 116 号；北京版 784 号"[①]。说明汉藏译本依据了相同的梵文原本。

藏传佛教中认为《大乘庄严宝王经》是最早传入吐蕃的经典之一，并有一则传说，认为这是佛教初传吐蕃之始。布顿大师在《佛教史 · 大宝藏论》中云："继此由'脱脱日涅赞'王当

① 黄明信著：《汉藏大藏经目录异同研究》，北京：中国藏学出版社，2003 年，第 132 页。

政,在他享寿六十岁时,他住的'容布拉岗'宫顶从空中落下一宝箧,开箧一看,里面有《大乘庄严宝王经》、《百拜忏悔经》,及金塔一座,起名为'严密宝箧',而作恭敬供养。从此佛教圣法正式建立。"[①]不论这则传说的真实与否,却也反映了《大乘庄严宝王经》在吐蕃时期占有重要地位,

《大乘庄严宝王经》用大量的语言来重复不断地描绘菩萨显身时的情景,还用偈颂的方式来对上文进行进一步的阐释。在修辞手法上和表达方式上,具有浓郁的印度佛典的特色,用词夸张,比喻形象,在经文中刻画了一个个生动感人的场面。而经典中所塑造的观音这一光辉形象,也进一步推动了观音信仰的普及,尤其是对观世音菩萨的六字真言的崇拜。《大乘庄严宝王经》是六字真言的出处,就此而言,该经在藏传佛教中具有特殊的地位。

一、《佛说大乘庄严宝王经》中观音菩萨的形象

1. 观音菩萨的相貌

在佛教中观音菩萨代表着大慈、大悲、大勇。其身像有很多种显现形式,如四臂观音、十一面观音、马头观音等。

《大乘庄严宝王经》的第一部分中,主要提到了十一面观音:"归命莲华王,大悲观自在,大自在吉祥,能施有情愿,具大威德神力,降伏极暴恶,暗趣为明灯,睹者皆无畏,示现百千臂,其眼亦复然,具足十一面,智如四大海,爱乐微妙法,为救诸有情……"[②]显然这里所描述的观音菩萨是十一面千手千眼观音像,为了降伏恶魔、救度诸有情而化现的。这一形象也是藏传佛教密宗观世音像中较为常见的,拉萨的大昭寺也有供奉。

其次,在这一部分中还描述了观音菩萨的威猛相:"救度世间病,如盖覆于幢,难陀、跋难陀二龙为络腋,手执不空索,现无数威德,能破三界怖。"为了拯救世俗间的病痛,观音菩萨化现为既可爱又可畏的形象显现于众生之间。

最后,经文第三部分中用菩萨与众商人入狮子国的故事,描写了观音菩萨化现的圣马王形象,也是观世音菩萨救度众生的生动事例。这一形象与藏传佛教密宗中的马头明王相似,马头明王像一般以头顶上的绿色小马头为标志,观音正是化身为此相来降妖伏魔,从而解救众生于苦难之中。

---

① 布顿大师著,郭和卿译:《佛教史·大宝藏论》,北京:民族出版社,1986年,第169页。

② 《大正藏》第二十卷,第48页c栏

菩萨的化身是无所不包的，这些千变万化的菩萨形象为菩萨造像提供了素材，使菩萨的形象以更生动的方式进入世间生活并被信众所接受。经文还用大量的笔墨来描写菩萨救度有情众生的过程，给人塑造了一个救世主形象的观音菩萨。

2. 观音菩萨的精神

“大慈大悲”是对观世音菩萨精神的高度概括，根据佛教经典的论述，观世音菩萨的慈悲是不分对象，不分地域的，是超越时空的。

《佛说大乘庄严宝王经》中讲述了他在大阿鼻地狱等恶趣的救度情况，“地狱有三类，第一类是根本地狱，其中有八热地狱和八寒地狱。如八热地狱的第八阿鼻地狱，也称无间地狱，罪人受苦永无间断，最为痛苦”[①]。而经文第一部分中提到“此大光明是圣观自在菩萨摩诃萨，入大阿鼻地狱之中，为欲救度一切受大苦恼诸有情故，救彼苦已复入大城，救度一切饿鬼之苦”[②]。然后提到大阿鼻地狱环境的恶劣“大阿鼻地狱，周围铁城，地复是铁，其城四周无有间断，猛火烟焰恒时炽燃。如是恶趣地狱之中，有大镬汤，其水涌沸，而有百千俱胝那庾多有情，悉皆掷入镬汤之中，譬如水锅煎煮诸豆，盛沸之时或上或下，而无间断，煮之麋烂，阿鼻地狱其中有情受如是苦。”[③]观音菩萨进入阿鼻地狱后，万恶不能伤其身，并显现出美好景象“圣观自在菩萨摩诃萨，入大阿鼻地狱之时，其身不能有所障碍，时阿鼻地狱一切苦具，无能逼切菩萨之身，其大地狱猛火悉灭成清凉地。是时狱中阎魔狱卒，心生惊疑怪未曾有，何故此中忽然变成如是非常之相。是时观自在菩萨摩诃萨，入其狱中破彼镬汤猛火悉灭，其大火坑变成宝池，池中莲华大如车轮”[④]。观音菩萨的悲悯之心和勇敢之力使有情众生脱离苦难，令众菩萨叹服；在经文的第三部分又讲述了菩萨与商人去往狮子国时被罗刹女带走并囚禁，后由菩萨示现为圣马王并救助众商人的故事。故事中的菩萨智慧过人，且有悲悯之心，慈悲是观音菩萨精神中不可或缺的部分。

经文中还用很多排比及对称的方式来写观音菩萨示现为佛、菩萨、缘觉、

---

① 方立天著，《佛教哲学》，见《方立天文集》第四集，北京：中国人民大学出版社，2006年，第78页。

② 《大正藏》第二十卷，第48页b栏

③ 同上

④ 《大正藏》第二十卷，第48页c栏

声闻、天、龙等化身相，随机应现，方便救度众生，以此彰显菩萨的慈悲精神：

是观自在为欲救度如是有情，证菩提道随有情类现身说法。应以佛身得度者，即现佛身而为说法。应以菩萨身得度者，即现菩萨身而为说法。应以缘觉身得度者，即现缘觉身而为说法。应以声闻身得度者，即现声闻身而为说法。应以大自在天身得度者，即现大自在天身而为说法。应以那罗延身得度者，即现那罗延身而为说法。应以梵王身得度者，即现梵王身而为说法。应以帝释身得度者，即现帝释身而为说法。应以日天子身得度者，即现日天子身而为说法。应以月天子身得度者，即现月天子身而为说法。应以火天身得度者，即现火天身而为说法。应以水天身得度者，即现水天身而为说法。应以风天身得度者，即现风天身而为说法。应以龙身得度者，即现龙身而为说法。应以频那夜迦身得度者，即现频那夜迦身而为说法。应以药叉身得度者，即现药叉身而为说法。应以多闻天王身得度者，即现多闻天王身而为说法。应以人王身得度者，即现人王身而为说法。应以宰官身得度者，即现宰官身而为说法。应以父母身得度者，即现父母身而为说法。[①]

观世音菩萨具大慈、大悲、大智、大勇的精神，无比的关爱众生，以各种化身来到人间，生活在信徒中。菩萨善解人意，满足众愿，与信众更为贴近，而不是高高在上，难以企及的。佛经宣传的观音菩萨的精神和其救度众生的方式，自然能引起信徒的共鸣，并由此受到信众的尊崇。

二、六字大明陀罗尼及功德

在藏传佛教中，六字大明王陀罗尼经即六字真言是秘密莲花部的根本真言，而它正好出自于《大乘庄严宝王经》。

《大乘庄严宝王经》第四部分，观音菩萨念诵了六字大明王陀罗尼："唵(引)么抳钵讷铭(二合)吽(引)"(藏文中译为"嗡嘛呢叭咪吽")。为了强调六字真言所拥有的无比法力，经文中说当时出现"此四大洲并诸天宫，悉皆震摇如芭蕉叶，四大海水波浪腾涌，一切尾那、野迦、药叉、啰刹、娑拱、伴拏、摩贺迦攞等，并诸眷属，诸魔作障者，悉皆怖散驰走"[②]的景象。从密宗的经典看，六字真言奥妙无穷。如认为六字大明陀罗尼中"嗡"表示"佛部心"，说念此字时，

---

① 《大正藏》第二十卷，第50页c栏～51页a栏

② 《大正藏》第二十卷，第61页b栏

身、口、意要与佛为一体才能获得成就;“嘛呢”表示“宝部心”,据说得此宝,便有求必应,拥有所有珍宝;“叭咪”表示“莲华部心”,念诵此二字便能像莲花一样纯洁;“吽”表示“金刚部心”,祈愿成就的意思,就是说要成就一切必须要依靠佛的力量。

在《大乘庄严宝王经》中反复地提到了六字大明咒的功用,几乎无所不包。如云:

“善男子,所有微尘我能数其数量。善男子,若有念此六字大明陀罗尼一遍,所获功德,而我不能数其数量。善男子,又如大海所有沙数,我能数其一一数量。善男子,若念六字大明一遍,所获功德,而我不能数其数量。”①

再如:“若复有人以此六字大明陀罗尼,身中项上戴持者。善男子,若有得见是戴持之人,则同见于金刚之身。又如见于舍利窣堵波,又如见于如来,又如见于具一俱胝智慧者。若有善男子善女人,而能依法念此六字大明陀罗尼。是人而得无尽辩才,得清净智聚,得大慈悲。如是之人日日,得具六波罗蜜多圆满功德。是人得天转轮灌顶,是人于其口中所出之气触他人身,所触之人发起慈心离诸嗔毒,当得不退转菩萨,速疾证得阿耨多罗三藐三菩提。若此戴持之人,以手触于余人之身,蒙所触者,是人速得菩萨之位。若是戴持之人,见其男子、女人、童男、童女,乃至异类诸有情身,如是得所见者,悉皆速得菩萨之位。如是之人,而永不受生老病死苦爱别离苦。”②

依此六字真言,能得各种甚深三摩地:“若有人书写此六字大明陀罗尼者,则同书写八万四千法藏而无有异。若有人以天金宝,造作如微尘数如来应正等觉形象,如是作已,而于一日庆赞供养,所获果报不如书写此六字大明陀罗尼中一字所获果报功德。不可思议,善住解脱。若善男子善女人,依法念此六字大明陀罗尼者,是人当得三摩地,所谓持摩尼宝三摩地、广博三摩地、清净地狱傍生三摩地、金刚甲胄三摩地、妙足平满三摩地、入诸方便三摩地、入诸法三摩地、观庄严三摩地、法车声三摩地、远离贪嗔痴三摩地、无边际三摩地、六波罗蜜多门三摩地、持大妙高三摩地、救诸怖畏三摩地、现诸佛刹三摩地、观察诸佛三摩地,得如是等一百八三摩地。”③听闻、念诵、书写、戴持“六字真言”不仅能让人远离贪、嗔、痴,告别生老病死轮回苦,还能得各种三摩地,并且速得菩

① 《大正藏》第二十卷,第 60 页 a 栏

② 《大正藏》第二十卷,第 59 页 c 栏

③ 《大正藏》第二十卷,第 61 页 c 栏

萨之位。诵念“六字真言”有如此多的妙用和福报，也可以解答“六字真言”何以在藏区普及的缘由。

三、西藏的观世音崇拜以及与《大乘庄严宝王经》的关系

藏族人认为雪域高原是观世音菩萨行教化之地，称其为雪域之救主，对观世音菩萨的信仰遍及雪域各地。“大悲观世音菩萨为了利益北方雪域众生，他自赡部洲东南方的圣地普陀山，观见雪域众生依然自生自灭在地狱里，尚不胜法器。于是他化身为十一面千手千眼佛，将雪域吐蕃地底下一百由旬处的饿鬼域及其再下一百由旬处铁箱般严实的无间地狱用光芒罩住，看上去其上好似华盖垂落，其下犹如莲湖荡漾，四周仿佛被迦遮邻底迦的绫罗缠绕”[①]。藏族地区的许多位高僧大德，甚至世俗的统治者都被视为是观世音菩萨的化身。多识教授曾指出：“大慈大悲的观世音菩萨是藏民族诚实善良崇高精神的象征。这种慈悲精神在藏民族桀骜不驯的原始状态走向文明开化的过程中，起到了不可估量的积极作用。在引进大乘佛教的慈悲思想、以大慈大悲的观世音精神缔造藏民族方面，松赞干布起到了决定性的作用。因此，藏民族将松赞干布视为千手千眼、大慈大悲、救苦救难、普度众生的观世音菩萨的化身。”[②]

“六字大明咒”在藏族地区几乎是家喻户晓，同样体现了观音菩萨信仰的普遍性。“普通藏传佛教徒相信，对于‘六字真言’只要一见一闻一触，就能证悟清净菩提心，清楚一切烦恼，断除一切垢染，具足一切功德”[③]。所以，藏区的信众们把“六字真言”作为他们尊崇至上的法宝，六字真言在藏区也是随处可见的。大大小小的寺庙当然是不言而喻的，而在偏远的牧区和雪山、草甸等处无不印刻有六字真言，如：嘛呢石、风马旗；有些藏民家的门楣、神龛上也有六字真言的雕刻；转经筒、护身符上的六字真言那就更是常见了，甚至人们的住所和生活用品上也可看到；也有将它绘制成精美的艺术品，制作成各种圣器圣物用来供养的，使自己能够每时每刻看到、听到、感受到、体悟到“六字真言”的神圣法力。

---

① [印]阿底峡尊者发掘，卢亚军译注：《西藏的观世音》，兰州，甘肃人民出版社，2001年，第47页。

② [印]阿底峡尊者发掘，卢亚军译注：《西藏的观世音》，兰州：甘肃人民出版社，2001年，第7页。

③ 扎呷编著：《藏文〈大藏经〉概论》，西宁：青海人民出版社，2008年，第134页。

信众如此普遍地信奉于“六字真言”，其原因就是如《大乘庄严宝王经》中所揭示的那样，六字真言的功效无所不包，即可以解救现实的苦难，又可以实现到达彼岸的理想。藏传佛教中对六字真言的功效做了进一步的总结，如云：

“嗡能消除天界生死苦，嘛能消除非天斗争苦，呢除人间生老病死苦，叭能消除畜牲役使苦，咪能消除饿鬼饥渴苦，吽能消除冷热地狱苦。”[①]

又如：“嗡具五智慧，嘛遍一切慈，呢引导六众，叭息一切苦，咪焚众苦厄，吽聚诸功德。六字被加持，雪域众有情，愿住解脱道！诸佛悉加持，最精密要藏，福利来源处，成就的根本，往生善趣阶，禁闭恶趣门。”[②]

“六字真言”伴随着藏族人的一生，无论是婚丧嫁娶或生老病死，都离不开念诵六字真言。依靠“六字真言”来祈福消灾，以此实现心灵的宁静。还有信众将六字真言用来占卜，由此可看出六字真言已融入藏族的日常生活，诵念六字真言已成为普通信众生活的一部分。

通过以上的介绍和分析，可知《佛说大乘庄严宝王经》是藏族地区观音信仰的重要依据，而且该经中所出的六字真言，在藏族地区产生了广泛的社会影响，也是其他密宗经咒所不能比的。

（作者：彭晓岚，西北民族大学历史文化学院 2008 级宗教学硕士生）

① 李舞阳、曾芳编译：《藏密真言宝典》，北京：宗教文化出版社，2001 年，第 60 页。

② 同上，第 62 页。

宋元时期藏区寺院经济收入来源初探

【摘　要】 宋元时期藏区社会经过近四百年分裂割据局面重新获得统一，西藏寺院集团宗教、政治特权逐步巩固和提高，寺院经济日益发展。寺院占有大量生产资料和庄园，经商务农，通过讲经传法和化缘等宗教活动，依靠特殊的社会政治地位及封建割据势力和中原王朝的丰厚赏赐，逐步形成了寺院经济稳定而又多元的收入格局。

唐末吐蕃王朝瓦解，吐蕃社会在政治上处于分裂割据时期，直到13世纪，藏区社会政治经济发生重大变化和历史性转折，西藏归附元朝，标志着自吐蕃王朝崩溃以后经过近四百年混乱和分散割据局面的西藏社会重新获得统一。宋元时期藏区寺院经济的巨大变化几乎与政治上的变动同时发生。

从藏传佛教在西藏的发展历程来看，后弘期是西藏佛教的全面繁盛期和大力外传期。宋元时期藏区由于寺院集团宗教、政治势力的巩固和提高，世俗封建主对寺院封赐、布施、赠送，加上寺院、寺主本身所采取的其他经济手段而获得了大量的土地、牲畜和农奴，从而使藏传佛教寺院财富不断积累，寺院规模进一步扩张，出现了大量寺院庄园和寺主的私人庄园，逐渐形成了区别于其他经济体系的寺院经济。寺院经济在宋元时期藏区的经济体系中确立了独立而重要的地位。从当前学术界的研究现状看，国内部分学者对藏族寺院经济发生发展的过程及原因有一些探讨[①],但就宋元时期藏区寺院经济问题还无较为深入的研究。本文就宋元时期寺院经济收入的来源作一初步探讨,以求教于诸学者。

宋元时期藏区寺院由于享有许多政治经济方面的特殊权力,因而其经济收入来源也是多渠道获得:

一、寺院经营农业、牧业、手工业以及商业的收入是寺院经济收入的基本来源

1. 农牧业经营

宋元时期藏区寺院,无论寺院大小,都有归属于自己的大小、数量不等的寺院庄园。寺属封建庄园是寺院经营农牧业的主要生产基地。寺院庄园领主通过收取劳役地租、实物地租和货币地租的地租方式,将粮食、酥油、奶制品、食盐、牛羊毛等绝大部分劳动产品征缴进寺院仓库。同时每个寺属庄园一般都附设有纺织、制奶等手工作坊。但因整个西藏社会经济的特点是自给自足的自然经济,庄园所产手工业品,除部分用于市场交换外,主要的都是寺院宗教活动以及日常生活的消费品。由于农业、牧业和手工业都直接服务于寺院,就决定了农业、牧业和手工业是寺院必须依赖的生产,是寺院经济收入的基本来源。

当时很多寺院都有其所辖的庄园,如:俄敦·曲多的儿子俄·朵敦,他建立了董穷寺,拥有许多寺属土地[②];在涅莫菊地方,玛尔巴上师的一个女儿,将玛尔巴的舍利献出,建都琼寺,在桑浦内邬托、雄涅莫菊、雅隆甲萨、章波雪拉等处有寺属庄园[③];公元 1011 年,在香区逝世的嘉·杜哇正巴,继掌管了曲弥

---

① 李小艳:《佛教寺院经济的由来与发展》载《世界宗教文化》2004 年 4 期;宋秀芳:《浅析西藏寺院经济产生与发展的动因 》载《西藏民族学院学报(哲学社会科学版)》2001 年第 2 期;罗莉:《试析西藏封建农奴制下的庄园经济与寺院经济》载《中央民族大学学报》1997 年第 5 期;东嘎仓·才让加:《唐以来藏族地区寺院经济的形成与发展》载《民族研究》1992 年第 3 期;绒巴扎西:《藏族寺院经济发生发展的内在缘由》载《民族研究》1993 年第 4 期等。

② 达仓宗巴·班觉桑布著,陈庆英译:《汉藏史集》,西藏人民出版社,1986 年,第 304 页。

③ 蔡巴·贡嘎多吉著,东嘎·洛桑赤列校注,陈庆英等译:《红史》,西藏人民出版社,1988 年,第 68 页。

隆寺后，安置了许多寺庙庄园[①]。

又如《青史》载："嘉裕哇也周游许多寺庙庄园[②]"；"播冻逝世后，他(达德巴·生格绛称，意为狮子幢)掌管了诺仲等许多寺庙庄园而宏昌讲说和听受教法[③]"。

有的寺主善于经营而使寺院富有。《青史》载：最初他(姑耶·仁钦贡)来寺庙时只有七头牛，还贷有外债黄金五百两，后来他使金银绸缎等物满饰一切内部，牛马成千遍满一切外境[④]。

中原王朝也给寺院、寺主赐封大量庄园。元中央王朝对萨迦第五祖八思巴(1236—1280)极为赏识和尊崇。元朝赐给八思巴等人大量的封地和属民。忽必烈将西藏的13万户封赐给八思巴，作为对他的供养[⑤]。散见于藏汉文史料的帝师八思巴个人的份地还有：在朵思麻的河州一带有属于囊索(为教主派驻各地征收宗教贡赋的代理官员)管辖的庄园，是忽必烈下诏赐给八思巴的[⑥]。这些庄园不负担国库、驿站等汉地、吐蕃的任何差役赋税，有可下五百蒙古克种子的土地[⑦]。此外在黄河上游有撒思加阔即、阔提地[⑧]，当是属于萨迦派的辖区。陈庆英先生研究认为这也是八思巴帝师的私有地。因为除了在乌思藏有一位本钦(即萨迦本钦)外，在"朵甘思的馆觉和朵思麻的临羌，每个却喀都有一位本钦"[⑨]，这显然是因为萨迦派的帝师在朵思麻和朵甘思也占有份地和汤沐邑的缘故。[⑩]

元中央政府对藏传佛教的大力支持，使藏区寺院的经济、宗教势力都得到很大发展。对于藏区的大寺院和八思巴这样身居高位的佛教领袖，由于朝廷丰厚的赏赐，常常拥有大量的寺属庄园和属民。故藏文皇帝圣旨及帝师法旨

---

① 廓诺·讯鲁伯著，郭和卿译：《青史》，西藏人民出版社，1985年，第54页。

② 前揭《青史》第192页。

③ 前揭《青史》第513页。

④ 前揭《青史》第407页。

⑤ 阿旺：贡噶索南著，陈庆英、高禾福译：《萨迦世系史》，西藏人民出版社，2002年，第103页。

⑥ 王辅仁：《西藏佛教史略》，青海人民出版社，1982年，第125页。

⑦ 前揭《汉藏史集》，第170页。

⑧ 《元史》卷63《地理志》第1029页，河源附录中朱思本的注释。

⑨ 前揭《汉藏史集》，第227页。

⑩ 陈庆英：《元代乌思藏萨迦政权及其与蒙古皇室的关系》，《青海社会科学》1986年第3期，第97页。

中，多处提到“不得抢夺寺院所属土地、河流、园林、碾磨等[1]”；“从前彼等领有之经堂、寺庙溪卡、人口、财物，及土地、河水、草场三者等无论是什么，不得依气力夺要[2]”等。

还有一些信徒贡献庄园给寺院及寺主。《青史》载：杰准前往荡玛座前去贡献许多财物时，听说荡玛已逝世的话。因此，将那里的一所庄园也供献给僧伽大众[3]。《红史》载：

蔡巴噶举派高僧楚臣森格到强增寺后，强增寺寺主赠给他寺庙庄园……此后，以帮地方十户长为首的帮地农民和施主噶尔巴等人亦奉献雪普寺庙庄园……后来，施主贡巴夏年等人献庄园和匝兴地方建年巴寺……桑玛献庄园，建通夜诵嘛呢六字真言经之寺。阿顶地方一施主献庄园……阿顶地方一施主献庄园……施主仁钦衮邀请他到贡塘地方，敬献贡塘寺，并在其庄园建诵嘛呢六字真言经之地。此后，祁地方施主桑珠邀请他，敬献札秀包之地……此后，藏地方施主罗追邀请他，敬献波孔庄园，建诵经之地。……他到却赤塘讲法，施主们奉献寺庙庄园……受松杰卓林地方斑那之邀请，由巴坚献寺庙庄园，倡建寺院。[4]

可见，富有的信徒在贡献土地建寺的同时，常常敬献寺庙庄园。藏区大小寺院多拥有寺属庄园及庄园的农奴，因而有大量田租收入。如绛曲坚赞谈到帕竹政权的内部收入时“门嘎尔地方的诸项地租和收入由于加萨地方道路阻塞未能收齐，而且被装入各自的私囊而未到达大囊梭。厥地和雅堆等地的田租和进项被喀脱和杰塘人侵吞，未到达囊梭。雅达宇斯地方的诸项收入亦散失在各地。囊梭由于没有进项岁入，致使不能维持局面[5]。”可见田租等农牧业经营的收入是寺院收入的重要部分。

2. 商业贸易

宋元时期藏区寺院、高僧、封建农奴主、世俗贵族共同垄断了西藏的商业，

---

① 甲央、王明星主编：《宝藏：中国西藏历史文物》(第三册)，朝华出版社，2000 年，第 20～21 页及蔡美彪：《泾州水泉寺碑译释》，见《元史论丛》第 3 辑，中华书局，1986 年。

② 中国社会科学院民族研究所、西藏自治区档案馆编：《西藏社会历史藏文档案资料译文集》，中国藏学出版社，1997 年，第 17～18 页。

③ 前揭《青史》第 127 页。

④ 前揭《红史》第 124～126 页。

⑤ 大司徒·绛求坚赞著，赞拉·阿旺、佘万治译，陈庆英校：《朗氏家族史》，西藏人民出版社，1989 年，第 99 页。

并部分的享有免税的特权。有不少僧人和寺庙，在寺庙附近组织集市贸易，从中收取财货作为税利。如 1073 年，贡却杰布修建萨迦寺，创建了萨迦派。他们“开设商市”以盈利，萨迦派“经商贩运等”所需的徭役，对寺属百姓及贵族所属百姓来说是一项沉重负担①。如绛曲坚赞指责他财产的管理者“(敦巴他)还向绛干和梅朵地力赊销茶叶和马匹”；“其债款折合金子一千余两”。可见商业交易量不小。又《朗氏家族史》谈到绛曲坚赞与高僧侍者、善知识和俗官间买卖“糌粑和青稞②”之事。《青史》载，多杰勒巴呈康区降雹时来了约百驮骆驼运物，他收税而获得许多青稞麦，即以此财物修建了邬汝夏寺③。

寺院喇嘛是商业交易中的直接经营者。如《红史》载：有在热夏玛色地方做买卖的喇嘛本④。又藏文皇帝圣旨及帝师法旨中，多处提到不得向某个寺院征收商税的问题，说明在西藏地方寺院是经营商业贸易的。如忽必烈皇帝在牛儿年(1277 或 1289 年)六月三十日颁发给甘肃泾州花严海水泉禅寺首领的圣旨中，就引证“成吉思汗皇帝、窝阔台皇帝的圣旨”：

“…… 兹按以前的圣旨……向绒地的拉洁·僧格贝颁发了所持则圣旨，在他的寺院、房舍里……不得征收地税、商税⑤。”

公元 1306 年(藏历阳火马年，元成宗大德十年)桑杰贝帝师法旨：

“奉皇帝圣旨

口口口口法旨

以昆顿为首，居于博东叶⑥的善知识和僧众等人们，敬天奉法，依体例住坐。遵照皇帝圣旨，不得征收先前未征之兵差、食物、乌拉；不得随意索取商业税⑦。”

当时皇帝圣旨及帝师法旨都提到不得征收一些寺院及僧人的商业税，说明寺院、僧人经商是被容许的且很普遍。

---

① 前揭《朗氏家族史》第 271 页。

② 前揭《朗氏家族史》第 201 页。

③ 前揭《青史》第 126 页。

④ 前揭《红史》第 127 页。

⑤ 甲央、王明星主编：《宝藏：中国西藏历史文物》(第三册)，朝华出版社，2000 年，第 20～21 页及蔡美彪：《泾州水泉寺碑译释》，见《元史论丛》第 3 辑，中华书局，1986 年。

⑥ 博东叶属于萨迦辖区，位于萨迦正北方向，拉孜东北，觉朗寺与萨迦寺之间。

⑦ 中国社会科学院民族研究所、西藏自治区档案馆编：《西藏社会历史藏文档案资料译文集》，中国藏学出版社，1997 年，第 17～18 页。

每年中原至西藏的往来经商的人很多，其中许多是僧人。《永乐大典》卷19421载："今乌思藏等除小站七所勿论，其大站二十八处，递送西蕃布施，来往之使实繁。"[①]《永乐大典》卷19420《站赤》载："自大德九年至十年正月，西蕃节续差来西僧八百五十余人，计乘铺马一千五百四十七匹，至甚频数。"[②]

除了皇帝的丰厚赐予驱使蕃僧往来频繁外，还有一个重要原因是携带私货贩卖获利颇丰。《永乐大典》卷19420《站赤》载：

"西蕃河西高丽动以赴上拜见为辞，遣使驰驿不下百余匹，其间装驮己物，以营私利。"[③]

西蕃贡使很多都携带私货营私利。元代西藏与中原王朝的贡赐贸易很多是由蕃僧进行的[④]。寺院因其多方面的社会联系，所经商的范围比较广泛，有西藏的羊毛、药材等土特产，有内地的茶叶、布匹等生活用品，寺院通过一系列的商业活动，尤其是采用低买高售的经济手段，积累起越来越多的经济财富，商业利润由此成为寺院的一项经济收入。

3. 高利贷

寺院不仅自己经商，有时也将资本借贷与商人，通过职业商人的经济活动放贷来分得经济利益并获取利润。如帕竹政权的绛曲坚赞指责他的内管家"操纵向杰塘、萨团和吉琼诸地放债权"[⑤]，使得帕竹政权的经济出现危机。公元1307年(藏历阴火羊年，元成宗大德十一年) 桑杰贝帝师法旨中载，对西夏鲁寺管辖之寺庙属民们，"不得强行借贷"。[⑥] 可见高利贷也是经济收入的一个方面。

二、信徒的布施及讲经传法的酬劳是寺院经济收入的主要来源

信徒的布施及讲经传法的酬劳也是寺院的主要收入来源。藏区的大小寺院，各自拥有不同的势力范围，各自拥有众多的土地、牧场、牲畜、奴隶属民，各自依靠的政治势力也是不同的，他们都有自己的经济后盾，即比较固定的施

---

① 《永乐大典》卷19421《站赤》第7231页。

② 《永乐大典》卷19420《站赤》第7224页。

③ 《永乐大典》卷19420《站赤》第7226页。

④ 汤开建、杨惠玲：《宋金时期安多藏族部落与中原地区的马贸易》，《中国藏学》，2006年第2期。

⑤ 前揭《朗氏家族史》，第99页。

⑥ 前揭《西藏社会历史藏文档案资料译文集》，第17～18页。

主。这些施主一般都是大贵族,他们对寺院的经常性布施,实际上是一种政治与经济的联盟。从当时举办的两次全藏性法会的布施收入,可见寺院经济收入情况之一斑。1277 年,由忽必烈为施主,八思巴在后藏的曲米仁摩(今日喀则市境内)地方的曲德钦波(大寺院)举行大法会,卫藏康各地 7 万僧侣参加,历时半月,除法会用销外,参加法会的每一僧人得一钱金子①。又帝师贡噶罗追坚赞贝桑波在 24 岁时返回吐蕃,他用接受的大量布施,造金汁书写的藏文大藏经《甘珠尔》,并将他收集到的大量印度学者所写的论释译成藏文。其次,他还用部分财产为先师设立了期供,向在世之上师们奉献礼物,向僧众发放布施,向众穷人施舍财物。尤其是当他返回萨迦大寺后,给数万名僧人每人发放一钱黄金的布施,并为数万名僧人参加的发心大法会做了布施……他为卫藏之众生弘扬佛法,布施了大量的财物②。

化缘是僧人以佛的名义要求尘世贵族或平民所付给的物质资助,寺院有广泛的民间布施收入。佛教规定,出家僧人可以依靠化缘为生。不管地位多高的僧人,都可伸手向人要求施舍。施舍的数量不受限制,即所谓"千金不算多,一文不算少"。佛教的这一传统经济行为,被佛教僧人长期留传下来。无论是日常的佛家生活,还是公共的佛法节日,寺院都会利用所能利用的一切机会向世俗贵族、平民化缘从而获得不同程度的物品和钱财。每到秋收时节,喇嘛们纷纷外出化缘,民众照例慷慨布施,银、钱、粮、牲畜、酥油、土地、庄园,无所不收。如《青史》载:"(阿底峡)在耶巴驻锡的期间,仲敦巴去到帕村等地募化黄金,获得许多财物资具而回到耶巴③。"又噶玛巴四世活佛在应元朝皇帝邀请去大都的路途中,一路收到信徒的布施。(噶玛巴四世活佛)依次受到三湖地区(三江流域)的军站站户们的供奉承事,奉献无数布施④。

布施的具体形式是多种多样的,有钱币,有衣物,有食品以及土地等。如《青史》载:"在他(拉杰大师)住在楼房中时,有一王妃贡献来青稞麦一百驮和酥油一百克(一克合二十藏两)⑤。"教徒还捐献(拉杰大师)糌粑酒⑥。

---

① 前揭《萨迦世系史》,第 142 页。
② 前揭《萨迦世系史》,第 172 页。
③ 前揭《青史》第 172 页。
④ 前揭《红史》第 98 页。
⑤ 前揭《青史》第 82 页。
⑥ 前揭《青史》第 82 页。

寺院通过给民众的生丧嫁娶做祈祷的宗教活动和讲经传法所获酬劳是寺院经济收入的另一主要来源。藏民凡有婚丧、播种、兴工、出行等生产、生活活动及遭遇病痛，无不延请喇嘛念经，为此付出大量酬劳。这也是寺主个人私有财产的一个重要来源。同时，寺院每年都要定期举行念经活动，教区信徒照例要负担某些费用。如：

"（噶玛巴四世活佛）对朵、卫地方的僧众讲了许多教法，得到无数布施[①]"；

"（克珠香敦）对于世间没有贪恋，将家产完全卖出后，为父母培福超荐而作布施僧伽十一次[②]。"

"大译师班钦由三喜之门（敬信、财物、服侍三种以为供养）使师生喜[③]，而获得由侠哇惹亲传给他（班钦）的《瑜伽六支》。"

"某时，一位没有子嗣的大富人家，把所有财产作为三佛田供养奉献给邓萨梯寺。[④]"

佛教高僧讲经传法，使用笼络、许愿等手段，把财富（包括黄金、土地和其他财物）积聚起来。当时一些著名僧人，徒众竟有数百人至数千人之多[⑤]，这也使佛教僧侣聚敛了大量财富。《米拉日巴传》载，在亚隆有一位喇嘛名聂·雍敦濯杰说：

为求我这个法术，有从上部阿里三围来的，供养成百上千的黄金和松耳石；有从下部多康三岗来的，供养成百上千的茶叶和绸缎；有从中部卫藏四翼来的，供养成百上千的氆氇、酥油和青稞；有从甲尔、达波、工布三处来的，供养成百上千的牛马羊群[⑥]。

还有米拉日巴的师傅玛尔巴译师，是一位大地主，拥有许多土地、牧场和牲畜，从事商业、种田等活动。他有包括米拉日巴的众多弟子，实际上都是以供养上师的名义，在庄园里为他种田造屋。对家境好的弟子，他可以随时要求他们的各种供养，有时甚至要求他们将全部财产都贡献给他，如他的一位弟子俄巴大师参见他时：

---

① 前揭《红史》，第 99 页。

② 前揭《青史》，第 488 页。

③ 前揭《青史》，第 535 页。

④ 前揭《直贡法嗣》，第 72 页。

⑤ 前揭《直贡法嗣》，第 110 页。

⑥ 桑结坚赞著，刘立千译：《米拉日巴传》，四川民族出版社，1985 年，第 37 页。

俄巴大师除了把马尔巴上师赐的有加持力的佛像圣物留下外，其余所有佛像经塔，金银绫罗，以及家中的用具等都收拾好。有一只跛脚牝山羊，因为赶不上畜群，只好留下，别的一切财产全部准备带走①。

玛尔巴法师传法的条件是，受法者要经过苦役磨炼，并要把他的全部财产都贡献给他。至于米拉日巴这样的穷苦弟子，就是不停地为其服劳役，修屋、种田等等。若“没有供养，这个师父是决不会传法的②”。

宁玛派的素尔波氏从卓弥译师接受“道果教授”，曾献金百两③。学成后，其养子小素尔想跟他修习密法，因无钱不传。他要小素尔与一家有钱母女结婚，利用他们的钱财学法，学成后再遗弃他们母女。后来小素尔也因收徒传法而成为巨富④。这些佛教僧侣在聚敛和搜刮财物方面是十分贪婪、不择手段的。如僧巫念经作法，谓能消除雹灾，借此向村民索取捐款，称防雹捐。⑤

蕃僧为皇室传法得到的收入更多。如：噶玛巴四世活佛为皇帝父子二人传授教法。“赐给他两锭碎金子，一锭整块的金子作为供养⑥”；“传授灌顶，奉献黄金三锭、各色绸缎作为供养⑦”；“雍敦巴少年时即由皇帝召到汉地，他常现舞蹈形态，当多数人民种稻季节发生大旱时，民众请求皇帝派来求雨师时，皇上派他去修法，他祈祷三宝而获得大降甘霖，皇上大喜赏赐了许多财物。由此有大量财富而返西藏⑧”。

宗教对僧徒信众的吸引力和号召力是不可低估的，许多愚昧无知的信徒心甘情愿地为讲经传法的僧人佛爷服种种繁重的劳役，为修得来世甚至不惜奉献自己的一切财物。

有贡献黄金者。《青史》载：出生于1137年的章巴仁波伽多杰弥觉来到师前，“供上沙青骏马一匹和黄金一两⑨”；“对上师的承侍服役，如在格巴和耶巴

---

① 前揭《米拉日巴传》，第78页。

② 前揭《米拉日巴传》，第69页。

③ 道果，系萨迦派教义中特有的内容。主张止恶修善，断除“我执”欲念，才能求得来世幸福。

④ 王森：《西藏佛教发展史略》，中国社会科学出版社，1987年，第43页。

⑤ 前揭《米拉日巴传》，第75页。

⑥ 前揭《红史》第104页。

⑦ 前揭《红史》第105页。

⑧ 前揭《青史》第100页。

⑨ 前揭《青史》第196页。

等处，生起大福德，而能以一百多巨帙经卷和沙金一升供于上师（藏升：一升可盛青稞一斤多）。据说所贡金，一年届八岁的少女也拾不动[①]”。梁堆人诺吉阁哇为求法，“在热穹巴座前供献黄金曼遮[②]”；“又荡仲敦巴的弟子梁巴松杰巴……来到正吉和荡仲敦巴相见，他供上黄金五钱[③]。来见时见至尊弥拉坐在磐石上，遂供上黄金一小块和茶一包[④]”；“（垛敦扎巴生格）在这里和温钦温波顶真让波（定贤）相见；并供上黄金一两[⑤]”；“（达隆汤巴大师扎喜伯）以一钱黄金请作为“曼遮”的供养[⑥]”；“（芒嘎那）遂以黄金十一两、画像十三轴和‘一味’的证悟情况等供献于桑杰雅郡座前”[⑦]。

有贡献庄园、马匹者。《青史》载：“（达敦觉耶）有七年一日也不离开师座（细波上师）而依止……并由三喜（财、物、服侍）之门而令师生喜……愿随师所喜而作……特别是对于细波上师他将自己所有庄园出卖以建立四次法轮会……先后共计施出良马七十四匹[⑧]”；“（绛秋欧珠）到上师垛巴座前很好地听受胜乐灌顶及密续”，此后他携带了以骏马两匹为首的许多供物来到拉萨[⑨]”；“（峨巴达协给芒嘎那）供献马二百九十八匹”[⑩]等。

有贡献松耳石、茶者。《青史》载：“（巴操·尼玛扎到克什米尔）听受教法，一直学习到二十三岁，回到西藏时，布仲寺僧伽共同贡献他一颗极佳的松耳石，而请求他翻译杠哇伯（满增）所著《俱舍论释》[⑪]”；“（堆松钦巴）他寄到岗波去的供礼有七块大松耳石、茶以及牛七十头等物。此后他去到妥居而来到前藏复供上岗波礼物有金书《十万般若波罗蜜多经》四部，全部经藏计一百一十函，十块大松耳石、牛马五十头等物[⑫]。”

有供献马鞍、盐、红糖者。《青史》载：“（帕摩住巴多杰嘉波）年届十九岁时

① 前揭《青史》第197页。
② 前揭《青史》第289页。
③ 前揭《青史》第295页。
④ 前揭《青史》第298页。
⑤ 前揭《青史》第344页。
⑥ 前揭《青史》第399页。
⑦ 前揭《青史》第410页。
⑧ 前揭《青史》，第98页。
⑨ 前揭《青史》，第310页。
⑩ 前揭《青史》，第411页。
⑪ 前揭《青史》，第228页。
⑫ 前揭《青史》，第313页。

去到前藏，在堆隆甲玛地方交给马鞍而在格西约座前请求旁听讲《中现》和《量释论》[①]”；“(法王章巴·耶协多杰)他仅以一升盐作为见面礼品而求得许多讲授[②]”；“(谟觉巴·仁清准珠)遂以红糖作见面礼物，来到师前启白说我是香巴的弟子[③]”等。

有贡献酒、人役者。《青史》载：“杰巴父子伟大的功德是：……当上师行至曲须时，他预办了以三十驮酒为带头的礼物前去迎接[④]。以阿夏·甲嘎哲任译师，一年中对译师供应人役和马三十匹，法事完毕时的酬谢，供黄金三十两及散金三十两共六十两，而使其欢喜……[⑤]”等。

三、西藏地方封建割据势力及宋元中央王朝的丰厚赏赐是寺院经济收入的重要来源

西藏地方封建割据势力及宋元中央王朝的丰厚赏赐是寺院经济收入的重要来源。佛教后弘期开始就是在西藏地方封建割据势力的财力支持下发展起来的，此后双方联系更加紧密。

从11世纪中叶开始藏传佛教形成宁玛、噶当、萨迦和噶举教派外，还有希解派、觉域派和觉囊派等其他小派。这些教派的出现同各地方的封建领主的势力范围的确立是同时出现的。佛教的复兴过程中，得到包括统治阶级在内的社会各界的支持，逐渐在民间扎根，藏族社会各阶层开始广泛信仰。世俗割据势力，不仅争相延聘高僧，组织人员译述佛经，修复了拉萨大小昭寺、昌珠寺、桑耶寺等寺院，而且极为慷慨地出资赞助建立寺院，贵族们将田庄、牧场、牲畜与农奴施舍或奉赐给寺院、僧人，寺院经济也以各种形式出现在西藏各地。许多教派为获得经济支持和壮大势力也纷纷与地方势力(主要是家族势力)结合，形成宗教和政治二位一体的政教结合体，使教派利益和地方势力的利益相得益彰，较好地适应了封建割据的政治斗争的需要。在地方封建势力的支持资助下，寺院所有制经济也随之发展起来。

10世纪后半期，阿里地区的古格拉德王十分尽力于佛教的发展。为表示

---

① 前揭《青史》，第361页。
② 前揭《青史》，第432页。
③ 前揭《青史》，第481页。
④ 前揭《青史》，第498页。
⑤ 前揭《青史》，第498页。

对佛教高僧仁钦桑布的尊敬，就把普兰的协尔地区作为封地封赐给仁钦桑布，以作为仁钦桑布的供养庄园[①]。自此，寺院高僧私人庄园出现。寺院僧人有了自己固定的经济财产，佛教僧人个人也有了自己直接控制和管理的封建庄园，由原来依靠布施、薪俸的僧人，转变为掌握着一定生产资料的宗教封建农奴主。

这从大量藏文史料记载中可以看到，如《青史》载："总的说来，新旧教主，宰官显宦，贵族僧侣，以及霍尔的大人物和官吏、庄园主等都前来座前亲近[②]"；"(嘉哇仁波伽)他的功德美誉，远播他方，胡那王也从上区对他作三次盛大供养。此外还有生嘎岭、底惹都底、亚泽等王也对他供了许多财物[③]"。

许多佛教高僧本身就出身富家。略嘉哇拉朗巴：此师系略译师的后裔。父亲富有佛法和世间的大财富[④]。漾贡巴的弟子敬安·仁清敦(具宝)：……诞生在定日地方，父母都是积蓄富有者[⑤]。树普哇的弟子为著名的法王坝惹哇，此师系香区巧隆巴·温绷大头人的儿子[⑥]。所以寺院与西藏封建领主有千丝万缕的联系，藏区地方封建割据势力的财力资助，是藏区寺院经济收入的重要来源。

宋王朝把佛教作为其招抚蕃部的一种工具和手段，尊重蕃部信仰，大力提倡佛教，弘扬佛法，借助佛教的影响力，采取"以蕃俗佞佛，故以佛事怀柔之"[⑦]的政策，企图从心理上安抚吐蕃人民，使其归附宋王朝，客观上推动了安多藏族部落佛教的发展。宋王朝给归顺蕃僧加官晋爵，给以优厚的俸禄。《长编》熙宁七年(1074年)卷249载：

赏收复洮、岷等州功。……西京左藏库使桑湜等八人各迁三资，蕃官李楞占纳芝、温裕勒等十一人各迁两资，蕃僧马遵九人给奉职至指挥使俸。[⑧]

《长编》元丰三年(1080年)正月卷302载：

熙河路经略司言：邈川城主温纳木扎尔颖沁遣首领阿笃等款塞，乞补官

① 王辅仁：《西藏佛教史略》，青海人民出版社，1982年，第79页。
② 前揭《青史》第476页。
③ 前揭《青史》第377页。
④ 前揭《青史》第391页。
⑤ 前揭《青史》第449页。
⑥ 前揭《青史》第450页。
⑦ 张维《陇右金石录》卷3《广仁禅院碑》。
⑧ 《长编》卷249熙宁七年(1074年)辛亥条。

职。诏:补温纳木扎尔颖沁为会州团练使,邈川蕃部都巡检使温锡沁为内殿崇班,僧温拉摩为右班殿直,并邈川蕃部同巡检阿道为本族副军主,僧罗卜藏为罗斯结族都虞侯,月给茶帛有差。[1]

《金史》卷 16 载:

(金元光二年秋七月壬寅朔)夏人犯积石州,羌界寺族多陷没,惟桑逋寺僧看逋、昭逋、厮没,及答那寺僧奔鞠等拒而不从。诏赏诸僧钤辖正将等官,而给以廪禄。[2]

因蕃僧在吐蕃部族中地位较高,故宋金王朝给蕃僧官爵"以职名羁縻之[3]",优待、招抚蕃僧就可以招附蕃僧控制的蕃部民众。而给蕃僧"加官爵"又提高了他们在藏族部落的地位,刺激了藏族部落佛教的发展,客观上促进了寺院经济的发展。

元王朝治藏的基本政策,就是在政治上和宗教上扶持萨迦势力作为自己在西藏的代理人,萨迦派成为元朝在西藏推行各项行政统治措施的得力助手和忠实合作者。因而元朝政府给予萨迦势力经济上的支持和资助。萨迦派不仅在政治上拥有特权,而且在经济上拥有特权。"在这时教派得到很大的权力,成为一个与贵族平起平坐的新势力,并逐渐代替了贵族;寺院拥有特权,垄断土地和财富[4]"。忽必烈封八思巴为帝师,赐给大量珍宝财物,八思巴 36 岁的 1270 年,当皇帝再次请求八思巴传授灌顶之时,改西夏甲郭王的玉印为六棱玉印,连同诏书一并赐给,封八思巴为"皇天之下、大地之上、西天佛子、化身佛陀、创制文字、辅治国政、五明班智达八思巴帝师"。所奉献大供养为白银一千大锭、绸缎五万九千匹,还有每次见面时所送的礼品及哈达、银币等。仅皇帝临时奉献的礼品据说总计有黄金一百多锭、白银一千锭、绸缎四万多匹[5]。皇帝自任佛教的施主,其皇子、后妃、公主、宗王、大臣等也纷纷效仿,以西藏封建僧人为上师,布施钱财,顶礼膜拜。……除帝师萨迦本钦外,西藏各个地方势力的许多僧人都受到了元朝的封赏。

---

① 《长编》卷 302 元丰三年(1080 年)正月癸巳条。

② 《金史》卷 16《宣宗纪》。

③ 《长编》卷 264 熙宁八年(1075 年)五月乙亥条。

④ 〔意〕杜齐著,李有义、邓锐龄译:《西藏中世纪史》,中国社会科学院民族研究所,1980 年, 第 6 页。

⑤ 前揭《萨迦世系史》, 第 141 页。

时　间	赐者	被赐者	赏　赐	材料出处
9 世纪	赤热巴巾	堆垅浦地方建寺院	土地、牧场、法器、财物、牲畜	
10 世纪后期	古格拉德王	仁钦桑布	乍布朗附近的谢尔等三处庄园	《藏族史要》
1074 年	宋朝	岷州广仁禅院	官田五顷	《长编》卷 254
	汗王	噶玛噶举派大师噶玛拔希	金印和一千锭银子等无数财宝	《红史》页 81
1305 年	元朝	帝师辇真监藏卒	赙金五百两、银千两、币帛万匹、钞三千锭	《元史》卷 21《成宗纪》
1311 年	元朝	赐国师板的答	钞万锭	《元史》卷 24《仁宗纪》
1312 年	元朝	赐西僧	金五千两，银二万五千两，币帛各三万九千九百匹	《元史》卷 24《仁宗纪》
1313 年	元朝	赐西僧搠思吉斡节儿	钞万锭	《元史》卷 24《仁宗纪》
1313 年	元朝	帝师赙金	金五千两、银一万五千两、锦绮杂彩共一万七千匹。	《元史》卷 202《释老传》
1317 年	元朝	给帝师寺	廪食钞万锭。	《元史》卷 26《仁宗纪》
1320 年	元朝	赐西僧沙加	钞万五千贯	《元史》卷 27《英宗纪》
1321 年	元朝	赐西番萨迦地僧	金二百五十两，银二千二百两，袈裟二万，币、帛、幡、茶各有差	《元史》卷 27《英宗纪》
1321 年	元朝	帝师公哥罗古罗思监藏班藏卜	赐金千三百五十两、银四千五十两、币帛万匹、钞五十万贯。	《元史》卷 27《英宗纪》
1322 年	元朝	赐西僧班吉	钞五万贯	《元史》卷 28《英宗纪》
1326 年	元朝	帝师以疾还撒思加	赐金、银、钞、币万计	《元史》卷第 30《泰定帝本纪》
1329 年	元朝	帝师舍利还其国	金五百两、银二千五百两、钞千五百锭、币帛五千匹。	《元史》卷第 33
	元惠宗	法王饶迥多杰	奉献无数财宝、金锭，多次派人携带重礼	《红史》页 89、90
	米雅仁莫地方一俗人	法王饶迥多杰	二百两金子	《红史》页 90
	皇帝	噶玛巴四世活佛	锭金子、三锭银子和各色绸缎各三匹。	《红史》页 97
	朵甘思地方	噶玛巴四世活佛	马七百多匹，金子二千多两，砖茶五百块及银子、虎豹皮、犏牛皮、黄牛皮、绸缎	《红史》页 102
	皇帝	噶玛巴四世活佛	黄金一锭、白银三锭、内外衣物及九牲两群	《红史》页 103
	皇太子	噶玛巴四世活佛	黄金一锭，赐给随从的八名老格西缎子各一匹，赐给众随从三十匹绸缎，并拨给一百七十人侍奉	《红史》页 104
	皇帝	噶玛巴四世活佛	黄金二锭，白银三锭，小汗赠黄金一锭，内、外衣一套	《红史》页 104
	皇帝	法王德新协巴	白银一项就有大银翘宝七百颗①	《青史》页 331

① 前揭《青史》第 331 页。

元朝皇室在为兴办佛事，兴建庙宇佛塔，赏赐帝师国师，泥金写经以及回赐蕃僧来贡等方面，耗财甚巨，其用度之大是惊人的。大德二年(1298 年)时，据右丞相完泽说，国家岁入金一万九千两、银六万两、钞三百六十万锭，然而每年支出要超过收入一倍。在元朝财政支出中，布施蕃僧、赏赐寺院及资助其宗教活动占了相当大的比例。当时有人指出："罄竭帑藏以供西僧好事"，"今国家财赋、半入西番[①]"。纵使没有如此严重，但用于吐蕃僧侣的开支巨大，总归是事实。单以表看朝廷对吐蕃僧人赐赍来说，数额就很庞大。这使某些具有特权地位的西藏僧人手中便聚集了大量财富，如西藏僧人必兰纳失里家中所拥有人畜、土田、金银、货贝、钱币、邸舍、书画、器玩以及妇人七宝装具等，"价直钜万万[②]"，这是一个突出的实例。藏文史籍《青史》上说，这时绝大部分萨迦派三藏法师都只是追求利禄，满足于饮食男女等俗世享乐。这同以上《元史》中有关记载是一致的。

总之，宋元时期藏区的寺院经济不同于吐蕃时期，僧侣生活主要靠王室供给，是受世俗统治阶级豢养的依附型经济。此时，尤其到 13 世纪以后，寺院通过占有大量生产资料和庄园，经商务农，通过讲经传法和化缘等宗教活动，依靠特殊的社会政治地位及封建割据势力和中原王朝的丰厚赏赐，逐步形成了寺院经济稳定而又多元的收入格局。

（作者：杨惠玲，西北民族大学历史文化学院副教授）

① 〔明〕杨士奇：《历代名臣奏议》卷 67《郑介夫上一纲二十目》，台湾影印文渊阁四库全书本。

② 《元史》卷 202《释老传》，第 2872 页。

止贡噶举派创始人仁钦贝生平研究

【摘　要】 止贡巴·仁钦贝是藏传佛教史上著名的密宗大师,对藏传佛教噶举派的发展做出了重要贡献,在藏传佛教史上具有重要的历史地位和宗教影响。文章通过《止贡法嗣》等记载,评述了仁钦贝的重要事迹。

止贡噶举派在西藏历史上的地位非同一般,该派最辉煌的时期曾经有“山皆止贡山,坝皆止贡坝”的说法。止贡噶举派的创始人止贡巴·仁钦贝是藏传佛教史上著名的密宗大师,具有重要的历史地位和宗教影响。本文就止贡噶举派的创始人止贡·仁钦白的生平作一简要剖析。

一、止贡巴·仁钦贝的家族及其出生

止贡巴的家族被称之为居惹氏家族,该氏族源自于古代藏族六氏族[①]之一的柱氏。止贡噶举派认为止贡巴的祖先是威名远播的柱·达国。柱·达国晚年娶绒氏为妻,并生有三个儿子,即柱·尼玛那、柱·尼玛查、柱·尼玛噶尔。其中柱·尼玛噶尔有子苏改、雅改、玛改三人。苏改的儿子因少了一根小指头,故被人称之为“天所赐的居惹九指大士太白”。此后,从

① 吐蕃原始六氏族神话传说中由猿猴繁衍来的吐蕃远古六氏族。即色、木、董、东、惹和柱六氏。

苏改的儿子传出了其后嗣——雅尔、桑、种三代,其后从这三代中又传出了居惹氏家族。

居惹氏家族生活在康区,早先信奉宁玛派,家族中“不断出有宁玛(旧派)的成就师”。[①] 如止贡巴的祖先阿美楚成加措是一个著名的宁玛派瑜伽士,他的妻子曲吉卓玛被止贡派奉为“祖母护法神”。对他们二人的结合,在止贡噶举派有着神奇的传说,说《大方广菩萨藏文殊师利根本仪轨经》中对曲吉卓玛有预言,称她是金刚空行母化身之化身,法力高深,她是主动嫁给阿美楚成加措的。阿美楚成加措与曲吉卓玛先后生下朗喀旺久、白嘎旺杰、那嘎巴索朗白、嘎尔东柱希等四个儿子,他们均具备诸多士夫功德。

曲吉卓玛的二儿子白嘎旺杰咒师有堪布达玛、贡觉仁前、尊巴拔瓦、瑜伽师多吉等四个儿子。其中四子瑜伽师多吉修炼怖畏金刚获成就,相传他能够使那些傲慢自满者成为其奴隶。后来多吉娶惹吉氏为妻,于公元 1143 年在康区邓柯地区生有一位儿子,而此人就是后来闻名遐迩的止贡噶举派的创始人——止贡·仁钦贝。

仁钦贝意译为“宝吉祥”,他的另外的名字叫“吉丹贡布”,意为“世间依估”,又尊称为止贡巴。如前文所述,仁钦贝所属的居惹氏家族(又译为居热家族)是个宁玛派世家,所以他从小就学习宁玛派的教法。他聪敏好学,据说四岁时就会读写,九岁时就会替人念经。父亲是他学习佛法的启蒙老师,仁钦贝从父亲处学习了怖畏金刚修法,这应属于新密法,说明此时的居惹氏家族新旧密法并传。另外,他还从叔伯堪布达玛和热振贡钦、至尊阔瓦龙奇等尊前听受各种显密教法。

但是仁钦贝的童年生活却并不是一帆风顺的。仁钦贝的父亲过世后,由于家里生活拮据,幼小的仁钦贝在学习佛法之余便挑起养家的重担,仁钦贝通过给别人念经来获取报酬。据说,有一次有人给仁钦贝一只山羊作为他念经的报酬,但是由于他年幼力小,在一个盘石上被山羊拖曳,传说仁钦贝在盘石上留下足印,后来被人称为“山羊拖曳所留下的足印”。生活的磨难,使仁钦贝比其他同龄人更早成熟,也促使他更加勤奋的学习佛法。噶举派的史书对他童年时期的诵经生涯多有美化,如云:“某时,遇到灾荒,至尊(指止贡巴——引者)把念经所得报酬全送给了受灾人,救活了许多人的性命。有一个叫加其苏

① 廓诺·迅鲁伯著,郭和卿译注:《青史》,拉萨:西藏人民出版社,1985 年第 387 页。

的强盗来欺侮至尊，结果，强盗丧命于他人刀下，其同伴也都发疯了。因此，至尊的咒术之力量人人皆知。在多康，许多大人物追随至尊，求得灌顶教授。”①

总之，止贡巴出身当地较有名望的家族，并受到了良好的佛教和传统文化方面的教育，具有卓尔不群的气质，为人颇有胆识和同情心。他所受的教育和生活中的磨炼，为其以后的发展奠定了基础。

二、止贡巴·仁钦贝师从帕木竹巴上师

止贡巴·仁钦贝之所以能成为一代大师，与其上师帕木竹巴·多吉杰波(1110—1170)的精心培育是分不开。从师承上说，止贡巴是噶举派的第五代传人，即玛尔巴——米拉日巴——塔波拉杰——帕木竹巴——止贡巴。帕木竹巴生于康区金沙江流域的哲垅乃学地方，属韦哇那盘托家族。他 9 岁出家，19 岁时从一富人入藏游学并遍习噶当、萨迦、宁玛等派教法。因他在显宗方面学有成就，人称“却擦哇”(意为热心佛教的人)。帕木竹巴后投在达波拉杰门下，习“俱生和合法”、“大手印法门”。公元 1134 年，帕木竹巴跟从甲律师受比丘戒，学《戒律本论》。又从玛尔·却吉坚赞(洛穷弟子)、瓜译师、萨钦(萨迦初祖贡噶宁布)等人习密法。帕木竹巴学成之后返回康区并在蔡岗地方收徒传法、著书立说。所著《噶古酿格》，阐述了他的教法。公元 1158 年，他到山南帕木竹地方建丹萨梯寺，在此传法直至去世。帕木竹巴的门徒众多，形成 8 个分支，止贡巴创立的止贡噶举就是其中之一。

1167 年，仁钦贝从康地跋山涉水来到丹萨梯寺(又译为邓萨梯寺)，投于帕木竹巴门下。相传帕木竹巴对仁钦贝曾高声授记(预言)说：“汝将来一大修士，仅一修士是贤良。”②在此求法期间，仁钦贝的聪敏和智慧使得年近花甲的帕木竹巴对其颇为看重，并视为自己的重要的弟子。帕木竹巴最初让他修习发菩提心③(这是噶当派基本教法)，并赐名强久森巴仁钦贝菩提萨埵宝吉祥。史书中对仁钦贝求法的具体细节没有记述，只是较为笼统地说道：“把显密所有甚深教法，像从一个瓶注入另一个瓶一样，全部传授给仁钦贝。”④类似的记

① 《直贡法嗣》第 65 页。

② 廓诺·迅鲁伯著，郭和卿译注:《青史》，西藏人民出版社，1985 年，第 387 页。

③ 菩提心为利他为缘，证菩提为相而生起希求成正等觉的殊胜欲望，为大乘道主干的特殊心思。此分愿菩提心和行菩提心。

④ 直贡·丹增白玛坚参著，克珠群佩译:《直贡法嗣》，第 66 页。

述方式在藏传佛教传记文献中虽较为常见，但它是指上师和弟子之间关系密切，上师毫无保留地把教法传给弟子，视弟子为自己的传人。作为丹萨梯寺的一个新入门的弟子，能获得上师如此高的信任，固然和其勤于学法分不开，但更重要的是相比较寺里其他人，仁钦贝是一个悟性很高，并且非常善于体会上师心理的人。

史书中倒记述有帕木竹巴师徒之间的一些故事，而这些故事有利于我们了解当时仁钦贝的一些作风。一次，帕木竹巴把林热巴①、达隆塘巴②、仁钦贝三大弟子叫来，给他们每个人一庹氆氇，命令各作一顶修行帽子。达隆塘巴用这条氆氇作了一顶称为达米玛的小帽，达隆噶举派至今保持着戴这种帽的传统；林热巴在做的过程中没有事先设计好便把氆氇的一角剪了下来，因此氆氇便缺了一块不够做帽子，林热巴就只好作了一顶前面是布的帽子；而仁钦贝觉得上师既然作出这样的要求，其中就一定有因缘。于是他就另外又加了一庹氆氇，做了一顶称为模约玛的超过林热巴和达隆塘巴的特大帽子，来表明自己未来修行成就大、教派昌盛，由此也显示出了殊胜了因缘。

又有一次，上师对达隆塘巴和仁钦贝说："雅恰藏布江的水，今天好像在往上流，你们去看个究竟。"按上师的指示，达隆塘巴和仁钦贝都去看了。达隆塘巴回来报告说："雅恰藏布江水正在往下流。"而仁钦贝又仔细揣摩了上师所说的话，心想上师的话语肯定有另外的含义。所以仁钦贝回来禀报说："江水正在往上流，把卫藏多康三地都淹了。"意思是帕竹噶举教派将日益昌盛，传遍卫藏多康三地。仁钦贝的这种回答，自然能赢得上师的赞赏。

学法期间，仁钦贝与其他寺僧相处得也十分融洽，也颇得同道之敬重。有一段时期，由于仁钦贝对格西桑耶巴的一些行为很失望，对周围僧众的敬信也随之有所减低。后来仁钦贝认为自己的想法与佛法的修行习是不适合的，于是他便在心里观想每个僧伽头上都有上师，在他们每人面前顶礼三遍，结果又恢复了敬信。对于仁钦贝的这种行为，最初有些僧众说他装模作样，但是后来

---

① 林热巴：本名白玛多吉（1128－1188），宋代藏传佛教噶举派高僧，生于后藏年堆（今江孜地区）。38 岁从帕木竹巴学道。其弟子藏巴甲热在拉萨河畔朗木地方建主寺，形成主巴噶举派。

② 达隆塘巴：本名扎西贝，宋代藏传佛教噶举派高僧，生于噶斯家族。24 岁为帕竹近侍，尽得其传，帕竹逝世后，又从墨竹且噶巴学噶当派教法。39 岁在博朵瓦旧居处建达隆寺，形成达隆噶举派。

都了解到了仁钦贝的真诚,都一致认为仁钦贝是一位敬信究竟者。

仁钦贝也得到帕木竹巴大弟子主巴噶举的创始人林热巴的尊重。有一次寺里举行红糖法筵,林热巴来晚了,因此他应得的一份红糖未得到。于是他捧着颅骨器向大家乞讨,师兄弟每人都给了他一些,上师给得更多。他把装满红糖的颅器捧在手里,唱了 20 首道歌,在法会席上来回走着。其他大弟子都想着林热巴会不会把红糖分给自己一些,但是林热巴却走到坐在末席的刚来丹萨梯寺不久,还不是帕竹的大弟子的仁钦贝座前,将全部红糖连颅器一并赠给了仁钦贝。林热巴的行为大大超出众人意料,大家甚至认为这是他的癫疯之举动。事实上林热巴可谓独具慧眼,他可能也预感到了这位小师弟的与众不同。

此时的仁钦贝虽是一位居士,未曾受比丘戒。但受到了帕木竹巴的格外赏识,将他视为自己法座的继承人,常常说道:“我的丹萨梯寺将由一位十地居士来住持。”居士显然是指仁钦贝,而且称他是“十地居士”,说明在帕木竹巴眼中,仁钦贝不是凡夫,而是修行达到十地的菩萨。一次,当寺里法会解散时,帕木竹巴来到仁钦贝跟前,用手杖在地上戳了三下,口念三遍嗡啊吽,最后用手杖顶住仁钦贝胸口说:“你将获得大禅定,甚至超过大禅定,为此我很高兴。”

公元 1170 年,帕木竹巴·多吉杰波圆寂,仁钦贝共师从帕木竹巴的时间虽然只有两年零八个月,但是他得到了帕木竹巴的真传。仁钦贝对帕木竹巴有着坚定的信仰和深厚的感情,在他的心目中师尊如同真佛。他将以前作为礼物献给上师而上师拒受的那匹母马,甚至连自己所住茅屋的石头都用于修建上师灵塔和经殿,为上师的后事不遗余力。

上师去世后,仁钦贝开始独居山洞,修炼密法,进入了密法的实修阶段。仁钦贝严守戒律,他虽是居士,但发誓绝不近女色。仁钦贝告诫自己供奉饮食的一位女施主,不要单独前来。而那位女施主也有殊胜信念,她表示不会一个人来的,并要坚持供给他三年的修行口粮。从这个谈话我们也可得知,仁钦贝这一次专修了三年。

仁钦贝悟性很高,他能将自身遭遇的苦难和密法的观修,以及众生的苦难联系起来修习,从而有了独特的情感体验。有一时期,仁钦贝在修行的过程中患上了麻风病。这在当时是难以治愈的疾病,他的思绪变得混乱起来,认为染上这种病,世上没有人比他更痛苦、更凄惨,不如死去。但当他再一次给大悲观世音菩萨画像行告别礼时,心里又想到:如果自己死了,还有师尊的秘诀,可以得到往生,又有中阴密法,不用担心来世之事,而这些有情众生比自已更为可怜。仁钦贝从自身的痛苦想到了众生的痛苦,他的思想境界得到了升华,他的心中便产生了强烈的慈悲感。于是,他把强烈的慈悲之心融入身中要穴,进行专心致志的修持。最后治愈了自已的麻风病。为此,众人给仁钦贝送上"驱赶麻风病者"的雅号。此后,仁钦贝认识到遮罪和自性罪应一致,大手印与戒律应一致,因此,1177 年,他拜都松钦巴为亲教师,温孜隆巴为轨范揭摩师,年巴堆增为屏教师,在如数比丘中受比丘戒,并持守素食一座禁戒,成为正式出家比丘。

三、止贡·仁钦贝创立止贡噶举派

(一)止贡·仁钦贝创立止贡噶举派

帕木竹巴自 1170 年圆寂以后,丹萨梯寺处于比较涣散的状态,由向蔡巴代为主持。1177 年,仁钦贝回到丹萨梯寺出任住持一职,仁钦贝处于帕竹噶举领袖的地位。但是这次任职并不成功,在位不到两年时间就匆匆离职了。从史书的记述看,原因有两方面,一是资历尚浅,在寺僧中没有什么威望,缺乏影响力,因此遭到一些排挤也是可能的。另一方面,仁钦贝缺乏寺院管理经验,自已又没有雄厚的财力,寺院经济出现困难,无力维持那么多寺僧的生活。因此在失去了本寺大多数僧众的支持和自身威望不足的情势下,仁钦贝只有无奈离去。

1179 年,时年 36 岁的仁钦贝来到了桑日北部一百多公里处的止贡地方,从他师兄米聂贡仁的手里接收了一座小寺庙,准备在此立稳脚跟。这座小寺庙是 1157 年由米聂贡仁所建。米聂贡仁也是帕木竹巴的弟子,他们二人是师兄弟关系。这里成了仁钦贝活动的中心,他在这里不断积蓄力量。经过仁钦贝的积极努力,寺院不断得到扩建,僧众不断增加。这座小寺庙成为日后著名的止贡替寺,由此传出了止贡噶举派,止贡寺成为止贡派的中心寺院。

止贡派能在此地立稳脚跟并获得长足发展,最直接的原因是止贡的地理位置优越,因为它不仅位于农牧业区的交织地带,而且还是商旅往来频繁的康藏交通要道,因此,在当时相比较周围的其他地方,止贡地区的经济是十分发达的。"没有丰厚的布施,就不会有宗教上的兴盛"[①]。止贡噶举派以止贡地区

---

① 房建昌:《止贡噶举派在西藏的兴起及发展》,《西藏研究》,1988 年第 2 期。

为中心，形成了一个不小的止贡派势力范围。随着止贡噶举派在此地的迅速崛起，也促进了止贡地区的繁荣。

(二)止贡·仁钦贝重返丹萨梯寺及与达隆塘巴之间的纠葛

1. 止贡·仁钦贝重返丹萨梯寺的原因

仁钦贝离开丹萨梯寺有其不得已的原因，但是仁钦贝在经过了几年的历练之后，声望大增，并且扩建了止贡替寺。"养护广大徒众时，由南瞻部州一切财富之源处，龙王玛坠作施主，丰富完足的饮食用品不劳自获。西藏的所有封建领主，以及印度、汉地、木雅、果洛、霍尔等地国王都敬奉至尊，并常来献供。此时，僧徒数量达到空前，当聂钦布杰瓦拉囊作大供、为其儿发放布施时，聚集徒众五万五千五百二十五个"。[①] 可以说此时的他，早已不是当初无奈离开丹萨梯寺的仁钦贝了。

"至尊虽住止贡，但仍关心着丹萨梯寺"。一方面从情感上来讲，仁钦贝对帕木竹巴和母寺丹萨梯寺确实有很深厚的感情，就如现在的学子们对自己母校的感情。毕竟仁钦贝在丹萨梯寺学习期间，与师父帕木竹巴和众多师兄相处融洽，并且他跟随帕木竹巴学习了很多佛学知识。尤其是帕木竹巴对仁钦贝不仅十分信任和喜爱，更是对其进行大力栽培和提拔，把一切教法无保留地传给了他。这种对母寺的深厚感情是促使他在功成名就的时候想回丹萨梯寺的原因之一。

另一方面从现实的情况来看，不管是在当时还是日后，丹萨梯寺一直都是帕竹噶举派的主寺，在社会上有广泛的影响。帕木竹巴门下弟子云集，其中不少优秀弟子在各地传教建寺，帕竹噶举派也由此而发展出了八个小支派。所以，这八个小支派谁能登上丹萨梯寺的法座，谁也就意味着是整个帕竹噶举派的教主，拥有了至高的地位。正如《止贡法嗣》所载，后来，仁钦贝的弟子兼近侍扎巴迥乃(出身朗氏家族，系乃东、桑日一带的豪族)出任丹萨梯寺住持时，仁钦贝对他说："昨日我是你的上师，今后你是我的上师。"并向之顶礼，这也能说明丹萨梯住持在当时地位之尊。

2. 止贡·仁钦贝与师兄达隆塘巴合作扩建丹萨梯寺

仁钦贝在以什么样的方式重返丹萨梯寺的这个问题上是经过了深思熟虑的。从其成长经历来看，仁钦贝从小就是一个思维缜密、行事谨慎的人。据

---

① 直贡·丹增白玛坚参著，克珠群佩译：《直贡法嗣》，第72页。

《止贡法嗣》记载,仁钦贝妹妹因常遭其夫的打骂指责,痛苦不堪,难以忍受而自尽。在由谁来送葬尸体的问题上,两个家族争吵不休,甚至发生争斗,危及许多人的生命。为了缓解矛盾,仁钦贝在暗地里悄悄地给占卜师一些赏赐,让他占算后说送葬尸体者需要一个猪年生的人,而仁钦贝自己则是藏历水猪年出生的人。这样就由仁钦贝送葬了妹妹的尸体,使得两家矛盾得以解决。由此可见,仁钦贝是一个非常善于处理矛盾的人。

仁钦贝决定与达隆塘巴联合,将过去多吉杰波静修的茅棚改建为大殿。事实上,仁钦贝选择与达隆塘巴合作也是经过他一番深思熟虑的。首先,达垅塘巴早在1165年就拜帕木竹巴为师,在帕竹的弟子中有较大的影响。其次,达垅塘巴虽然享有高僧大德之名,但是相对来说没有很深的城府,所以和这样的人比较容易合作。

达珑塘巴和仁钦贝的合作开始十分顺利,不仅将原来的茅棚扩建成了大殿,而且达珑塘巴非常积极,还将自己的财物和经书源源不断地运入该寺,作为对已故上师的奉献。而帕木竹巴生前的弟子和信徒为了表示对帕木竹巴的崇敬,也纷纷捐献财物、经书及佛像。丹萨梯一下子变得富有起来了,仁钦贝和达珑塘巴自然受到了人们的赞誉。

可是他们二人的合作不久就出现了裂痕。当大殿建成后,仁钦贝却自行处置了寺中的财物,其中很大一部分经书转移到了位于雅鲁藏布江北岸的加查县和朗县之间的塔布噶举的祖寺——岗布寺。后来仁钦贝又以准备修缮桑耶寺为由,把其余的财物和帕木竹巴的灵塔运往止贡寺。仁钦贝与达隆塘巴这两个师兄弟也就从此失和。对于这段历史,《止贡法嗣》是这样解释的:此时,昂续地方的头人间发生争执,至尊仁钦贝前往昂续进行调解,使之18年间无有争执。还曾修缮了桑耶寺。某时,一位没有子嗣的大富人家,把所有财产作为三佛田供养奉献给丹萨梯寺,为此昂续诸人鬼迷心窍说:“这样,我们本地人没有得到一点好处,要拆毁丹萨梯寺。”[①]于是仁钦贝想不出万全之策,最后只好把丹萨梯寺内的经卷迎请到岗布寺,把自己为上师帕竹铸造的吉祥灵塔用车迎请到止贡寺。当时至尊自己赤着脚,率僧众来到坐那雅囊,夹道迎接,把吉祥灵塔暂时请住止贡寺,使丹萨梯寺摆脱了昂续人的损害,并且给灵塔以殊胜供养。

---

① 直贡·丹增白玛坚参著,克珠群佩译:《直贡法嗣》,第70页。

对于这样的记载，显然是为了掩饰和美化仁钦贝当时的一些做法。事实上，仁钦贝这样做的目的不能说没有一点为自己所建的止贡寺考虑的因素。同时，仁钦贝说当地有械斗危险，将经书等运往达波拉杰的岗波寺，不仅仅是为了敬崇祖师，也可能是为了取悦向蔡巴、都松钦巴等当时影响远大于仁钦贝的岗波巴主要弟子。但是这件事情引起了达垅塘巴及丹萨梯寺僧众的强烈不满和反对，仁钦贝不得已又把帕木竹巴的灵塔送回。《止贡法嗣》也说由于达隆塘巴心中难以容忍，所以吉祥灵塔又从止贡迎请回丹萨梯寺。仁钦贝决定另造一座多吉杰波的灵塔供在止贡替寺，遂在止贡寺的岩石上，修建经堂，里面造上师帕木竹巴的吉祥灵塔。灵塔塔高五层，塔上塑两千八百神像，并把自己手里所有的上好供品都奉于吉祥塔。

1208年，仁钦贝的门徒扎巴迥乃出面来调解纷争。既然是仁钦贝的门徒，难免不会偏袒自己的师长。于是，仁钦贝在这场纠纷中占了上风。尔后仁钦贝安排扎巴迥乃继任丹萨梯寺的住持，这一方面是为了感谢扎巴迥乃，另一方面也是因为此时他年事已高，不能频繁地往返于止贡和丹萨梯寺之间。而达垅塘巴却因为这件事情感到很气愤，一年多以后便抑郁而死。这件事情可以说对达隆噶举派和止贡噶举派的关系造成了很深的负面影响。所以《止贡法嗣》中也说了一些诋毁达隆塘巴的话，而在以后也没有达隆噶举派对止贡派的支持的历史记载。

(三)止贡噶举派在止贡·仁钦贝时期获得空前发展

仁钦贝在世时向外广传佛法、招揽门徒，止贡寺也得到了空前的发展。“此时，僧众数量大大增加，当远近僧徒集合一处时，竟有七万之多”。当时仁钦贝在止贡讲经说法，教授弟子，他讲“释一切显密论典《正法一密意趣·金刚语》共一百五十，加上四十补遗，由京俄·谢迥结集”。其弟子又“完成了他的论著《犬乘佛法心要》的结集”[①]。他为弟子正修大手印而传出引导支分《五具》，并说“犬手印法如狮子.若无五具即无眼”。其五具谓：一修菩提心，二修上师观，三修自身为本尊，四修无分别观，五发愿回向。可见止贡派的教法在继承噶举派教法的同时，在止贡巴时期就已形成了本派的特色。

另外，仁钦贝这一生中曾派了三批弟子去神山冈仁波且(冈底斯山脉主峰)等处修行、弘法。这一方面是仁钦贝想扩大止贡噶举派的影响，另一方面

---

① 直贡·丹增白玛坚参著，克珠群佩译：《直贡法嗣》，第73页。

其上师帕木竹巴生前曾有嘱托。帕木竹巴之所以让他们到冈仁波且地区去弘法，是因为这里的圣山圣湖(玛旁雍错)是西藏的修行圣地，这里不仅是苯教的圣地，也是印度教和佛教徒的朝圣所在。而对于噶举派来说，这一地区则显得尤为神圣。因为噶举派的祖师米拉日巴本人曾在此修行。第一批派出的弟子以囊浦巴为首；第二批以俄钦波及嘎巴强多为首；第三批以俄却吉·彭措嘉措为首，此人又被称作古牙岗巴。古牙岗巴将止贡派的隐修士组成了一个紧密结合的宗教实体，由一位多津意为“金刚持”负责领导，他由止贡替寺住持任命，是止贡派在西部西藏的最高领袖。另外，古牙岗巴还在岗仁波且以南的山谷中建了一座远声寺，这里既是多津的驻锡之地，也是止贡派在西部西藏的总部，至今传承未绝。因为，止贡派的隐修士是在山里修行，过着苦行僧式的生活，所以他们又被称之为“山人”。可以说，止贡巴派弟子到外地修行传法，扩大了止贡派的影响，使止贡派在很短的时间内得到了空前的发展。

这一时期止贡寺到底有多少僧众，《止贡法嗣》中的记载并不清晰，如言以大班智达古杨岗巴为首的五千五百二十五名僧人派往冈仁波且去修行，以善知识雅如白扎为首的五万五千五百二十五名僧人派往拉齐雪山去修行，以密宗师国沃且为首的五万五千五百二十五名僧人派往杂日山去修行。而在提到止贡替寺举行法会聚集僧人时，同样说有五万五千五百二十五名，而有的说甚至达十几万人。这些记述很难取信于人，有夸张的嫌疑，以此凸现止贡派在当时的盛况。事实上，以当时西藏的人口数量分析来看，仅止贡一派确实不可能就有如此多的僧人。“若按后世元朝对西藏十三万户的人口统计，直贡为 3630 户；前藏共 20l68 户、82272 人；后藏 11885 户、47540 人(按每户 4 口人计)，合计为 14 万人”①。虽然《止贡法嗣》所记止贡派僧人数字水分很大，但至少也可说明止贡派在那个时代已有了长足发展，仁钦贝已有了很多信徒。

1217 年仁钦贝圆寂，其灵塔建于止贡寺。仁钦贝开创的止贡噶举派，一直传承至现在，仍是藏传佛教重要的教派之一。而止贡寺的香火依旧旺盛，仁钦贝的灵塔仍然是信徒心目中崇拜敬仰的圣物。

(作者：杨兰兰，西北民族大学历史文化学院 2007 级宗教学硕士生)

---

① 王森著：《西藏佛教发展史略》：中国社会科学出版社，1987 年，第 216 页。

论唐宋时期伊斯兰教在中国的传播与发展

【摘　要】 唐宋时期中国封建社会商品经济高度发展，政治、经济、文化等各个领域都处于世界的领先地位。阿拉伯地区由于伊斯兰教的兴起，使得该地区由蒙昧时代进入阿拉伯文明时期。当时共处世界东方的唐宋王朝与阿拉伯王朝随着东西方交通的大开，两国间政治、经济、文化、军事等领域交往频繁。作为一种文化的伊斯兰教也随着中阿之间的友好交往传入中国。本文试分析伊斯兰教在唐宋时期传入中国的具体过程及其发展的规律，最后总结伊斯兰教在中国早期传播的特点和影响。

一、唐宋时期伊斯兰教传入中国的背景

公元7世纪，伊斯兰教兴起于阿拉伯半岛，随着伊斯兰教的兴起，阿拉伯地区由蒙昧时代进入文明时期。阿拉伯人以风卷残云之势迅速占领了西亚、北非及西南欧一些地区，并建立了地跨亚、非、欧三洲的雄强一时的哈里发国家，积极对外传播文明。唐代是我国历史上一个政治稳定、经济繁荣、文化昌盛、军事强大的时代。唐朝实行的对外开放政策，鼓励和吸引穆斯林商人、使者来华贸易和交往。宋朝是继唐之后的又一个商品经济繁荣的王朝。宋朝继续沿用唐朝对外开放的政策，但宋朝由于财政需要，对海外贸易更加依赖，使得宋廷不

但沿用唐代一些有利于贸易的政策，而且采取加官晋爵等方式，吸引穆斯林商人来华贸易。宋廷为了吸引更多的穆斯林蕃商来华经商贸易，遂对他们的信仰加以尊重和保护，使得这时的伊斯兰教随着穆斯林的来华经商定居而得以延续和发展。

1. 唐宋时期中阿之间频繁的政治交往

伊斯兰教先知穆罕默德曾说："你们求知吧！哪怕它远在中国。"中文史料也有唐太宗贞观初年大食[①]王通好贡珠的记载。唐高宗永徽二年(651 年)，大食王噉密莫末腻遣使中国，"自云有国已三十四年，历三主矣"[②]。据史籍《旧唐书》和《册府元龟》记载，自唐高宗永徽二年(651 年)至唐德宗贞元十四年(798 年)的 148 年间，大食向唐朝遣使达 40 次之多。开元二十九年(741 年)，白衣大食和萨来朝，"授左金吾卫将军，赐紫金钿带"[③]。天宝十二年(753 年)，黑衣大食遣使 25 人来到中国，唐朝"并授中郎将，赐紫袍、金带、鱼带"。两宋时期，宋朝与大食之间的交往相当密切。宋太祖乾德四年(966 年)，太祖即派使臣出使阿拉伯以示友好之意。"僧行勤游西域，因赐其王书，以招怀之"。[④] 开宝元年，大食即遣使中国。据统计，自辽天赞三年(924 年)至宋开禧间(1207 年)的 284 年间，辽、宋与大食诸国之间的往来，见于记载者 55 次。开宝四年(971 年)，大食贡方物，"以其使李诃末为怀化将军，特以金花五色绫纸，写官诰以赐"[⑤]。宋神宗熙宁五年(1072 年)，诏"大食勿巡国进奉使辛押陁罗归蕃、特赐白马一匹，鞍辔一副"[⑥]。史载，大食进贡货物，还可以免沿途商税。"贡使可以得到沿途地方官的优待，如妓乐迎送，宴请、乘轿、骑马，以客礼见之州，通判、监司等"[⑦]。

2. 唐宋时期中阿之间兴盛的经济交往

唐朝时期中国封建社会商品经济繁荣，数以万计的外国商人来到中国首都长安做生意，其中以阿拉伯人为最多。长安"西市"有阿拉伯穆斯林开设的

---

① "大食"一词有两种解释：1. 波斯语 Tazi 的音译，是波斯人对阿拉伯人的称呼，唐人从之；2. 阿拉伯语 Tajir 的音译，意为商人，因唐代来华的阿拉伯人多为商人，故名。

② 《旧唐书》卷 198《大食传》，中华书局，1975 年。

③ 《册府元龟》卷 975，中华书局，1982 年。

④ 《宋史》卷 490，《大食传》，中华书局，1977 年。

⑤ 《宋史》卷 490，《大食传》，中华书局，1977 年。

⑥ 《宋会要辑稿》蕃夷四之九二，中华书局，1957 年。

⑦ 《宋会要辑稿》蕃夷四之九二，中华书局，1957 年。

卖香药、宝石的“胡店”、“胡邸”。旅居长安的蕃客人数日渐增多，他们中有“留居长安者或四十余年，皆有妻子、买田宅，举质取利，安居不欲归”[①]。唐朝都城长安是一座国际性的大都市，在那里可以看到不同肤色、不同语言的世界各国人民。阿拉伯、波斯穆斯林商人蜂拥而来中国。唐代中叶，吐蕃进占西北，“初，河、陇既没于吐蕃，自天宝以来，安西、北庭奏事及西域使人在长安者，归路既绝”[②]。中阿陆路交通受阻，海上交通由是更加兴盛，当时中国的对外贸易港口主要集中在东南沿海的一些大中城市，各国商人、旅行家频繁来到中国，宾客如云，而尤以阿拉伯商人为最多，“诸蕃国之富盛多宝货者，莫如大食国”[③]。以至于广州港“江中有婆罗门、波斯、昆仑等舶，不知其数，并载香药、珍宝，积载如山”[④]。宋朝大力发展海外贸易，宋太宗雍熙四年(987 年)“遣内侍八人，赍敕金帛，分四纲，各往海南诸蕃国勾招进奉”[⑤]。南宋高宗绍兴七年(1137 年)上谕：“市舶之利最厚，若置措合宜，所得动以百万计，岂不胜取之于民”[⑥]绍兴十六年复上谕：“市舶之利，颇助国用。宜循旧法，以招徕远人，阜通货贿。”[⑦]宋朝政权对那些能够招徕外国商船，增加市舶收入的官吏和纲首，则授予官职，以便鼓励更多的穆斯林商人来华贸易。南宋高宗时，大食商人蒲罗辛“造船一艘，船载乳香投广州市舶，计抽解价钱三十万贯”，宋朝政权授予“诚信郎”之职，“赐公服履笏，”嘱其回国时“说谕蕃商，广行船贩香前来”[⑧]。

唐宋时期由于唐宋王朝奉行对外开放的政策，吸引阿拉伯、波斯诸国穆斯林商人在内的蕃商入华经商，不仅进一步沟通了东西方的交往，增进了相互间的了解与友谊，诸多的蕃商频繁来华，以致侨居中国，更为经济的繁荣及阿拉伯文化和伊斯兰教在中国的传播做出了极为重要的贡献。正是这种优越的社会环境为伊斯兰教传入中国创造了良好的基础。

---

① 《资治通鉴》卷 232，中华书局，1965 年。
② 《资治通鉴·唐纪》卷 232，中华书局，1965 年。
③ 周去非：《岭外代答》卷 3，中华书局，1988 年。
④ 真人元开：《唐大和上东征传》，中华书局，2000 年。
⑤ 朱彧：《萍洲可谈》卷 2，中华书局，1988 年。
⑥ 《宋会要辑稿·职官》四十四之二十，中华书局，1957 年。
⑦ 徐松辑：《宋会要辑稿·职官》四十四之二十，中华书局，1957 年。
⑧ 周去非：《岭外代答》卷 3，《外国门下·西天诸国》，中华书局，1988 年。

二、唐宋时期伊斯兰教在中国的传播

1. 唐宋时期伊斯兰教在东南沿海地区的传播

唐宋时期，由于中国和阿拉伯经济、文化往来频繁，和平友好的联系十分密切，致使大批的阿拉伯和波斯穆斯林商人移居中国，同时也将他们的生活习俗、宗教信仰带到了中国。穆斯林商人最先来华经商的地区是东南沿海一带，所以他们也将伊斯兰教最先带到了东南沿海的广州、泉州、扬州、杭州及海南岛等地。事实上，关于唐宋时期伊斯兰教在中国的历史记载非常稀少，我们只能从文献和一些相关的历史记述中寻找伊斯兰教及其信仰伊斯兰教的信徒在中国活动的踪迹。因为“一个宗教之存在并非因其教义之存在而存在，实因其拥有若干信徒而存在”①；“信徒是宗教的化身，是宗教的载体，所以信徒所到之处，宗教也必然随之而至”②。根据这一理论，我们可以说伊斯兰教在唐代的传播与发展，同大食人和信仰伊斯兰教的波斯等中亚人在唐朝的留居是同步的。

伊斯兰教在广州的传播。广州是我国东南沿海最大的港口，唐代这里的中外贸易盛况空前，是阿拉伯商人荟萃的城市。故“南海有蛮舶之利，珍货辐凑。旧帅作法兴利以致富，凡为南海者，靡不捆载而还”③。鉴真说：“广州江中有婆罗门、波斯、昆仑等舶不知其数，并载香料、珍宝积载如山，舶深六、七丈，师子国、大石国(大食)、骨唐国、白蛮、南蛮等，往来居住，种类极多。”④慧超《往五天竺国传》记载：“波斯常于西海泛舶，亦泛舶汉地，直至广州，取绫绢丝锦之物。”⑤这些都是鉴真、慧超等人的亲自见闻。“大历四年，除广州刺史，兼岭南节度观察使。……前后西域舶泛海至者，岁才四五。勉性廉洁，舶来都不检括。故末年至者四千余人”⑥。唐文宗开成年间，卢钧为广州刺史，岭南节度使时，留居广州的外国人营田置宅，娶妻畜奴，俨然中国人，卢钧下令禁止，并使外国人与当地居民分开居住。“先是土人与蛮僚杂居，婚娶相通，吏或挠之，相诱为乱。钧至立法，俾华蛮异处，婚娶不通，蛮人不得立田宅。由是徼外肃清，而不相犯”⑦。

---

① 白寿彝：《中国伊斯兰史存稿》，宁夏人民出版社，1983 年，第 208 页。
② 纳麟：《从回族角度谈伊斯兰教的中国化》，载《回族研究》1999 年第 4 期。
③ 《旧唐书·卢钧传》，中华书局，1975 年。
④ 真人元开：《唐大和上东征传》，中华书局，2000 年。
⑤ 慧超：《往五天竺国传》，中华书局，2000 年。
⑥ 《旧唐书·李勉传》卷 131，中华书局，1975 年。
⑦ 《旧唐书·卢钧传》，中华书局，1975 年。

当时阿拉伯文献也有关于中国情况的记载。阿拉伯历史学家和地理学家麦斯欧迪曾描写广州：

“广府是一个大城市，位于一条大河的岸上，这条大河是流入中国海的。广府城人烟稠密，仅仅统计伊斯兰教人、基督教人、犹太教人和火袄教人就有二十万人。”

大量穆斯林生活在这里，为便于管理，政权设立了外侨社区——蕃坊，蕃坊设蕃长，管理侨民事务。由于他们宗教生活的需要，清真寺这一伊斯兰教的重要标志性建筑也开始落根中国。唐宣宗大中五年(851年)阿拉伯商人苏莱曼在其游记中记述了当时广州“蕃坊”的情形：

> 中国商埠为阿拉伯人麇集者曰康府，其处有伊斯兰教掌教一人，教堂一所……各地伊斯兰教商贾既多居广府。中国皇帝因任命伊斯兰教判官一人，依伊斯兰教风俗，治理穆斯林。判官每星期必有数日专与穆斯林共同祈愿，朗读先圣诫训。终讲时，与祈愿者共为伊斯兰教苏丹祝福。判官为人正直，听讼公平，一切皆依《古兰经》、圣训及伊斯兰教习惯行事。故伊拉克商人来此地方者，皆颂声载道也。[①]

从这些记载中可以看出，公元851年前后，广州已有了一座清真寺。

两宋时，广州的阿拉伯、波斯穆斯林较唐代更多，其中久居不归者也越来越多。顾炎武也说：“自唐设结好于广州，自是商人立户，迄宋不绝，诡服殊音，多流寓海滨湾泊之地，筑石连城，以长子孙。”[②]宋朝政权一直重视对外贸易，继续执行对外开放政策，甚至以官爵授予外商，以示鼓励。据史籍记载，当时在广州已有了规模较唐代的礼拜堂更大的清真寺。宋代方信儒(1177—1222)《南海百咏·蕃塔》记载，广州的“光塔”下有礼拜寺，称“怀圣寺”，穆斯林还在广州修建了公共墓地，城西十里地方有“蕃人冢，累累数千，皆南首西向”[③]。

伊斯兰教在泉州的传播。宋廷南迁临安(杭州)后，泉州远离宋金战场，故成为南宋重要的海上门户。穆斯林商人云集泉州，港内风樯鳞集，云帆遮天。

---

① 阿布·赛德·哈桑:《印度中国见闻录》，转引自张星烺:《中西交通史料汇编》第二册，中华书局，1977年。

② 顾炎武:《天下郡国利病书》，卷104，上海书店，1985年。

③ 方信儒:《南海百咏·番人冢》。

城内店铺珠宝奇珍，琳琅满目。泉州回民传说中有“回半城”、“半蒲街”的说法。《泉州府志·城池》云：“一城要地，莫甚于南关，四海舶商，诸蕃琛贡，皆于是乎集。”泉州在南宋时商业繁荣，成为当时最重要的对外贸易港口。穆斯林商人还在泉州修建了三座清真寺。北宋真宗大中祥符二年(1009年)建“圣友寺”；南宋初年的宋高宗绍兴元年(1131年)，“有纳只卜穆兹喜鲁丁者，自撒纳威从商舶来泉，轫此寺于泉州之南城”，即“清净寺”；[①]另有“也门寺”，据出土的寺内石碑碑文推测，该寺至迟建于南宋以前。加之来华穆斯林在泉州定居，形成了穆斯林社区，不但建立起清真寺，还修建了墓地，灵山圣墓就是当时穆斯林先贤的墓地，史料记载说：“作丛冢于城之东南隅，以掩胡贾之遗骸。”[②]可见，伊斯兰教在泉州已有传播和较大影响。

伊斯兰教在海南岛的传播。阿拉伯、波斯商人通过“海上丝绸之路”来华时，最先到达的地方是交州[③]、海南岛和广州。据《唐大和上东征传》记载：鉴真和尚于唐玄宗九年(750年)东渡日本时，途中遇风漂流到海南岛，在岛东南海边的万安州(今万宁县)，受到海盗冯若芳的接待。冯“每年劫取波斯船二三艘，取物为己货，掠人为奴婢。其奴婢居处，南北三日行，东西五日行，村村相次”[④]。当时波斯帝国灭亡已一个世纪，居民多信奉伊斯兰教，被冯若芳掠为奴婢的人其中有不少穆斯林。“唐振州(今海南岛沿海的崖县)民陈武振者，家累万金，为海中大豪……先是西域贾舶漂溺至者，因而有焉”[⑤]。也有阿拉伯、波斯商船因风暴漂溺，船上人幸免于难，流落海南岛的。宋史载：“太宗雍熙三年(986年)，占城人蒲罗遏率族百人，避国难住海南岛之儋州。”[⑥]宋代史书中记载的阿拉伯、三佛齐、占城等地的穆斯林多为蒲姓。“蕃俗本占城人，宋元间因国乱挈家驾舟而来，散泊海岸……其人多蒲姓，不食猪肉，不供祖先，供设佛堂念经礼拜，其言语像貌与回回人相似”[⑦]。这些都说明伊斯兰教在海南岛的早期传播。

伊斯兰教在扬州地区的传播。扬州是唐朝南北漕运汇集之地，是东南沿

---

① 吴鉴：《重修清真寺记》，转引自杨怀中：《回族史论稿》，宁夏人民出版社，1991年。
② 赵汝适：《诸蕃志》卷上《大食国》，中华书局，1988年。
③ 交州：古代地名，唐代交州在今越南北部红河下游三角洲一带。
④ 真人元开：《唐大和上东征传》，中华书局，2000年。
⑤ 李昉：《太平广记》，卷500，中华书局，1961年。
⑥ 脱脱：《宋史·占城》，中华书局，1977年。
⑦ 蒋廷锡：《古今图书集成》(职方典)卷1380，《崖州志》。

海地区的一个商业城市，当时有“扬一益二”之谚。同时，扬州也是唐朝对外贸易的一个重要商埠，有很多大食、波斯商贾居住于此。关于外商在扬州聚集的情况，还可以从新旧《唐书》记载的史料中看出：据《旧唐书·邓景山传》记载，宋州刺史刘展叛乱时，淮南节度使邓景山进剿不利，于是引乎卢副使田神功的兵马讨叛。“神功至扬州，大掠居人资产，鞭笞发掘略尽，商胡大食、波斯等商旅死者数千人”[①]。这件事发生在唐肃宗上元元年(760年)，被杀的大食、波斯人就有数千人之众，在战乱中外逃的，居留在外的，生还的也应当不在少数，可见当时在扬州的大食、波斯穆斯林外商之多。扬州自有唐一代，商业兴旺，因其地处要冲，居长江与运河之交叉点，为南北枢纽，为北上开封、长安必经之地，从《太平广记》之类杂记记载蕃客珠宝、胡商市药的故事，以及新旧《唐书》记载的田神功杀数千大食、波斯人的史料可以推断穆斯林在扬州的活动及其伊斯兰教存在的痕迹。

2. 唐宋时期伊斯兰教在北方地区的传播

唐宋时期，来华的大食、波斯穆斯林商旅活动范围扩大，也把伊斯兰教移植到了长安、开封、北京等北方城市，他们并没有主动向外传教，而是自守其教，这也是伊斯兰教在中国传播的一大特点。

伊斯兰教在长安地区的传播。长安是唐朝国都，是全国政治、经济和文化的中心，也是当时的国际性大都市，有各国来的使节、留学生、商人、学者、传教士等，外来文化和中国传统文化在唐都长安交相生辉。“大蒙之人，西方之国，与时盛衰，随世通塞。勿谓戎心，不怀我德。贞观开元，藁街充斥”。[②] 阿拉伯、波斯商旅、使节沿“丝绸之路”东来者络绎不绝。由于蕃商在长安、洛阳等地定居的人数增多，他们的生活习惯很快影响着我国的市民阶层。“唐代开元、天宝之际，长安、洛阳胡化极盛”。唐代诗人元缜(779—831)在一首诗中把当地人学蕃商的生活方式描述得淋漓尽致。

自从胡骑起烟尘，毛毳腥膻满咸洛。
女为胡妇学胡妆，伎进胡音务胡乐。
火凤声沉多咽绝，春莺啭罢长萧索。
胡音胡骑与胡妆，五十年来竟纷泊。

---

① 《旧唐书·邓景山传》，中华书局，1975年。
② 《旧唐书》卷198《西戎传》，中华书局，1975年。

20 世纪 50 年代，在西安出土的唐三彩陶俑上，能极真实地反映出西域蕃客东来的形象。他们是“深目高鼻，头戴尖顶帽或缠头巾，身穿折领衣，手抱琵琶或冬不拉乐器，或牵马或骑骆驼”①。把他们奔波在丝绸之路上的情景刻画得惟妙惟肖。

当时留居长安的外国人数量最多，特别是安史之乱后，代、德二宗朝，外国人滞留长安者不可胜数。唐肃宗至德二年借回纥、大食兵平定安史之乱，回纥、大食兵留居长安。唐代宗时，在长安聚集了众多的九姓胡人，由于当时中亚被阿拉伯占领后，中亚人大都改信了伊斯兰教，所以来华的九姓胡人中肯定有许多穆斯林。德宗时外国人留居长安者很多，政权财物开销靡费甚大，唐廷颇有不胜负担之慨。宰相李泌对留居长安德胡商、蕃商进行户籍清理：要么离境回国，要么加入中国国籍。结果查出长期留居长安之胡商竟有四千多人。这些人没有一个愿意回国的，都加入了中国国籍，政权给予他们一定的军职或公职，使他们成为唐王朝的臣民。《资治通鉴 · 唐纪 48》记载：

> （贞元三年七月甲子）初，河陇既没于吐蕃，自天宝以来，安西、北庭奏事及西域使人在长安者，归路既绝，人马皆仰给于鸿胪礼宾，委府县供之。于度支受直，度支不时付直。长安市肆，不胜其弊。李泌知胡客留长安久者或四十余年，皆有妻子，买田宅，举质取利，安居不欲归。命检括胡客有田宅者停其给，凡得四千人。②

唐人笔记中还有许多关于大食人买水珠的故事。尤其是《太平广记》有关此类记载甚多，尽管许多情节十分荒诞离奇，可又多与大食国胡人、波斯胡人、西域胡人等有关，亦反映出当时阿拉伯及波斯商人的经商活动。这些都可以反映当时大量穆斯林蕃商在长安地区留居，也可以说明伊斯兰教在长安得到了传播。

伊斯兰教在开封的传播。唐大中二年（848 年），“以进士第名显”的“大食国人李彦升”，就可能是落籍开封（时称汴州）的一位穆斯林。据陈黯《华心》③一文推断，李彦升可能是在卢钧任岭南节度使、广州刺史期间或稍前一些年由

---

① 向达：《唐代长安与西域文明》，河北教育出版社，2001 年。

② 司马光：《资治通鉴 · 唐纪 48》，中华书局，1965 年。

③ 《华心》作者陈黯，唐时颍川人，此篇为陈垣先生首先发现于《全唐文》卷 767。

大食来广州的。后来随卢钧到了汴州，在汴州的环境中迅速地华化。开封清真东大寺清康熙二十八年(1689 年)《重建清真寺碑记》中有“大梁清真寺，在城之东南隅，乃教人礼拜祝国之所也。起于唐贞观二年其众始入中国时，后代修葺不圮”一段；开封文殊寺街清真寺道光十八年(1838 年)《重修清真寺碑记》中亦有“河南汴梁省城鼓楼迤东北文殊寺街，旧有清真寺一座，创自唐朝”一段。北宋奠都开封，使开封成为当时开展国际交往的一个中心，有不少穆斯林来往这里，其中有人寄居下来，或被宋室安置于此。伊斯兰教在宋时传入开封，已确凿无疑。白寿彝先生主编的《中国回回民族史》详列天宝元年到乾道四年(968—1168)“二百年间，大食人之进贡，有明文可考者，共四十八次，差不多平均每四年总有一次朝贡”。[①] 北宋与西部边疆少数民族地方政权喀喇汗王朝关系密切。《宋史·外国传·于阗》载：宋大中祥符二年(1009 年)于阗国“黑韩王遣回鹘罗斯温等以方物来献”。罗斯温等称开封于阗间“昔时道路尝有剽掠，今自瓜州抵于阗道路清谧，行旅如流”。天圣三年(1025 年)及嘉祐八年(1063 年)又不断来朝。至熙宁元年(1068 年)以来，则“远不逾一二岁，近则岁再至”，来往更为频繁，关系亲密。以至元丰四年(1081 年)喀喇汗王朝的使臣“部领阿辛上表称于阗国为偻猡、甥国”，而尊宋廷为“东方日出处，大世界田地主，汉家阿舅大管家”。这样，由陆路经瓜州、长安、洛阳来开封的于阗穆斯林，与由海路经广州、泉州来开封的大食等地穆斯林一起，构成了开封早期穆斯林的两个主要来源。他们的部分社会活动在记载北宋末年首都东京地理节物、街巷风俗的《东京梦华录》中已经有反映。

伊斯兰教在北京地区的传播。辽、五代、宋时期，北部中国与西域、阿拉伯等地区来往不绝。伊斯兰教在辽代即已传入北京地区。北京牛街礼拜寺始建年代，可追溯到辽代，辽圣宗十四年：

> 宋至道二年(996 年)，有筛海革哇默定者，西域卜剌台人氏入觐中国……生有三子，长子筛海赛德鲁定……次子筛海那速鲁定，三子筛海撒阿都定……二君(指次子与三子)性近函处，不干仕进，上赐官爵，坚辞弗受，是以授为清真寺掌教，留居东土，二君具有先见之明，知燕京将为兴隆之地，可以开万世帝王之鸿业，遂请颁敕建清真寺。

① 白寿彝：《中国回回民族史》(上)，中华书局，2003 年，第 268 页。

撒阿都定君奉敕建寺于东郭，那速鲁定君奉敕建寺于南郊，即今牛街礼拜寺也。[1]

在辽朝统治年间(983—1011)北京地区有信仰伊斯兰教的人居住了，纳速鲁丁奉敕建造了牛街清真寺。这都可以说明伊斯兰教在北京地区得到了传播。

另外，唐宋时期由于战争和其他方面的原因，伊斯兰教也随之传到了四川、云南等一些地区。一是渡泸之役中的被俘的大食士兵被安排留居此地；二是在安史之乱时与朝廷关系密切的商人随唐僖宗入蜀避难而留居。

总之，唐宋时期，随着中国政权与阿拉伯穆斯林国家和地区的频繁往来，使得大批穆斯林来到中国，遍及南北各大都市，伊斯兰教随之也在他们所到之地得以传播，并在社会上产生了一定的影响。

三、唐宋时期伊斯兰教在中国传播与发展的演变

1. 唐宋两代伊斯兰教在中国传播方式的增加

伊斯兰教在唐代的传播有其特有的方式，从现有的资料来看，大致有以下几种。

东来的穆斯林商人。商人是伊斯兰教在中国传播的中坚力量，因为商人做买卖遍布全国各地，伊斯兰教又是他们的信仰，相应的伊斯兰教也就随着穆斯林商人的足迹而传到中国各个繁荣的商业城市。

留居不归的阿拉伯贡使。据中国史籍《旧唐书》和《册府元龟》记载，自唐高宗永徽二年(651 年)至唐德宗贞元十四年(798 年)的 148 年间，大食向唐朝遣使达 40 次之多。这些朝贡使大多具有贡使和商人的双重身份。这些贡使也对大食和伊斯兰教信仰做了一些介绍，如“自云有国已三十四年，历三主亦”、“自云在本国唯拜天神，虽见王亦无致拜之法”[2]，顺带着介绍、传播了伊斯兰教。

留居中国的穆斯林士兵。唐朝安史之乱时，肃宗为平定叛乱，曾向西域诸国借兵，史载“至德二年，元帅广平王统肃朔方、安西、回纥、大食等兵十五万，

---

① 《古教西来历代建寺源流碑文总序略》(牛街礼拜寺存)，转引自彭年:《浅说北京的伊斯兰教》载《回族研究》2001 年第 2 期。

② 《旧唐书》卷 198《西戎传》，中华书局，1975 年。

将收两京”[1]。两京收复后，肃宗允许大食兵世居华夏，可与中国通婚。这支以回纥为主力的部队曾在陕西大荔县南之沙苑留住。另一部分是唐贞元十七年(801年)唐剑南西川节度使韦皋部将毗罗潜袭吐蕃险要悉摄，“康，黑衣大食等兵及吐蕃大酋皆降，获甲二万首”[2]。这些大食降兵可能留居四川及其云南一带。他们留居中国繁衍后代，伊斯兰教随之也得到了传播。

什叶派穆斯林避难中国。据波斯作者努尔丁记载，“公元8世纪初，有许多什叶派穆斯林和阿里的后裔因逃避伍麦叶王朝的迫害，逃到呼罗珊，后来到中国长安，大多从事牙客经济，珠宝贸易”[3]。

穆斯林宣教者来华传教。明天启年间人何乔远所著《闽书》卷七《方域志·灵山条》载：“有默德那国有吗喊叭德圣人……门徒有大贤四人，唐武德中来朝，遂传教中国。一贤传教广州，二贤传教扬州，三贤、四贤传教泉州，卒葬此山。”

被劫掠到中国的穆斯林。据《唐大和上东征传》中记载，唐玄宗天宝年间，海南岛万安州海盗冯若芳“每年劫取波斯船二三艘，取物为已货，掠人为奴婢。其奴婢居处，南北三日行，东西五日行，村村相次”。由此可见海南岛上的穆斯林之多，并形成了自己的村落。事实上，现代考古发现海南岛上有大量穆斯林墓地，这也证明了这一点。

阿拉伯人武力征服传播。关于阿拉伯人武力征服的说法，见于延安出版的《回回民族问题》、《大英百科全书·东土耳其斯坦》及其阿拉伯历史学家陀跋里的《编年史》，均认为在713年(伊历95年)或714年(伊历96年)，屈底波(古太白)在夺取浩罕后，经延勒克隘口攻入喀什噶尔，先后占领喀什噶尔、和阗各地，后进兵阿克苏、吐鲁番等地。然而中国史料并没有大食军队越过葱岭征服中国城市的记载。(此可备一说)

宋代伊斯兰教在中国的传播方式比较多的还是商人与贡使。与唐代不同的是几乎没有阿拉伯人的武力征服和大食士兵留居的事情。但相应的是穆斯林传教士和周边伊斯兰化了的国家向中国移民的事情比较多了。宋代“南洋”各伊斯兰教国家穆斯林成批次向中国迁移，特别是临近地区如广州、海南岛等地。北宋太宗雍熙三年(986年)：“儋州上言，占城人蒲罗遏为交州所逼，率其

---

① 《新唐书·代宗本纪》，中华书局，1975年。

② 《新唐书·南蛮传》，中华书局，1975年。

③ 杨怀中：《回族史论稿》，宁夏人民出版社，1991年，第63页。

族百口来附”[1];“广州又言,占城夷人忽宣等族三百一人求附”[2]。这也是宋代伊斯兰教在中国传播与唐朝不同的一种新情况。

2. 唐宋两代伊斯兰教在中国传播区域的扩大

唐代伊斯兰教在中国的传播主要是同阿拉伯人和信奉伊斯兰教的波斯、中亚人在唐代的留居和经商同步的。这种留居主要有这样几种方式:商人的留居,士兵的留居(安史之乱),战俘的留居(渡泸之役),被掠人口的留居(海南岛)等等。所以,唐代伊斯兰教在中国传播的区域也只是在长安、川滇一带、东南沿海广州、扬州、泉州等几个经济繁荣的城市。

宋代伊斯兰教在中国已经有了初步的发展,比起唐代的覆盖面更加广泛,东南沿海城市,西北地区,及其北方主要城市都有了穆斯林的活动痕迹,可以说宋代的伊斯兰教遍布中国大江南北。尤其宋朝政治中心、经济中心的南移,江南地区特别是广州、泉州、杭州等地伊斯兰教徒数量也就更多了。以至于“宋室徙跸,西域夷人安插中原者多从驾而南,杭州尤多”[3]。

宋代伊斯兰教还传播到了北方等一些城市和地区。北宋奠都开封,开封成为当时中国与阿拉伯、波斯及中亚伊斯兰教国家政治、经济、文化交流的一个中心,有一定数量的穆斯林来往、寄居或被宋室安置在这里。再之,北宋朝廷与中国西部边疆少数民族地方政权——喀喇汗王朝关系密切。这样,由陆路经瓜州、长安、洛阳来开封的于阗穆斯林,便与由海路经广州、泉州来开封的大食等地穆斯林一起,构成了开封早期穆斯林的两个主要来源。

伊斯兰教还在北京等地区得到了传播。从历史文献记载来看,在辽、五代、宋时期北部中国与西域、阿拉伯等地区来往不仅没有断绝,而且十分频繁。很多学者认为伊斯兰教最初是在辽代传入北京地区的。辽宋时期随着与伊斯兰国家和地区的频繁往来,他们之间通过贸易、经商、通使等种种方式使得大批穆斯林来到中国北方地区活动,随之伊斯兰教也就在这些地区得到了广泛的传播并在社会上产生了一定的影响。

3. 唐宋两代国人对伊斯兰教认识的加深

唐代,随着阿拉伯、波斯及其中亚穆斯林蕃客留居中国,以及在中国一些经济发达的城市活动,他们的独特的生活方式,引起了唐朝部分人士对伊斯兰

---

①② 《宋史·外国传》卷490,中华书局,1977年。

③ 《西湖游览志》卷18。

教及其穆斯林生活习俗的关注、了解、记载。

慧超《往五天竺国传》载："又从吐火罗西行一月，至波斯国。此王先管大实。大实是波斯王放驼户，于后叛，便杀彼王，自立为主。然今此国，却被大实所吞。"[①]杜佑《通典》卷193《边防九·大食国》载："大食，大唐永徽中遣使朝贡。云其国在波斯之西。或云初有波斯胡人，若得神助，得刀杀人，因招附诸胡，有胡人十一来据次第摩首受化为王。"[②]《旧唐书》卷198《西戎传》载：

> 大食国，本在波斯之西，大业中，有波斯胡人牧驼于俱纷摩地那之山，忽有狮子人语，谓之曰，"此山西有三穴，穴中大有兵器，汝可取之。穴中并有黑石白文，读之便坐王位"。胡人依言，果见穴中有石级预刃甚多，上有文，教其反叛。于是纠合亡命，渡恒曷水，劫夺商族，其众渐盛，遂割据波斯西境，自立为王。[③]

我们从唐朝这些史料中看出慧超和杜佑认为穆罕默德是"波斯放驼户"、"波斯胡人"把其宣传伊斯兰教说成是犯上作乱"得刀杀人"犹如草莽之属。流露出一种非穆斯林的误解之情。可见，唐代著作几乎都把穆罕默德说成是波斯人，把其宣教活动说成是争权夺位的斗争，没有认识到穆罕默德宣教活动的重要意义，及其产生的社会影响。关于伊斯兰教内容及其穆斯林的宗教习俗活动唐人也有一些粗浅的认识。慧超《往五天竺国传》载："(大食)国人爱杀生，事天不识佛法。……云自手杀而食物，得福无量。国人爱杀事天，不识佛法。国法无有跪拜法也。"[④]关于伊斯兰教及其内容，唐代典籍并不把伊斯兰教看作是一种宗教、一种信仰，而是把其看成是一种世俗活动，被称为"大食法"。

到两宋后，随着穆斯林人数的增多，影响的扩大，也就有了更多的文献对伊斯兰教的记载。如周去非的《岭外代答》、赵汝适的《诸蕃志》、朱彧的《萍洲可谈》、方信儒的《南洋百咏》、岳珂的《桯史》、郑所南的《心史》、周密的《癸辛杂识》等等。宋代有了更多的人关注伊斯兰教、关注穆斯林，综合地看这些记载，对伊斯兰教的记载还是比较全面的，其中关于礼拜、朝觐、斋戒等伊斯兰教的

① 慧超：《往五天竺国传》，中华书局，2000年。

② 杜佑：《通典》卷193《边防九·大食国》，中华书局，1984年。

③ 《旧唐书》卷198《西戎传》，中华书局，1975年。

④ 慧超：《往五天竺国传》，中华书局，2000年。

基本功修都谈到了。

郑所南《心史》对蕃坊中清真寺及穆斯林礼拜前宣礼员唤拜的情形作了生动的描述：

“回回事佛，创叫佛楼，甚高峻。时有一人发重誓，登楼上，大声叫佛不绝。”

宋代岳珂在《桯史》卷11《番禺海獠了条》中记述：

“僚性尚鬼而好治，平居终日，相与膜拜祈福。有堂焉，以祀名，如中国之佛，而实无像设，称谓聱牙，亦莫能晓，竟不知何神也。”

宋代中国人以佛教作为参照来观察和理解伊斯兰教，称伊斯兰教为“大食教度”，称穆罕默德为“佛名麻霞勿”，称《古兰经》为“大食佛经”，称克尔白为“佛方丈”，把清真寺称为“佛楼”，称宣礼员念唤帮克为“叫佛”等等。周密对穆斯林的丧葬仪式也都有了一定的记载，虽然很多都是推测的词语，但总体上看还是接近穆斯林信仰习俗的。

从唐宋时期的一些典籍记载来看，唐宋时期国人对伊斯兰教的认识，基本上都是符合伊斯兰教和穆斯林生活实际的。但唐人对伊斯兰教的认识还很有限，因为那时“伊斯兰教在中国教义不明，教名未定，不见于典籍及著作，亦无汉文译著，是个侨民的宗教和外来民族的宗教”①。两宋时期，穆斯林在中国无论从人数上，还是在社会影响等方面，都有明显增加，随着宋代对外贸易的发展，一些有影响的穆斯林商贾也就凸显出来，他们的社会活动也同样受到中国人的关注。所以宋代的典籍里面，对伊斯兰教及其穆斯林的社会习俗等有了更加直观的了解和认识，但是并不全面和正确，这也凸显出伊斯兰教在中国早期传播的一个特点。

4. 唐宋两代政权对伊斯兰教管理政策的异同

唐代伊斯兰教作为侨居中国穆斯林的信仰，伊斯兰教的信众有限，并且不对外传教，伊斯兰教的传播非常缓慢，对唐代整个社会也没有太大的影响。从历史资料来看，唐政权并没有刻意地去制定专门的对伊斯兰教的政策。

唐代前期，由于来华穆斯林商客人数有限，唐王朝凭借其在政治上奉行“中国既安，四夷自服”的方针就能管理他们。到了唐朝后期，随着来华穆斯林

---

① 杨兆钧：《中国伊斯兰教的历史分期问题》，载《伊斯兰教在中国》，宁夏人民出版社，1982年，第15页。

人数的增多及其在沿海城市中特定地区经济实力的增长，及其部分唐人对伊斯兰教及穆斯林这种奇特生活习俗的了解，唐王朝从当时穆斯林聚居的实际情况把来华穆斯林看成是周边的一些少数民族，对依附唐朝的各少数民族，基本上“从俗而治”不改变其生产方式，社会制度和信仰习惯。唐王朝又从发展海外贸易的角度考虑，沿用对待其他少数民族的政策即以“恩惠抚和”的姿态对待穆斯林蕃客和伊斯兰教事务。正如余振贵先生在《中国历代政权与伊斯兰教》一书中所说的“这种以‘恩惠抚和’为主对待穆斯林蕃客和他们宗教生活方式的政策，就可以认作是唐代的伊斯兰教政策”①。

宋代伊斯兰教在中国虽然还处于初传，但与唐代相比而言，无论是在穆斯林人数方面，还是在伊斯兰教的社会影响方面，都有明显的增加。宋朝由于与辽、金、夏等政权的对立战争，加之实际控制的疆域缩小，江南地区经济发展等原因，迫切需要发展海外贸易。而穆斯林蕃商恰恰又是宋代海外贸易的中坚力量，所以宋王朝对东来的阿拉伯穆斯林商人实行有利于国际贸易的怀柔羁縻政策。怀柔羁縻政策是宋王朝治理边疆问题的传统政策，怀柔是指宋王朝用政治手段来笼络穆斯林蕃客，使之归附；羁縻又有束缚管理穆斯林蕃客不生异心之意。因此这种政策在用于穆斯林蕃商时内容上又有一些调整。这在一定程度上能够使留居中国的穆斯林保持宗教信仰、生活方式和文化传统。

伊斯兰教能够在中国唐宋时期的早期成功传播，是有着一种特定的社会背景的。唐宋王朝根据当时的社会现实，朝廷对伊斯兰教及其穆斯林实行一些特定的政策来管理穆斯林的活动。总体来说，唐朝由于自身的强大和富足，抱着一种对异域文化“自由驱使，绝不介怀”的心态去对待穆斯林蕃客。采取“恩惠抚和”的政策去管理穆斯林及其伊斯兰教。宋代政权从发展经济、增加财政收入方面考虑，采取“怀柔羁縻”的政策管理穆斯林及其伊斯兰教事务。唐宋王朝的伊斯兰教政策各有其社会现实的具体政策和特点。可以说不管是唐朝“恩惠抚和”还是宋朝的“怀柔羁縻”，其结果使得穆斯林生存环境宽松自由，更多穆斯林蕃客乐于来华经商贸易，有些定居不归，至于后来变成中国人，这些都有利于伊斯兰教在中国早期的存续和发展。

① 余振贵：《中国历代政权与伊斯兰教》，宁夏人民出版社，1996 年，第 23 页。

四、唐宋时期伊斯兰教在中国传播发展的特点及其影响

1. 唐宋时期伊斯兰教传播发展的特点

唐宋时期,伊斯兰教在中国传播过程中,有着与伊斯兰教早期在阿拉伯及其中亚传播不同的发展道路。四大哈里发时期、伍麦叶王朝、阿拔斯王朝时期的伊斯兰教是伴随着王朝版图的扩大,伊斯兰教随之得到广泛传播,伊斯兰教也更加体制化和制度化。在中国唐宋时期的伊斯兰教传播,是围绕着伊斯兰教的信仰者——穆斯林在中国这样一个多民族、多宗教,并且以汉文化占主体的环境中如何适应环境、如何生存,使得伊斯兰教在中国得到传播和发展的。伊斯兰教传入中国问题上的一些较突出的特点,既有别于国外阿拉伯、波斯、中亚地区的伊斯兰教,也有别于国内的佛、道等教,而为中国伊斯兰教所独具的特点。

第一,伊斯兰教传入中国的路线主要有两条,一条是海路,一条是陆路。唐宋时期的早期传入,以海路为主,陆路兼而有之。总之,伊斯兰教的传入是经由陆上"丝绸之路"和海上"香料之路"而来的。

第二,唐宋时期伊斯兰教在我国的传播主要由阿拉伯、波斯、东南亚等地的穆斯林商人及其随行人员,以沿着南北各交通大道的主要城市作为商业据点,在他们久居或定居的过程中,在他们子孙后代繁衍的过程中传播了伊斯兰教。所以唐宋时期的伊斯兰教的传播是沿交通线呈点状分布。

第三,伊斯兰教传入中国是以和平的方式。这种和平方式主要表现在将伊斯兰教带入中国的,主要是唐宋时期数以万计的穆斯林在中国的永久定居和世代繁衍,促成了中国伊斯兰教的早期发展。商人来中国的目的不是传教,而是经商。当时中国海外贸易空前活跃,统治者对外来商人实行鼓励和保护政策,为他们大量来华创造了条件。穆斯林在中国定居后,保持着自己的宗教信仰,并通过与中国人通婚、繁衍子孙,缓慢地增加着穆斯林的数量。他们的宗教信仰开始被当作一种生活习俗,没有引起统治者特别的注意。伊斯兰教传入中国,并没有一个教义思想的传布相伴随。它主要依靠载体自身细胞的增殖来扩大信仰世界。

第四,伊斯兰教传入中国不是一蹴而就的,是个缓慢的过程。内地伊斯兰教的传播从 7 世纪至 13 世纪,都经历了大约六七百年的漫长岁月,其传播速度是相当缓慢的。伊斯兰教主要依靠载体穆斯林自身繁衍,在自己的文化圈子内部传承,仅有极少数教外人皈依,充实到穆斯林行列中来。他们"入其乡,随其俗",走着一条半开放式的发展道路。之所以说是半开放式,是因

为穆斯林在中国娶汉人为妻，生儿育女，通过血缘的交融，使少数中国人逐渐地信仰了伊斯兰教，这是一种生活的、文化的方式，而不是宗教的方式，所以它并没有引起中国人的反感，没有与中国文化发生冲突，这种过程是极其缓慢的。

第五，伊斯兰教在中国基本上不对外传教，不广纳信徒以壮大声势，亦不与其他宗教争高下，特别是不攻击儒家思想，以避免引起封建统治阶级的反感，树立敌对面。所以伊斯兰教教义鲜为教外人知，也未遇到儒、佛、道及其他人的嫉恨。伊斯兰教从唐代迄宋朝，在中国传播过程中，从未受到过最高统治者崇高的待遇。伊斯兰教主要是在社区中半开放性地发展，不大肆招揽信徒，则较少受到中国政治的干预，避免了与中国政治发生冲突。伊斯兰教在中国的传播发展速度虽然缓慢，但却很平稳。

2. 唐宋时期伊斯兰教传播发展的影响

研究历史，是为了揭示社会发展的规律，以促进社会的进步。唐宋时期伊斯兰教在中国的传播与发展，对中国社会产生了一些独特的影响。

第一，唐宋时期伊斯兰教在中国的传播与发展，对回回民族的形成及其发展，起了主导作用。唐宋时期随着阿拉伯、波斯、中亚穆斯林商人、贡使、兵士、艺术家等东来中国经商与定居，回族作为一个民族共同体开始萌芽出现。中国回族是信仰伊斯兰教的外来民族来华后与汉族及其一些少数民族经过自然同化和融合而逐渐形成的。可以说，唐宋时期来华的阿拉伯、波斯、中亚等地穆斯林是形成中国回族最初的先民，而汉族及其他民族的改宗，则是回族发展的重要保证，其中，伊斯兰教起了极其重要的作用。伊斯兰教不仅成了维系民族共同感情、共同心理状态的纽带，而且也是一种占据主导地位的意识形态和社会经济的法律制度。伊斯兰教作为一种信仰、一种文化、一种生活方式，一种意识形态和信仰体系指导并支配着回族人的人生观、价值观和世界观。伊斯兰教信仰成为回族文化的主干和核心。

第二，唐宋时期伊斯兰教在中国的传播和发展，奠定了今天回族遍布华夏大地，大分散小聚居的格局。唐宋时期伊斯兰教随着阿拉伯、波斯穆斯林商客经商、留居，最先传到东南沿海、北方一些城市、西北一些地区、川滇一带。在一些城市和地区出现了穆斯林聚居的蕃坊，元代回回哈的司的设置、后代回族社区的扩大几乎都是在此基础上形成的。他们“擅水陆利，天下名城巨邑，必居其津要，专其膏腴”。元、明、清后中国伊斯兰教的传播及其回族人的居住、分布也都是在唐宋时期伊斯兰教早期传播地区的基础之上繁衍增加的。

第三，唐宋时期伊斯兰教在中国的传播与发展，促进了中国经济的发展。唐宋时期的来华穆斯林大多都是商人，他们来华目的也是为了经商。在商业经济史上，一方面他们继承了阿拉伯商业的传统，另一方面，他们又吸收了中国商业的特色，在此基础上有了新的发展，从唐宋时期的贡赐贸易与市舶贸易中看出，有时穆斯林蕃客的市舶贸易占朝廷财政收入的1/20。来华穆斯林的贸易活动，大大促进了中国商业经济的发展，繁荣了中国经济的类型，在一定程度上平衡了中国传统社会重农抑商的文化价值观念。

第四，唐宋时期伊斯兰教在中国的传播与发展，给我国输入了一种新的宗教，一种新的文化价值观念。唐宋时期的中国主体文化是以儒佛道为主的汉文化，而伊斯兰教传入以后，一方面抗衡了岁月和多种异质文化冲击，保持了自己的宗教特点和文化特色，另一方面又积极正视、趋向汉文化，从汉文化中汲取养分融入自己的中国伊斯兰教文化，实行文化再造，从而使自己的文化传统得到提升，又避免了汉文化的同化。伊斯兰教在中国没有消融在强大的汉文化中，反而获得了独立存在和发展的空间，成为影响中国10个少数民族共同信仰的文化价值观念。

结　语

唐宋时期的伊斯兰教在中国传播与发展，基本上走的是一条本土化道路。因为中国传统文化对任何一种宗教都具有方向性的约束力。比如在教育制度方面，宋代在穆斯林聚居区设立"蕃学"，专门招收穆斯林子弟，教授中国儒家教材；在仕途方面，穆斯林通过科举考试进入仕途，而科举考试的科目完全是儒家的学问；在制度管理方面，唐宋政权都对穆斯林及其伊斯兰教进行管理，并且按照中国的律令制度执行。这些措施，都引导了伊斯兰教向中国本土化方向的发展。伊斯兰教与中国传统社会相适应，并被传统社会所接纳，意味着伊斯兰文化在中国所采取的不是总体上同中华文明相冲突的走向，而是采取了相交融、相嫁接，进而成为中国传统文化一部分而又不失伊斯兰文化本色的一种文化走向，即保持了伊斯兰教的基本信仰和基本生活方式，又发生了符合中国国情的变化，获得了伊斯兰教和中国文化的双重品格。

（作者：马志峰，西北民族大学历史文化学院宗教学方向2006级研究生）

民办阿拉伯语学校与穆斯林社会发展

——历史回顾与现实考察*

【论文提要】 研习阿拉伯语是回族穆斯林的文化传统之一。20世纪早期及改革开放后两次兴起的民办阿拉伯语学校，是回族人民传承民族文化、谋求自身发展、服务国家建设的实际行动，体现了他们意欲跟上时代发展、实现文化自觉的愿望，同时也是中国社会变革和进步的必然结果。历史证明，回族穆斯林学习阿拉伯语的目的，并不限于掌握宗教知识，用于宗教生活，更有振兴民族、报效祖国的崇高定位。特别是改革开放以来各地兴办的阿拉伯语学校，更对促进当地经济发展、宗教和顺和社会进步发挥了积极作用，临夏外国语学校就是一个典型的例证。在国家大力倡导民办教育、实施西部大开发战略的新形势下，各地相关部门应进一步解放思想，全面贯彻《民办教育促进法》，对当地民办阿拉伯语学校给予更多的扶持，各地民办阿拉伯语学校更当把握机遇，乘势而进，为民族地区的文化发展和经济建设做出应有的贡献。*

一、研习阿拉伯语是中国回族穆斯林的文化传统

众所周知，公元8世纪以来，阿拉伯、波斯等西域穆斯林"一手拿着珠宝香料，一手拿着《古兰经》，在物质贸易过程中

* 本文是为2008年10月在兰州举行的"穆斯林与和谐社会"学术研讨会提交的论文，本次会议由国务院发展研究中心民族发展研究所主办，甘肃省民委民族宗教问题研究中心、兰州大学中亚研究所及甘肃省国际文化交流协会等单位承办。

使中国和阿拉伯人民有了跨文化的交际和社会文明的交往，最终把伊斯兰文化传播到了中国”[①]，也把作为很长历史时期内重要国际性语言的阿拉伯语传播到了中国，从而开启了阿拉伯－伊斯兰文化与中华文化两大东方文化相互交流的漫长历程。在两大文化相互交流的进程中，一个新的民族——回回民族——诞生于中华大地。

唐宋时期，侨居中国的大量“蕃客”，不但在相互之间的日常交往中使用阿拉伯语，而且还在广州、泉州、杭州、扬州等东南沿海城市建立了中国最早的一批清真寺，他们在寺内讲经说道、研习教义时，也使用阿拉伯语。泉州、扬州等地留存至今的大量阿拉伯文遗迹也说明了这一点。

蒙元时代，由于政治格局和社会形势的重大变化，更有大批西域“回回”来华定居，并不断“华化”，成为中国社会的重要成员。回回人使用的主要语言阿拉伯语是当时先进科技文化的主要学术语言，他们将天文、医药、数学、军事等领域相对先进的阿拉伯科技文化带到了中国，仅元秘书监收藏的“回回书籍”（阿拉伯文典籍）就多达 242 部[②]，内容涉及天文、历法、医学、数学、化学、地理、文学、哲学、历史等诸多领域，其中包括阿拉伯著名医学家伊本·西那的《医典》。回回人札马鲁丁担任“回回天文台”提点（相当于国家天文台台长），制造了多种用于天文观测的“西域仪像”，这些仪像都以阿拉伯语命名，他还为元王朝编订了《万年历》。元王朝专门设立“回回药物院”、“广惠司”等，引进阿拉伯医药学，任用回回医学家开展医药研究工作。元廷还采纳回回人麦木[术]丁的建议，设立“回回国子监”，委任回回人翰林院益福的哈鲁丁掌管，招收回回子弟，专门教授阿拉伯文、波斯文及以这两种语言为基础的财务专用语“亦思替非文”。[③] 外语教育专家付克先生在《中国外语教育史》中，将“回回国子监”视为“我国最早的外国语文学校”[④]。

到了明代，随着“西域回回人”的不断“华化”，懂得阿拉伯语的人日益稀少，以致出现“经文匮乏，学人寥落，既传译之不明，复阐明之无自”[⑤]的局面。于是，以陕西胡登洲（1522—1597）先师为代表的回回教育家，从挽救自身文化

---

① 杨怀中、余振贵主编：《伊斯兰与中国文化》，宁夏人民出版社 1995 年。

② 〔元〕王士点、尚企翁撰：《元秘书监志》。

③ 丁俊：《中国阿拉伯语教育史纲》，中国社会科学出版社，2006 年。

④ 付克：《中国外语教育史》，上海外语教育出版社，2004 年。

⑤ 《修建胡太师祖佳城记》，见白寿彝主编：《回族人物志》，宁夏人民出版社，1990 年。

传统的愿望出发，开创出著名的“经堂教育”模式，教授阿拉伯语，研习伊斯兰教义，培养了一代又一代具有深厚阿拉伯语甚至波斯语造诣的经师。经堂教育绵延发展数百年，在传承民族文化、提升民族素质、沟通中阿(伊)文化交流方面作出了艰苦的努力。特别是经堂教育还推动了“以儒诠经”活动的开展，将“天方之学”与宋明理学融会贯通，构建起“回儒一体”的中国伊斯兰教思想体系，实现了伊斯兰教在中国的本土化，丰富了中华文化。不过随着时代的发展，经堂教育的不足和缺陷也越来越明显，改进经堂教育日益成为回回民族文化发展的迫切任务。

进入20世纪后，中国社会发生了翻天覆地的深刻变化。辛亥革命推翻清王朝，建立了中华民国；“五四”新文化运动高擎民主与科学的大旗，极力推进文化和教育的变革，新式学校教育蓬勃兴起，出国留学蔚然成风。在这样的大背景下，中国穆斯林也开始走上文化自觉之路，探索变革经堂教育的途径，兴教办学，一种新的教育方式——“学校教学”便应运而生。

首开回族穆斯林新式学校教学之风的当推著名阿訇王浩然(1848—1919)。王阿訇于1905年赴麦加朝觐，借机遍游埃及、土耳其等国，颇有感悟，回国后即锐意兴学，以启民智，他说：“余游土耳基归国后，始知世界大势非注重教育，不足以图存。随即提倡兴学。”[①]1907年，浩然阿訇在北京牛街礼拜寺创办了“回文师范学堂”，改经堂教育为学校教育，增订课程，兼授中文。之后，在全国各地回族穆斯林集中居住的地方，陆续兴办起数十所不同规模的新式学校，著名的如湖北武昌清真小学(1912)、北平成达师范学校(1925－1949)、山西晋城崇实中学(1927－1938)、上海伊斯兰师范学校(1928－1937)、浙江杭州穆兴中学(1928－1937)、四川万县伊斯兰师范学校(1928－1935)、云南明德中学(1929－1952)、湖南常德伊斯兰中学(1931－1933)、甘肃平凉伊斯兰师范(1938－1949)、云南沙甸养正学校(1940－1950)等。其中尤以北平成达师范和上海伊斯兰师范等学校最有成就。

成达师范学校由马松亭阿訇等于1925年在山东济南创建。校名取“成德达才”之意，《成达师范总章》明确规定，学校以“流行师范教育，以造就健全师资，启发回民知识，阐扬回教文化为宗旨”，“成达之目的，即在教育兴教，宗教

① 王宽：《〈中国回教俱进会本部通告〉序》，见白寿彝主编：《中国回回民族史》(丙编·附录)，中华书局，2003年。

救国”,“阐扬回教文化,即中国图强之一道”[1]。1929 年,成达师范举迁北平,并创办了《成达校刊》和《月华》杂志,以配合教学,推动学术。学校还时常邀请知名学者来校讲演,著名学者顾颉刚、张星烺、冯友兰、白寿彝、韩儒林等都曾在成达作过学术报告。1932 年,成达开始向埃及爱资哈尔大学派遣留学生。1936 年,成达师范建立起成达图书馆,收藏有大量阿拉伯文书籍。值得注意的是,图书馆的筹建得到不少教外著名人士的大力协助,蔡元培、陈垣、顾颉刚等当时知名的教育家和学者都是“成达师范福德图书馆筹备委员会”的成员。1938 年,成达南迁广西桂林,1944 年因桂林沦陷又转迁至重庆。抗战胜利后,成达又迁回北平。1949 年 10 月,成达与北平的西北中学、燕山中学合并,成立“回民学院”。

成达师范在民族教育方面所做的努力是多方面的,它成功地改革了传统经堂教育的教学模式,走出了一条新路。在课程设置、教材的引进和编写、聘用外籍教师、派遣留学生、图书资料建设、学术研究活动和开展对外交流等方面都做出了可贵的努力。成达师范“开辟了一条冲破纯宗教教育藩篱、把宗教教育同社会普通教育结合起来的康庄大道”[2]

上海伊斯兰师范也是民国时期著名的回民民办阿拉伯语学校。1928 年,从国外考察回国的达浦生、哈德成两位著名阿訇,深感中国穆斯林“教务日颓,文化衰落”,立志要“革新经堂教育,创办新型的伊斯兰教教育”[3]。遂于同年秋创建上海伊斯兰师范。1931 年,学校开始向埃及派遣留学生。1938 年,因抗战爆发,学校被迫迁往甘肃平凉,改称平凉伊斯兰师范。上海伊斯兰师范在上海办学 10 年,共招 4 届学生,毕业生 60 多名,这些数字虽然不大,但在当时该校教育理念堪称先进,师资力量也相对雄厚,因而教学质量较高,加之学校位于大都市上海,对全国有辐射作用,培养出的学生后来也都具影响,如北京大学教授马坚先生、台湾政治大学阿拉伯语系首任主任定中明等均出自上海伊斯兰师范。

以成达师范和上海伊斯兰师范为代表的新式回民阿拉伯语学校,都有一个共同的办学理念,就是要培养“阿汉兼通”的应用型人才,因而在教学内容、课程设置、教材选用、教学方式等许多方面与传统经堂教学大有不同,有的学校还主张“阿、汉、波、英”四文并举。另外还加授数学、史地、美术、文(艺)体

---

①② 李兴华等:《中国伊斯兰教史》,中国社会科学出版社,1998 年。

③ 上海宗教志编纂委员会:《上海宗教志》,上海社会科学院出版社,2001 年。

(育)等科目。两所学校一南一北,成为阿拉伯语教育从经堂模式向新式学校成功转变的典型代表,开新风,走新路,引领了当时回民教育的新潮流,开拓出回族教育的新局面,在我国民族教育乃至外语教育史上写下了富有特色的一页。

民国时期新兴的民办阿拉伯语学校,是回族为实现文化自觉、谋求民族进步所做的艰苦尝试,具有鲜明的时代特征,反映出当时回族穆斯林力求紧跟时代,努力自强,发展文化教育的强烈愿望。无论其创办者,教师,还是学生,都有与时代潮流合拍的新理念,具有强烈的国家意识和爱国精神,具有强烈的报国之心和勇于承担使命的责任感。这正是回族新式阿拉伯语学校长期发展的重要动力之一,也是其最大的成功之处。不少毕业生后来很有作为的事实也证明了这一点。"这些学校,包括成达师范在内,造就了一大批回族知识分子,其中不少是中小学教师和新型阿訇。通过派遣留学生,这些学校还为国家培养了一批阿拉伯语人才,新中国成立后在大专院校阿拉伯语专业任教的,即有15 名之多"①,成为新中国阿拉伯语高等教育事业的奠基者和开拓者。

历史证明,研习阿拉伯语是中国穆斯林的文化传统。回族穆斯林正是通过对阿拉伯语的研习,传承民族文化,提升民族素质。民国时期以成达师范为代表的阿拉伯语学校,更体现出回族同胞爱国爱教优良传统和与时俱进、自强不息的民族精神,它以生动的实例说明,回族穆斯林学习和掌握阿拉伯语的目的,已并不局限于获得宗教知识,用于宗教生活,更有传承文明、服务社会、振兴民族、报效国家的崇高定位。

二、民办阿拉伯语学校是促进穆斯林聚居地区经济文化发展、社会和谐进步的积极力量

改革开放以来,全国各地回族穆斯林聚居地区再度陆续创办起了许多民间阿拉伯语学校,有一定办学规模的如云南开远阿拉伯语学校(1979 年)、甘肃临夏外国语学校(原临夏中阿学校,1980 年)、甘肃兰州阿拉伯语中专(1981年)、山西长治阿拉伯语学校(1984 年)、甘肃广河阿拉伯语学校(1989 年)、甘肃张家川穆斯林学校(1991 年)、宁夏银川阿拉伯语学校(1991 年)、云南通海纳家营伊斯兰文化学院(1994 年)等。各地民间阿拉伯语学校的开办,既是国

① 刘麟瑞:《我的回忆——成达师范学校》,载《阿拉伯世界》,1991 年第 2 期。

家改革开放一系列政策得以贯彻落实的必然结果，也是对民族文化传统的一种继承和延续。要是没有国家的改革开放，没有回族人民独特的文化传统，这么多的民办阿拉伯语学校是不会一时兴创的。各地多年的办学实践证明，民办阿拉伯语学校对于促进当地经济发展、宗教和顺和社会进步发挥了重要的积极作用，各地阿拉伯语学校作出的成绩，也得到当地政府及有关部门的肯定和表扬。甘肃临夏外国语学校就是一个突出的例子。

临夏外国语学校原名临夏中阿学校，是改革开放后西北地区创办较早的民间阿拉伯语学校，现在已发展为一所颇具规模、富有民族特色的中等职业外语学校。学校最初由当地一位开明的学者型阿訇马志信于 1980 年创办。1989 年临夏市教育局根据甘肃省教委 1988(154)号文件精神报请自治州教育局批准正式成立[临州教发 1989(12)号]。2007 年 8 月，改名为“临夏外国语学校”。学校的办学宗旨是:“发展民族教育，提高民族素质，发展民族经济，促进中阿交流，培养有理想有道德的专业人才。”创办初期，学校条件极其简陋，经过长期艰难曲折的发展，逐步形成了由男校和女校两大教学单位组成的阿拉伯语专业学校，建有各自独立的教学大楼，并有图书室、多媒体语音室、电脑室、多功能报告厅、学生食堂、学生宿舍、卫生室、操场等教学设施。

临夏外国语学校秉承成达师范的爱国传统，坚持自强不息的民族精神，在教学中强调德、才兼育，中、阿并举。开设课程主要有三大类。第一类是专业类的阿拉伯语课程，包括基础阿拉伯语、阿拉伯语语法、阿语修辞、阿语精读、阿语泛读、阿语会话、阿语听力、阿语应用文写作、阿语训古、音韵学、阿汉互译等，主要采用北京外国语大学阿拉伯语专业的教材，课时安排占较大比例；第二类是中文及文化课程，包括现代汉语、古汉语诗文选、汉语写作、中国历史、世界简史、回族史、时事政治、法律常识、计算机应用基础等；第三类是穆斯林文化常识课程，包括伊斯兰文化基础、圣训学、《古兰经》知识、伊斯兰教历史等。另有体育(主要有体操、武术、篮球、乒乓球)以及请当地武警教官开设的军训等活动。学校于 2006 年开办大专自考班，设置了马克思主义哲学、大学语文、现代汉语、文化概论、英语等课程。

临夏外国语学校师资力量在办学早期很薄弱，20 世纪 90 年代以来，该校早年毕业后出国留学的一些青年陆续归来任教，师资力量得到一定加强。学校在注重教学的前提下，还注意鼓励教师积极从事有关教学、翻译等方面的学术研究工作，办有内部发行的《中阿校刊》，发表教师的教学心得及学生的翻译习作等。该校青年教师翻译的阿拉伯古典哲学名著《圣学复苏精义》被商务印书馆列入世界宗教文化名著丛书出版，一些教师还在《阿拉伯世界研究》、《回族研究》等刊物上发表过学术论文。截至 2008 年，已有 10 位教师通过了相关部门组织的考试，获得国家颁发的《教师资格证》。

临外学制 4 年，实行校董会领导下的校长负责制。办学经费由校董会负责向社会募捐。早期阶段学生免费入学，后来随着市场经济形势的发展，开始适当收取一定学杂费。学校立足西北，面向全国招生，入学新生要求有初中以上文化程度。目前，有来自甘肃、宁夏、青海、新疆、西藏、河南、福建、吉林等 20 多个省区的回族、东乡族、撒拉族、藏族等各民族的学生在此求学。现有学生 1504 人（其中女校女生 760 人），34 个教学班；教职员工 131 人（其中硕士 4 人，学士 46 人，大专 13 人）。① 自开办以来，已有大量学生从临外毕业。毕业生中有出国留学的，有的到北大、北外等高校阿拉伯语专业继续深造的，有在行政机关单位参加工作的，有被中建公司国家大型等涉外企业聘用当翻译，有在广州、深圳、义乌等地从事对阿贸易活动或为阿拉伯商人担任翻译兼导购的，等等。

临外目前还与西北民族大学外国语学院等国家高等院校开展联合办学，初步建立了校际合作关系，并计划在未来几年里，进一步拓宽专业领域，提高办学层次，力争把学校办成一所高水平的富有民族特色的民办外语职业学校。还与埃及爱资哈尔大学分校——马来西亚格达哈国立大学、泰国亚拉大学等先后签订了派遣留学生协议。

多年来，临夏在人才培养及促进当地民族文化发展、宗教和顺、社会和谐及对外交流等方面作出了重要贡献，临外出色的办学业绩，受到当地有关部门及社会各界关注、赞誉和支持。

临外在阿拉伯语教学方面所取得的成绩，受到我国外语教育界特别是阿拉伯语教育界的赞赏。2004 年，教育部外语教育指导委员会阿语组组长、北京外国语大学阿拉伯语系主任国少华教授率考察组一行亲赴临外调研，指导教学，通过与学校师生座谈、听课等了解学校的教学情况，这是多年来高校阿语教育界权威人士首次踏入民间阿语学校大门，进行工作调研，考察组对学校的

① 文中临夏外国语学校的相关数据及信息，来源于是笔者对临外现任董事长马明道、校长赵玉龙及临外女校副校长靠素霞的采访。

教学给予充分肯定，并对学校的专业建设提出了建议。考察组在对包括临夏外国语学校在内的全国各地民办阿拉伯语学校进行了广泛调研之后认为，“在西北以及其他回族聚居区拓展阿拉伯语教育，对发展地区经济，实施开发大西北战略很有意义”。[①] 2005 年 10 月，在兰州西北民族大学参加“教育部高等学校外语专业教学指导委员会阿语组中国阿拉伯语教学研讨会 2005 年联席会议”的 20 多位全国各高校阿拉伯语专家专程前往临外参观，专家们对临夏外国语学校人长期艰苦办学的精神表示钦佩，并对学校取得的成绩及其在促进我国阿拉伯语教育事业持续发展方面发挥的作用给予积极评价。

临夏外国语学校为还当地工商界打开阿拉伯市场发挥了桥梁作用，例如当地地毯厂已有大量富有民族特色的产品销往中东，获得较好的经营业绩。2002 年 8 月，前来参观临外的沙特驻华大使穆罕默德·白舍尔对学校在阿拉伯语教学领域及在促进中阿经济文化交流方面所做的贡献给予称赞。

还应特别指出的是，临夏外国语学校女子分校(原女生部)多年来在推动穆斯林妇女教育方面所做出了突出贡献。长久以来，女校教职员工在校长马秀兰女士的带领下，以扫除穆斯林妇女文盲为己任。在临夏地区，许多妇女尤其是女童因为家庭困难等原因而失学、辍学的现象比较严重，女校以热情的怀抱主动接纳她们，使她们接受扫盲和普及教育，受惠女生达 1000 多名，许多妇女在这里第一次品尝到了知识的甘甜，不少人还有了一技之长，重新扬起了生活的风帆。女校还于 1994 年创办了《穆斯林妇女》(甘新出内部报型资料)，先后印行 46 期，在全国各地产生了很好的反响，受到在北京举办的第四次世界妇女大会的高度评价，为国家妇女工作增添了一道光彩，受到组委会的表扬。

临夏外国语学校办学人善于学习，不断进取，一贯注重准确领会自治州的发展战略，把握机遇，准确定位，立足临夏，面向西北，为当地社会经济发展全力服务，竭尽所能。临夏回族自治州有 110 万信仰伊斯兰教的各族穆斯林，占全州总人口的 56.5%，占全甘肃省信仰伊斯兰教人口的 66.9%。立足这一实际，临夏州委、州政府始终把民族团结、宗教和顺作为事关全局的战略性任务，确定了“团结、进步、发展”的主题和“打民族牌，走民营路，谋富民策，建和谐州”的发展思路。多年来，临夏外国语学校始终坚持围绕这一战略思路而努

---

① 教育部专业外语教学指导委员会阿拉伯语组“中国阿拉伯语教育现状调查研究课题组”:《中国阿拉伯语教育现状调查报告》,2004 年 8 月。

力，谋发展，促团结，建和谐。临夏外国语学校的办学成就及对当地经济建设和社会进步发挥的积极作用，得到了教育界及当地政府的充分肯定，也受到《民族报》、《甘肃日报》、中央电视台、甘肃电视台等多家新闻媒体的关注和报道。2006 年，临夏外国语学校被教育家协会评为“依法办学、诚信学校”；2007 年，临夏外国语学校添列为国家助学金扶持学校，每年享受国家助学金 80 多万元；2008 年，临夏外国语学校荣获临夏州教育系统“先进集体”的荣誉称号。

临夏外国语学校近 30 年的办学实践证明，民办阿拉伯语学校是促进穆斯林聚居地区经济文化发展、社会和谐进步的积极力量。

三、对民办阿拉伯语学校应给予足够重视和更多扶助

改革开放 20 多年来，各地民间阿拉伯语学校在艰苦的办学过程中积累了一定的经验，取得了一定的成绩，但普遍存在着不少问题和困难。有些问题和困难是地方性的或个体性的，有些则是共同性的，这些问题和困难主要有：办学经费紧缺；师资力量薄弱，教师队伍不够稳定；学生水平参差不齐；教学质量难有较大提高；有些学校对自身定位不够准确，发展思路不够清晰等等。要解决这些问题，还有许多艰苦的工作要做，需要多方面的支持和配合，特别需要地方教育主管部门的主动引导和积极扶持。

如何提高民办阿拉伯语学校的教学质量，使民办阿校更有效地服务于当地经济文化发展和社会进步，努力做到与时俱进，不断适应时代的发展，不仅是各地阿拉伯语学校办学者需要认真总结和思考的问题，也是当地政府相关部门特别是教育管理部门所当关注和研究的问题。当地政府及社会各界，包括办学者、助学者和管学者，都应进一步转变观念，解放思想，将民办阿拉伯语学校纳入民族地区持续和谐发展的视野，为其创造更好的社会环境，给予更多的支持。

民办教育不仅是我国教育事业的重要组成部分，也是民族地区民族工作工作的重要内容。大力发展民族民办教育，对于提高少数民族的人口素质，促进民族地区的经济文化发展，增强民族团结，都有十分重要的作用。民办教育，特别是民办民族要实现真正的公平发展，必须要有与之相适应的良好社会环境。其中包括宽松的政策环境、健全的法制环境、和谐的人文环境以及公正的市场准入环境。因此，要努力创造一个全民重视民族民办教育的社会环境，全面贯彻和落实《民办教育促进法》及国家对民族地区的一系列政策、法规，给予民族民办教育切实的“国民待遇”。教育部《2003—2007 年教育振兴行动计划》中早就指出：

民办教育是社会主义教育事业的组成部分，要遵循“积极鼓励、大力支持、正确引导、依法管理”的方针，依法保障民办学校权益；明确国家对民办学校的扶持措施，落实相关优惠政策，加强政策引导；促进民办教育扩大办学规模，改善办学条件，提高办学质量，增加办学实力；表彰奖励成绩突出的民办学校和教育机构；营造有利于民办教育自主自律、健康发展的环境，形成公办学校和民办学校优势互补、公平竞争、共同发展的格局。①

《计划》进一步强调，要“积极推进各级各类教育的体制改革和制度创新，凡符合国家有关法律的办学模式，均可大胆试验，使民办教育发展迈出更大的步伐”。根据这一精神，有关决策部门应高瞻远瞩，着眼于西部大开发、全面建设小康社会、加快民族地区经济社会发展及国家对外开放的实际需求，将民办阿拉伯语学视为民族地区人力资源开发的有效途径，给予更多引导和扶持。在深入实际，调查研究的基础上，出台一些具体可行的优惠政策，帮助民办阿语学校提升档次，如帮助学校引进教师、推进民办学校与公办学校间的校际合作等，并建立长期有效的管理和激励机制，对长期致力于民办民族教育事业的杰出人士及办学成绩突出的学校给予应有的奖励（如临夏外国语学校的创办者马志信老人，长期致力于民族民办教育事业，贡献突出，是临夏地区民办教育当之无愧的一名功臣，理应受到当地有关部门的嘉奖），使民办阿拉伯语学校不断向正规化、专业化方向发展。

特别需要看到的一点是，新时期不断拓展的中阿交往与合作，为民办阿拉伯语学校的发展带来了光明的前景。2004 年 1 月，胡锦涛主席访问了阿拉伯国家联盟总部，宣布正式建立中国—阿拉伯国家合作论坛，并提出了发展中阿新型伙伴关系的四点原则：1. 以相互尊重为基础，增进政治关系；2. 以共同发展为目标，密切经贸往来；3. 以相互借鉴为内容，扩大文化交流；4. 以维护世界和平、促进共同发展为宗旨，加强在国际事务中的合作。胡主席强调，中阿合作论坛“是新形势下加强和深化中阿关系的重要举措，有利于丰富中阿关系的内涵，用于巩固和拓展双方在各层次、各领域的互利合作”；“这清楚地表明，中阿关系的发展已对我国阿拉伯语专业的发展，提出了新的要求，规定了新的高

① 教育部：《2003—2007 年教育振兴行动计划》，见 2004 年 3 月 31 日《文汇报》。

度，人才培养的任务也更加迫切和繁重了。”①

在此形势下，作为国家高等外语（阿语）教育的重要补充，民办阿拉伯语学校迎来了广阔的发展空间。中阿全面交往对外语人才的需求是多方面、多层次的，不但需要高级专门人才，也需要一般的初、中级人才。高等学校阿拉伯语专业并不能承担培养初、中级阿语人才的任务，而这类人才的实际需求往往大于对高级人才的需求，这也是市场经济条件下各地阿拉伯语学校多年存而不衰的一个客观原因。这些年来，活跃在广州、深圳、义乌等东南沿海地区，充当中阿民间贸易桥梁的大量阿语翻译者，基本上都是民办阿拉伯语学校的毕业生。其中不少人还成立了自己的公司，利用懂得阿拉伯语的优势，招商引资，开展涉阿贸易。例如，临夏外国语学校学生锁进诚 1997 年毕业后即往广州经商，经过多年勤奋努力，已在广州办起家具厂，他借外语优势，将产品销王中东各国，业绩不菲。

概言之，新的形势为回族穆斯林发扬研习阿拉伯语的文化传统提供了前所未有的机遇，各地民办阿拉伯语学校应抓住机遇，乘势而进，不断深化改革，调整办学思路，多方筹措资金，增强师资建设，强化学校管理，规范课程设置，积极开展对外合作与交流，努力提升教学质量，为民族地区培养更多能够适应时代发展、具有一定专业技能的应用型人才，为民族地区的文化发展、经济建设和社会进步做出应有的贡献。

（作者：丁俊，西北民族大学历史文化学院教授）

① 朱威烈：《〈阿拉伯语言文化基础教程〉序》，中央民族大学出版社，2004 年。

略论成达人的爱国情结

——从成达师范两次迁校说起

【摘　要】 本文从成达师范学校的创立之始因和背景说起，以成达师范诞生和壮大过程中始终不渝的爱国主义精神和具体实践为基础，探讨民国时期回族新式教育中的爱国主义思想以及和旧式教育相区别的国家民族精神，并以此为基础进一步阐述伊斯兰教中"爱国爱教"思想与中国传统文化间彼此契合及实践的道路。

在中国伊斯兰教育史上，成达师范是近代史上建立时间最早、延续时间最长的伊斯兰师范学校。其历史地位之高可以用中国伊斯兰教育史上的"西南联大"予以形象概括，关于西南联大的历史事迹早已被诸多教育史方面的专家给予阐论和发挥，但对于属于我国少数民族教育——回族穆斯林新式教育的成果——成达师范则关注的不够深入具体，本文主旨即在通过对成达师范建校史上两次大规模迁校的历史事件的梳理，分析和探讨成达师范办学过程中爱国主义思想的影响和发挥。

回族新式教育中的"新式"是相对于传统的回族教育而言的，回族自其形成及发展过程中所涵盖的教育范畴是相当广泛的，从大的概念分析里面涵盖着几乎所有的教育形式和教育内容，例如：家庭教育、社会教育、自我教育等等，但从狭义的回族教育的解释来说所谓"教育"即是指在学校之内接受的教育，而本文的教育概念的界定即是以狭义的概念界定为准。

成达师范自 1925 年草创于济南穆家门清真寺起，其办学主张就与自明清以来的传统经堂教育有着本质上的区别，成达师范的创办人之一，马松亭先生曾指出："回族文化的静止，国家意识的薄弱，对于回族本身，多少成功了不和汉族同化而使本身加强特性的结果。这种现象，消极方面减削中华民族这个力量，另一方面促成回汉的反感，影响所及，真不是笔墨能形容的了。……基于这种教训，我们知道促进回、汉的团结，培植国家国民意识，提高回民文化，发挥回族固有精神，使恢复以前在国家的地位，是怎样重要的事情！而唯一的方策，养成时代的、适用的回教阿衡师资、利用他的优越权威地位，来领导他们，来完成这个使命，是我们夙夜匪解的天职。成达师范学校就在这种信念下产生。"[①]而对于回族教育中需要改革的内部原因他专门指出："(经堂教育)中国回教凭借着它延续千余年的生命。不过课程方面以文法居多，对于义理典籍比较少些。……所以这种教育，谈不到什么时代精神，国家意识，无形以与中国社会隔绝，造成独善其身的局面。这种弊端是很显然的。基于这种认识，更坚定我们创办改良回教师范教育的信念。"[②]正是基于以上的主张，成达师范在建立之初，学校的立校基础就是从"新"的角度和方向行进的，当时的回族内先进的知识分子意识到，如果意图振兴民族(回族)的传统和伊斯兰文化精神就必须从教育方面进行改革，普遍实行符合时代精神的民族教育并进行宗教方面的改良，唤醒本民族的自强意识，以推动整个民族向前发展，只有本民族向前发展了才有可能和其他民族一起共同担负起振兴中华的义务和责任。

自成达师范创立到民国结束的 24 年中，正是整个中国社会处于风雷激荡之时，外患不断，内忧频频，正如时人所言："即便想安心学习，但偌大的中国却放不下一张安静的书桌。"若把当时的中国比作一时波涛汹涌的大海，那么成达师范就是海上的一叶小舟；若说当时整个中国的教育环境都十分严峻的话，那么作为少数民族教育暨宗教革新教育的成达师范则可用环境险恶来形容，但即便如此，作为中华民族一份子的回族穆斯林和当时中国伊斯兰师范教育的最高学府成达师范都将爱国爱教作为最基础和最核心的议题来实践。正如成达师范草创之时发表的宣言所述：为"造就健全师资，发表回教文化，恢复回族固有精神，增进回民对于祖国的效能"计而创办之。这种情怀在今日可能不

①② 马松亭：《中国回教与成达师范》，《禹贡》半月刊第 5 卷第 11 期，第 12 页。

算什么高超的言语，但就在当时而言已属相当之前沿的议论；伟大革命先行者孙中山先生曾指出："三民主义首在解放国内各民族一律平等。回族在中国历代所受压迫最甚，痛苦最多，而革命性亦最强，故今后亟待从事于回民的唤起，使加入民族解放之运动。……使能唤起回民之觉悟，将使革命的前途得以绝大之保障。……总而言之，中国之民族运动，非有回族之参加，难得最后之成功，打倒帝国主义之工作，非有回族之整个整合，亦势难完成。"①简言之，成达师范的创立就是在近代中国救亡图存、强国保种的大背景下，为了振兴民族教育和致力于国家建设的思想产物。正是基于这种思想的指导才有了成达师范爱国爱教的种种行为实践，而本文就从成达师范的两次迁校谈起。

1928 年，当成达师范艰难草创稍有所成之时，成师所在地济南发生了巨大的灾难：由于当时的日本政府担心北伐军的军事行动影响到日本在山东的特权，更担心中国的统一损害他们的在华的利益，就单方面派遣军队到达中国山东以保护日本在华利益，阻止北伐军北上，并于五月三日在济南公开屠戮中国军民，造成震惊中外的"五三惨案"。因为"五三惨案"的发生使得成师不得不暂停办学而筹划另谋它地以继续发展，在得到当时的回族社会贤达的倾力相助之后，成师得以于 1929 年迁校北平，这次迁校行动突出地表现了成师的办学宗旨：即办学以树德为先，树德的根本立场就是绝不做危害国家及民族之事。由于济南惨案的发生，成达师范不得不放弃已经初具规模的学校而另谋它途，即便如此，成师依然决心迁校而无一丝反悔和犹豫，这正实践了中国伊斯兰教的爱国主义传统：在国家处于危难之际，作为穆斯林首先应该取得的是大一统的国家观的认同。用著名回儒王岱舆的话讲即是："人生在世有三大正事，乃顺主也，顺君也，顺亲也。凡违兹三者，则不忠、不义、不孝矣。"②这里的忠君在封建时代表现为对封建王权的忠诚，在步入共和社会后"忠君"也就演变为忠于国家政权。所以不论是身处伊斯兰国家的穆斯林，还是在非伊斯兰国家的穆斯林对于祖国忠诚就是服从真主的启示，所以顺主必然要求爱国，而爱国也是顺从真主的一部分。正是因为回族及伊斯兰教的爱国主义情怀，才有了移址北上而不愿苟存于日本铁蹄之下的成达师范，正是有了以上的实践也才有了成达师范自 1937 年七七事变发生之后转校南迁之举。

---

① 马松亭：《中国回教与成达师范》，《禹贡》半月刊第 5 卷第 11 期，第 13 页。

② 〔清〕王岱舆：《正教真诠. 真忠篇》，余振贵点校，宁夏人民出版社，1988 年，第 98 页。

成师自转迁北平之后，在社会各界和回族贤达的大力支持和帮助下有了较大发展，不但从学校规模上更从学科建设上有了长足的进步，如成师宣言所言："自十八年春(1929年)，将学校移至北平东四牌楼清真寺内，继续办理。……校舍既备是时学生会亦规模具备，自治能力颇增，由学术部发行月刊……凡此种种，足使学生成绩得以表现，学校声誉之益起。……朔本校自开办迄兹，凡例六载，其间叠经患难，幸赖主佑，并蒙各董事热心维持，得以日渐发达。自兹以后，更当努力前进，冀不负国内教亲之期许，此则同人区区之微意也。"①就在成师艰难发展，渐有所成之时，日本于1937年7月7日对北平驻军悍然发动进攻，酿成"七七事变"，使成师所处之环境顿时变得日益艰难。"七七事变"后北平沦陷，日伪政府成立，成师基于爱国思想，不愿在敌伪之统治下继续办学，就有了南迁的动议，并于1937年暑假后踏上了南迁之艰苦旅程。

在国难当头，民族危机之时，成达师范的决策者和广大师生，表现出了强烈的爱国主义气节，在成师尚未南迁之时，日本北平当局"令人示意，愿助以经费，俾早开学。后又易利诱为威胁，危词恐吓，敝校始终不为所动"②。而成师则是先假意周旋日伪政府，并于1937年12月中旬的一天凌晨，40余名师生以最快速度化装离平，为了迷惑日伪政府的耳目，成师校牌并未取下，仍高悬于校门，装作正忙于办理"开学"的准备事宜的假象。③ 马松亭先生率领师生先赴天津租界，然后分两批，一批由天津往上海另一批由天津转青岛后到湖南衡阳会合。另外还有一批学生在河南郑州集中，由庞士谦先生率领前往衡阳，两路师生一路历经辛苦会师于衡阳，在来自桂林的回族人士的接应下才又取道桂林，于民国27年(1938年)2月终于到达目的地，此时共计学生50余名，后又有一些学生自发辗转赶来，有的经过战区，有的则取道香港，其中艰苦不必细述。

成达师范转迁桂林这一事件本身，就体现着成达人强烈的爱国主义精神，表达了广大回族群众坚定爱国誓死不做亡国奴的坚强决心，反映了回族人民和全国各族人民紧密团结共同抗击日本侵略者的崇高意志。正如唐柯三先生

---

① 《成达文萃》，成达文萃编辑委员会编辑，成达学校出版部出版发行。

② 《月华》第11卷，第31、33期。

③ 常启明：《成师从北平南迁桂林的前前后后》，载于《纪念成达师范学校南迁桂林七十周年学术研讨会论文汇编》，2007年，第135页。

所说："穆圣云：'爱护国家，属于信仰。'吾人即知爱国为信德之一，即应尽我国民、穆民之两重责任。当此全面抗战之时，凡我回民，即不能悉赴战场，执干戈以卫社稷，应如何尊奉教义，努力教育，以激发爱国思想，充实救国力量，为国家之后盾……同人等不惮冒险阻、历艰难，以维护此生命线者，实感于救国兴教责任之重，不能不勉力负荷也。在今日言救国，组织民众，训练青年，实为第一要务……况我回民有信仰，敢牺牲，重服从，尚勇敢，果能组织训练，皆可为国干城。敝校此次迁桂，愿在政府指导之下，从事教育，造就师资，以发挥回民之潜伏力量，致力抗敌救国之工作。"

成达师生通过他们的实际行动表明了他们的主张。从硝烟弥漫的战区到大后方桂林，成达人切身感受到了山河破碎、民不聊生的痛苦，积极组织学生出版壁报，恢复《月华》的出版，积极发表宣传抗日的文章，组织宣传队伍宣传抗日救亡的真理，表演抗日节目，演唱救亡歌曲声讨日寇侵略，揭露日本帝国主义暴行，发动广大民众踊跃参军、保家卫国，组织、领导师生参演老舍先生编写的话剧《国家至上》，宣传回汉人民坚强团结共御外辱的决心，又办妇女识字班，提出"没有祖国民族无存，不爱祖国何以爱教"的时代口号，使学校的一切工作都与抗战紧密结合在一起，彰显了成达人高涨的爱国主义情感。成达人不仅在国内努力从事抗战事业还走出国门，向国内外人民广泛宣传中国人民抗日战争的伟大贡献和牺牲。自 1939 年起，成达第一班毕业生马金鹏参加西北回民抗战宣传团，深入到陕、甘、宁、青各省穆斯林群众当中，展示日寇焚毁清真寺、侮辱伊斯兰教、强迫穆斯林改变民族习俗的暴行，揭露日寇妄图建立"回回国"、分裂中国的图谋和野心，号召各地回族同胞树立抗战到底、保家卫国的决心。成达师范第一班毕业生王世明参加中国回教近东访问团，遍访埃及、沙特阿拉伯、黎巴嫩、叙利亚、约旦、伊拉克、土耳其、伊朗、巴基斯坦、印度、马来西亚、新加坡等国，会见各国朝野人士，揭露日本帝国主义对中国穆斯林的残酷迫害，宣传中国人民坚决抗战的决心和信心，还以阿、土、英三种文字编写了《中国回教近东访问团告世界回教教友书》，广为散发，并在国外报刊如《孟买新闻》、《印度星报》、《伊朗日报》、《埃及邮报》等上发表宣传文章为中国广大穆斯林爱国爱教的坚强决心做了有力的注脚。以成达师范毕业生为主的中国回教朝觐团，在团长庞士谦先生的率领下，于 1939 年赴麦加，在完成朝觐功课后，向来自世界各国的朝觐者们宣传中国各族人民共同抗日保家卫国的正义行动，揭露日本侵略军的累累罪行，对日伪政权所派"朝觐人员"的活动进行监视，对他们的行为进行了义正言辞的谴责和教育。各个访团通过外交战线的活动，“与无耻的敌人作了一次英勇的宣传战，敌人的卑鄙手段被揭露无遗。”[①]宣传中国人民抗日的正义性，赢得了穆斯林国家对中国道义上的同情和支持。与此同时，在这些宣传过程中，成达人也受到了各个国家、各个地区广大穆斯林群众的激励与教育，锤炼了意志，升华了自我，进一步坚定了爱国爱教的决心和信心。

回族作为一个信仰伊斯兰教的民族，伊斯兰教成了回族社会生活的组成部分，与团结奋斗的神圣旗帜。伊斯兰教先知穆罕默德曾说：“爱护生长你们的土地，属于信德之一半”，“你们爱护国家，应如鸟爱其巢”[②]。《古兰经》云：“你们应当维护真主的正道向侵略你们的敌人抗战。”[③]回族穆斯林从小都要接受这种热爱祖国、热爱民族的教育，有着强烈的民族自豪感和爱国思想，他们在外敌入侵、祖国危难之际，高举伊斯兰教义中“从国是天命”，“爱国是信仰的一部分”的大旗，同其他各兄弟民族一起与共同的敌人战斗，捍卫祖国的统一，维护中华民族的尊严。成达师范作为中国近代回族新式教育的典范，这种爱国爱教的思想是其办学的宗旨和特色正如唐柯三校长在桂林清真寺欢迎成达师范迁桂林大会答辞中，以“成达师范学校之缘起及迁桂之经过与意识”为内容，比较系统地谈到了成达师范的办学经历和主张。在谈到迁往桂林的意义，“简言之，就是服从教义，保全人格，不甘在敌人的利诱威胁下苟安屈服，保存回民教育的一线曙光，树立回民抗敌的风声”。对于中国穆斯林的爱国精神，他进一步阐述道：“我国回民不下五千万众，实为中华民国之重要成分。穆圣云‘爱国护教，属于信仰’。吾人既知爱国为信德之一，即应尽我国民之两重责任。当此全面抗战之时，凡我回民，既不能悉赴战场，执干戈以卫社稷，应如何遵奉教义，努力教育，以激发爱国思想，充实救国力量，为国家后盾。”[④]唐校长的讲话不但表达了成达师生的爱国之情，也反映了回族穆斯林对抗战的立场和决心。在成达师范的教育史中，教育成就固然令人称道，但其始终坚持爱国兴教的精神和同中华各民族共赴国难的气节，更令后辈所敬仰，今天我们重温

① 余振贵：《抗日前期大后方回族人士的爱国外交活动》，载《回族抗日斗争史论集》，河北人民出版社，1991年，第53页。

② 〔埃及〕巴基编，马贤译：《圣训珠玑》，宗教文化出版社，2002年，第90页。

③ 马坚译：《古兰经》，中国社会科学出版社，1997年，第63页。

④ 《月华》第10卷第1期。

这段历史就是要学习、继承、发扬成达先辈们的那种强烈的爱国主义精神，并将这种爱国爱教的成达精神发扬光大。

（作者：沈毅，南京大学哲学系博士生）

伊斯兰和谐文化与社会主义和谐社会的构建

【摘　要】 伊斯兰优秀传统文化中含有和谐思想与理念，挖掘与发扬其可在新的历史时期所表现出来的正功能和新价值有助于和谐社会的建设。论文认为和谐是伊斯兰文化的永恒追求与信仰理想，并且从生态、社会和身心健康三方面具体分析了其和谐思想。

当前，我国正处于建设社会主义和谐社会的关键时期，"和谐"成了中国社会的主流论调和战略目标。本文旨在研究伊斯兰优秀传统文化中的和谐思想与理念，以便挖掘与发扬其在新的历史时期所表现出来的正功能和新价值。

一、和谐：伊斯兰文化的永恒追求与信仰理想

党的十六届四中全会在《中共中央关于加强党的执政能力建设的决议》中强调指出，要把"和谐社会建设摆在重要位置"，提出了建设一个"以人为本，民主法制，公平正义，诚信友爱，充满活力，安定有序，人与自然和谐相处，充分体现社会主义优越性的和谐社会"的战略目标。这是我国经济社会发展中的重大举措。

那么，何谓"和谐"与"和谐社会"？顾名思义，"和谐"(Harmony)就是和睦、和顺、和平、和合、中和、符合、祥和之意，意味着各种事物之间或者事物内部各个要素处于协调相

处、有序发展的状态。而“和谐社会”(Harmonious society)指的是社会处于良性发展状态,社会系统的各个组成部分与诸要素之间比例协调、互相融通、联系紧密、处于稳定、保持有序。

其实,在伊斯兰文化中,和谐思想由来已久,伊斯兰文化的基本精神和主旨是“和谐”。按照阿拉伯语,伊斯兰就是“和平”之意,它意味着对于安拉的顺从和对于戒律的服从,与“战争”、“仇恨”、“恐怖”相对,旨在反对战争和传播和平与友谊 。可以说,伊斯兰文化是和平和谐文化,伊斯兰优秀文化有助于建设和谐稳定的生活家园,是实现和谐社会的基础。

首先,从教义看,伊斯兰始终反对暴力、战争等不和谐因素。对于战争,伊斯兰教认为其主要目的在于实现和平,说“如果他们(敌人)倾向和平,你也应当倾向和平”(8 :61),“你们当为主道而抵抗进攻你们的人,你们不要过分,因为真主必定不喜欢过分者”(2:190)。

其次,从人类发展历史来看,伊斯兰的确在不懈追求世界与人类的和谐。在6—7世纪,阿拉伯半岛社会矛盾突出,宗教争端不断,部落战争升级,武装事件不穷,人民深受苦难,穆罕默德创建了伊斯兰教,顺应历史发展潮流,结束了宗教纷争不息与地区动荡不安的局面,实现了区域和谐。此后,人类经历了世界大战的炮火洗礼,遭受了东西方两大阵营的对抗,颇受殖民主义的践踏,但是伊斯兰一直主张弃恶从善,净化心灵,和谐相处,其协调利益功能、凝聚人心功能、传播优秀文化功能、稳定社会秩序功能,一直在为实现世界和谐努力。

二、伊斯兰和谐文化对于当代中国和谐社会建设的促进作用

(一)伊斯兰生态和谐文化有助于实现人与自然的和谐

改革开放以来,我国以经济建设为中心,人民物质生活水平不断提高,综合国力得到提升,但是,单纯追求GDP增长的物本主义价值观和以人为中心的人类中心主义导致生态问题突出,环境恶化加速。以西部民族地区为例,其处在主要河流的上游地带,生态环境状况对全国有举足轻重的影响,但是,经济发展模式与战略选择中过分追逐经济增长,对于生态建设项目、资源高效利用项目的投资严重不足,使得原来处于生态脆弱带的西部民族地区生态环境恶化,植物稀疏,难以发挥涵养水源、保持水土、防风固沙等方面的功能;水资源严重不足,出现河流断流、湖泊干涸现象;土地荒漠化面积扩大,大片土地丧失,农田、草场和附近铁路、村庄受到威胁;水土流失严重,并且造成泥沙淤积,

加剧了下游的水患威胁;自然灾害频繁,沙尘暴的次数越来越多,强度越来越大。但是,伊斯兰生态文化中的天人合一理论、均衡理论和和谐理论,虽以真主创始说为根据,却主张人与自然和谐共处,肯定了人与自然和谐相处的发展观,是一种合理和科学的发展观。

1. 人不是世界的中心。《古兰经》说,"他(真主)本真理而创造了天地(6:73)",认为真主创造了世界万物,自然界的缔造者是真主而非人类自己,人类是自然界的一员,和鲜花河流、阳光空气、沙漠绿洲等是互相联系的,在生态系统中人与物是平等的,"真主以你们为大地的代治者"(6:165),人只是自然的"代治者",要自觉地尊重自然万物生存和发展的权利,而不能够超越自然,不能够主宰一切。2. 人要爱护自然。认为人与自然是对象性关系,两者息息相关,例如,《古兰经》说,"真主以牲畜的皮毛为你们的房屋,以群山为你们的隐匿处,以大地为你们的席,以盔甲为你们防御创伤,以天空为你们的幕,并且从云中降下雨露,而后生出许多果实为你们的给养"(2:20),因此要爱惜自然。

3. 开发自然要把握合理适度原则。首先要求人们节约自然界资源。例如,水为生命之源,伊斯兰教着重强调节约用水,明确说道,"你们应当吃,你们应当喝,但不要浪费,真主的确不喜欢浪费者"。(17:31)。其次是强调合理开发自然。例如,无论是人畜用水,还是灌溉用水,都不要污染;禁止乱开滥采金银铜矿;禁止乱捕滥杀野生动物;禁止人们乱砍滥伐森林树木,同时号召人们植树造林,绿化环境;从牛羊等动物身上挤奶时,要考虑母畜对幼畜的喂养需要,不能使其幼仔受到伤害;从蜂窝里取蜂蜜时,不能取尽,要留下适当的蜂蜜让蜜蜂自己食用等。总之,伊斯兰文化强调人与自然和谐共存,既提倡认识自然规律与利用自然资源,又反对毫无节制地滥用资源,对自然界充满了人情关爱与人文关怀,有助于唤起人们的生态环保意识。

(二)伊斯兰身心和谐文化有助于实现人自身的和谐

世界卫生组织把"合理膳食、适量运动、戒烟限酒、心理平衡"作为健康的四大要素,而伊斯兰文化对此都做了强调,并且效果显著。有资料显示,在全国第四次人口普查中,甘肃省临夏州获"寿星之乡"桂冠,根据是全州百岁以上老人共 29 人,占甘肃 82 人 的 36%,居全省之冠,长寿水平远远高于汉族。关键原因就是和宗教文化指导下的理念和生活方式有关。其身体健康,和谐文化具体体现在以下两个方面:

首先是对于身体的和谐与健康方面。主要表现在以下方面:(1)饮食文化方面。“清真饮食文化是信仰伊斯兰教的族群在遵守《古兰经》和《圣训》等宗教戒律的前提下，通过与特定的生态和历史人文环境的互动，围绕着进食这一行为而产生的一系列文化范畴”，它食量有度，即使面香味四溢的可口佳美食物，穆斯林主张饮食也不可过分，即所谓“不饥不食，食不过饱”。这符合人体生理需要。现代科学已经证明：饮食过量会造成机体负荷过重，导致机体组织损坏或崩溃，而适当摄入营养，可以提高抗病能力。许多人就是由于暴食暴饮，身体出现疾病，甚至出现胃出血、胰腺炎等症状，有的还付出巨大代价。禁食禁饮“不洁之物”，注意养生。在饮食文化中，明令禁止食用自死物、血液、猪肉以及诵非真主之名而宰杀的、勒死的、捶死的、跌死的、抵死的、野兽吃剩的动物(5:3)，而且鼓励多吃牛羊肉。现代医学证明其有充分的科学依据，食用自死之物等极易传染病菌、病毒，而牛羊肉有补气活血、镇静安神、养颜美容之功能；禁止饮酒、吸毒、吸烟。穆罕默德传达了一段严厉禁酒的“天启”：“信道的人们啊！饮酒、赌博、拜像、求签，只是一种秽行，只是恶魔的行为，故当远离，以便你们成功。恶魔惟愿你们因饮酒和赌博而互相仇恨，并且阻止你们纪念真主和谨守拜功。你们将戒除(饮酒和赌博)吗？你们当服从真主，当服从使者，当防备罪恶。如果你们违背命令，那么，你们须知我的使者只负明白的通知的责任。”穆圣的降示和教规，使穆斯林对酒的态度发生变化，从允许到限制饮酒，直到最后禁止。有学者统计：《古兰经》中关于禁酒的经文共有第16章67节、第2章219节、第4章43节、第5章91节四处，其中，第5章第91节晓谕是：“饮酒会阻挠你们记念真主和谨守拜功，你们将戒除饮酒和赌博吗？”根据作者的观察和统计，和其他民族比较，因饮酒、醉酒驾车而导致车祸者中，穆斯林几乎没有。(3)主张洁洗。“清洁是信仰的一部分”，“你们应当爱好清洁吧！因为伊斯兰教是清洁的宗教”(2:222)。礼拜前要沐浴，净衣和洁处。沐浴有“大净”和“小净”之分。小净的做法是：先洗下身，然后洗手、漱口、呛鼻、洗脸、洗臂、摩头至双耳，最后洗周身。大净的洗法是先按上述方法做小净，然后用水由上至下冲洗周身。另外，要定期剪指甲、修胡须。(4)主张定期到清真寺去做礼拜。要选择干净地方，端坐，大声颂经，鞠躬，然后静坐，思考。做到全身放松，一心向主，忘却世俗万物，心无杂念。这相当于修炼中国的气功和书法，忘却外界，意念集中，身心达到极度松弛，百病皆消。(5)注意选择居住环境。院落务必干净，阳光充足，空气流通，鲜花盛开，这对人身心很有好处。(6)注意修炼武术，强健体魄。回族中就流行查拳、通臂拳。

其次是对于心理的和谐与健康方面。市场经济体制的逐步建立，货币与商品观念深入人心，使得许多人产生了“拜金主义”心理，“一切向钱看”，结果是贪污腐败心理滋生，权钱交易，跑官卖官，走私贩私，卖淫受贿；悲观厌世，自卑抱怨，心理萎靡，有的甚至逃避现实，激烈的竞争中放弃生命；攀比心理，互相攀阔气，导致社会无序竞争和盲目浪费；享乐主义心理，认为有权不用，过期作废，人生在世，吃穿二字；困惑心理，在社会大变迁时期，社会与市场竞争中存在诸多“不确定性”，居民心理预期不佳，就业、教育、住房等问题对居民形成巨大心理压力，许多人面对世界的变化无所适从，产生心理和身体或社会疾病。对此，伊斯兰有自己健康与和谐的独特心理理念体系：(1)规定斋月，节制人们的贪欲、物欲、恶欲、私欲、色欲；(2)主张乐观面对失败、失落与失意。认为意愿没有实现是真主的安排，一切都要顺从自然原则，即使自己努力后没有实现，也不能够辜负真主赋予的使命，真主会在来世对于每个人的努力给予回报，只要能够经受得住各种考验，都可以在来世得到补偿，《古兰经》说：“我以祸福考验你们，你们只被召归我”(21:35)。与时下流行的“时世我曾抗争，成败不必在我”颇为相似。因此，伊斯兰教的主张则明显有助于调整情绪和心态，使人能心理坦然，情绪稳定，心胸豁达，形成较大的承受能力。

(三)伊斯兰伦理和谐文化有助于实现人与社会的和谐

中国穆斯林把伊斯兰文化与中国文化融会贯通，认为没有和谐的个人，就没有和谐的家庭，没有和谐的家庭，就没有和谐的社会，没有和谐的社会，就没有和谐的国家，没有和谐的国家，就没有和谐的世界，这样的理念有助于民族关系的改善和和谐，有助于社会各阶层之间的和谐 。也由此形成和谐个人——和谐家庭——和谐社会——和谐国家——和谐世界一种不断递进的层次和紧密相连的链条 。具体思想表现为：

一是主张家庭的和谐。主要观点是：(1)要孝敬父母，说“我曾经命人孝敬父母，母亲辛苦的把他怀他，辛苦地养他，从怀孕到断乳共计 30 个月”(46:15)。在家里吃饭时要把老人安排在上座，在路上遇到老人要有礼貌地问好，在清真寺内做礼拜时要把老者安排在最前面；(2)反对男子粗鲁地对待自己的妻子。主张男人要慈祥友爱地对待妻子，即使她们犯错，也要注意批评与教育方式。这和儒家文化中的“相敬如宾”有异曲同工之妙。

二是主张婚姻的和谐。主要观点是：(1)婚姻自主。成年的穆斯林男子有选妻的权利，女子有择夫权利，婚姻不可包办，须经本人自己同意，且要有证婚人，以确保婚姻的合法性和公正性，《布哈里圣训实录精华》说“未获姑娘同意，不得婚娶她，未获寡妇同意，也不能婚娶她”，“当他们与人相礼而同意的时候，你们不要阻止他们嫁给自己的丈夫”(2:232)，反对买卖婚姻、包办婚姻等形式。(2)离婚自愿，并且对于离婚时如何调解、财产如何分配都做了详细规定。(3)严格禁止男女之间的不正当、不道德行为。提倡信道、贞洁，反对结交和包养情人，认为婚姻是主所赐良缘，主张对违反者加以严厉处罚，说：“淫夫和淫妇，你们要各打一百鞭……”(24:2)等。这有助于树立正确的道德标准。(4)乱伦禁忌(又称血亲禁忌)。禁止母子、父女、兄弟姐妹等具有近血缘关系的亲属间通婚或发生性关系。

三是男女性别之间的和谐。主要观点是：(1)承认男女平等。原因是在伊斯兰教兴起之前，阿拉伯人生活负担很重，部分人于是活埋女婴，以减轻家庭负担。穆圣对此深有感触，于是在伊斯兰教兴起之后，坚决制止，严厉处治违反者，《古兰经》也严厉谴责重男轻女、溺婴的恶劣行径，把活埋和虐待女婴定为不可饶恕的大罪，使女性受蔑视和被压迫的历史结束。(2)主张教育权利的男女平等，认为女子和男子一样应该具有接受教育的权利和义务，求知是穆斯林男女的天职，并且强调成年妇女的素质对家庭和社会更有着举足轻重和不可替代的作用。(3)主张财产继承权利的男女平等。《古兰经》指出：“男子得享受父母和至亲所遗财产的一部分，女子也得享受父母和至亲所遗财产的一部分，无论他们所遗财产多寡，各人应得法定的部分”(4:7)。

四是主张社会群体与阶层之间的和谐。有一句“圣训”在中国穆斯林当中几乎家喻户晓，就是“爱人如爱己，方为真信士”，认为宗教信仰的更高境界是像爱自己一样爱别人 。穆圣说：“谁具有三种美德，真主就用荫影掩护他，让他进乐园：慈爱弱者，孝敬父母，善待下属。”此理念指导下的穆斯林比较关注弱势群体，采取实际行动救济贫苦人。例如，他们认为“如果你们要公开地施舍，这是很好的。如果你们要秘密地施济贫民，这对于你们是更好的”(2:271)；主张交纳天税，用于公益事业；另外还有：“愿你善待异乡之人，怜悯他，为他提供食宿”，“善待异乡人，满脸生辉。善待流浪汉，名满寰宇” 。在此追求和谐和善行思想的指导下，穆斯林群众有难时八方会支援，有喜时大家来庆贺，来客时各家争招待 。五主张民族之间的和谐。《古兰经》明确强调，“众人啊！我确已从一男一女创造你们，我使你们成为许多民族和种族，以便你们互相认识。”(49:13)，“人们原来是一个民族，嗣后，他们信仰分歧”(10:19)；圣人穆罕默德也说:“人类啊!你们的主是同一个主,你们的祖先是同一个祖先,你们都是阿丹的子孙,阿丹来自泥土。阿拉伯人不比非阿拉伯人优越,非阿拉伯人不比阿拉伯人优越;红种人不比黑种人优越,黑种人也不比红种人优越。”因此,生活在同一星球之上的各个民族,应该紧密联系,互相往来,毫无种族、地位、身份尊卑之分,应当团结一致,坚决反对图谋分裂,考虑的是整体利益和兴衰荣辱。例如,公元 630 年穆罕默德率军打回麦加时,没有采取报复行动杀害麦加贵族中的多神教徒,而是给予赦免,使穆斯林与基督教徒、犹太教徒、拜火教徒和其他宗教徒和睦相处,在法律上明确保护非穆斯林的生命、财产安全、人格尊严和宗教信仰 ,要求穆斯林要以公道和爱人之心容忍相待,不管对方是否属于穆斯林。

总之,伊斯兰的经典教义、教规,处处包含着和谐思想,这些和谐思想有助于维护社会稳定、经济发展、民族团结、世界和平,有助于广大穆斯林群众在社会主义和谐社会中贡献特殊力量,因此应该在新的历史条件下与消极因素区别对待,使其在引导伊斯兰教与社会主义和谐社会相适应中得到提倡和发扬,为建设社会主义和谐社会发挥提供文化资源和精神动力的积极作用。

(作者:陈淑琳,西北民族大学民族学与社会学学院硕士研究生)

新疆蒙古族藏传佛教发展现状调查研究

——以博尔塔拉蒙古自治州精河县土尔扈特蒙古为个案

【摘　要】 现今的新疆蒙古族主要是历史上游牧在我国新疆地区的卫拉特蒙古和清乾隆朝奉旨从张家口西迁新疆戍边的察哈尔蒙古的后裔，而尤以18世纪中期从伏尔加河畔东归的土尔扈特蒙古为主。他们比较集中地分布在今天北疆的博尔塔拉蒙古自治州和南疆的巴音郭楞蒙古自治州。历史上的卫拉特蒙古从17世纪中叶正式改信藏传佛教，至今已历300余年。而新中国成立后的这半个世纪是新疆蒙古族历史发生剧烈变动的时代，其宗教信仰的传统也因之发生了断裂。改革开放后，随着党和国家新的宗教政策的颁布和落实以及恢复重建藏传佛教寺庙等相关措施的实行，新疆的藏传佛教在新的形势下显示出了初步复苏的迹象。但由于种种历史原因造成的当地蒙古族宗教信仰的传统断裂日久，以及改革开放后以经济发展为核心的世俗化浪潮席卷，新疆藏传佛教的恢复一直处在相对沉寂当中。只是在21世纪初经过之前十几年的酝酿和准备，它才显示出了较为明显的复苏迹象。

本文主要运用宗教社会学的理论与方法，通过对现今新疆蒙古族宗教信仰状况的实地调查，呈现其发展现状的特点并探究改革开放后至今其发展变迁的轨迹及原因。

改革开放后，学术界在有关新疆蒙古族藏传佛教信仰状况的考查和研究方面，值得一提的是1982年由中国社会科学院民族研究所、历史研究所、新疆社会科学院民族研究所、宗教研究所、经济研究所及新疆大学历史系等单位组成的新疆蒙古族社会历史考查队对新疆蒙古族的历史、宗教、风俗习惯等进行的一次较为系统的考查，以及时隔三年后的1985年由新疆社会科学院佛教研究室的几位专家所组成的考查队对巴音郭楞蒙古自治州和静县巴音布鲁克区巩乃斯乡蒙古族的宗教信仰状况所作的为时48天的宗教社会学调查。而有关这两次考查的情况，《新疆宗教研究资料》第十四辑前言部分曾作了简要的介绍，“他们的考查(指1982年考查)是从纵的方面，即从新疆蒙古族的社会历史方面进行的综合考查，而我们这次的调查(1985年考查)，则是从横的方面，即从新疆蒙古族的宗教信仰和其他社会现象，诸如人口繁衍、婚姻家庭、政治经济、文化教育、医疗卫生、风俗习惯、风土人情等方面的关系上进行的抽样调查，欲从这些诸种关系中探索出宗教信仰发生变化的原因及其规律性”①。80年代所进行的这两次考查，是改革开放以来学术界对新疆蒙古族藏传佛教信仰状况所作的比较全面和细致的调研工作，但毕竟也已是20年前的事情了。近20年随着改革开放的不断深入和市场经济的持续发展，中国社会文化的各个层面均发生了重大的变化，宗教信仰作为社会文化的一个层面自然也不例外。因而我们可以断定今天新疆蒙古族的宗教信仰与20年前相比也一定发生了很大的变化，但学术界涉及新疆蒙古族藏传佛教发展现状的文章，近几年只见一篇，即姚学丽、刘仲康的《牧区蒙古族藏传佛教情感状况调查研究——以巴音郭楞蒙古自治州为例》(载《新疆师范大学学报》哲学社会科学版2008年第3期)

本文的目的即在于通过对现今新疆蒙古族宗教信仰状况的实地调查，呈现其发展现状的特点并探究改革开放后至今其发展变迁的轨迹及原因。为此，笔者在实际的操作中选择了其中的一个地方精河县作为调查研究的外限，又在精河县范围内最终确定了境内唯一的一座藏传佛教寺庙白庙和距白庙最近的一个蒙古族聚居的村落托林旦达盖蒙古队作为两个主要的调查点。希望能通过对白庙和蒙古队藏传佛教信仰状况的描述及二者之间互动关系的考查勾勒出精河县藏传佛教发展的一般状况，并进而反映出整个新疆蒙古族藏传佛教发展的概貌。

---

① 新疆社会科学院宗教研究所：新疆宗教研究资料(第十四辑)内部资料，1986年，第1页

第一章　精河县藏传佛教现状

精河县是博尔塔拉蒙古自治州下辖的一个多民族、多宗教的民族杂居地区。据县统计局2006年底人口普查资料:全县总人口136792人,其中汉族94495人,维吾尔族17074人,哈萨克族12784人,回族5833人,蒙古族5187人,其余21个少数民族共有1419人。全县共有47个宗教活动场所,其中伊斯兰教清真寺有46个,藏传佛教寺庙1个,称为白庙。据县宗教局2006年4月的统计数字:全县伊斯兰教信徒15000余人,藏传佛教信徒2200~2500人。精河县蒙古族在文化上既受到境内多元文化的影响,又受到临近的乌苏地区较为浓厚的藏传佛教文化的熏染,尤其是乌苏境内的几座藏传佛教寺庙对精河县蒙古族的宗教生活影响比较大。

现居精河县的蒙古族,是清乾隆时期从伏尔加河畔东归的土尔扈特部西路一支的后裔。全县5187个蒙古主要分布在精河县城、大河沿子镇、茫丁乡、八家户和托里乡五个地方,其中托里乡约占一半,有2438人。笔者实际调查的两个主要对象白庙和托林旦达盖村蒙古队就位于精河县托里乡的沙山子地区。

白庙,隔乌伊公路与托林旦达盖村相望,是现今精河县唯一的一座藏传佛教寺庙。蒙语称作"察罕苏木",是历史上驻牧精河的西路土尔扈特蒙古四苏木的总庙,藏文名阿热西创克尔林达曾(意为幸福经院)。创建于1890年,之前是流动式的毡房经院。白庙是大喇嘛苏都不·格甘(白庙的第一世活佛)专程到西藏拉萨请求达赖喇嘛批准建造的,为藏式建筑,选址在今博乐市郊的达勒特镇巴格不热村,庙宇文化大革命期间被拆毁。现今的白庙,是十一届三中全会以后在新时期党的民族宗教政策的指引和当地蒙古族信教群众的要求下迁址于今精河县托里乡境内的沙包东侧重建的,于1988年正式建成使用。现在庙中有活佛一人,寺管会主任一人,还有两个年轻喇嘛。

托林旦达盖村是一个以种植业(棉花)为主、养殖业(牛羊)为辅的自然村,人工挖凿的南干渠由南向北穿村而过。托林旦达盖村以村中柏油路为界分为东西两部分,路东为汉族队,路西为民族队。民族队居住有蒙古和维吾尔两个民族共98户471人,其中蒙古族95户415人,维吾尔族3户56人,因蒙古族占绝大多数,所以当地人都称之为蒙古队。队中蒙古各家各户均有院落,或由砖砌或由土垒，所居房屋也都是平房。房屋的布局非常整齐，四排平行地分布在村中三条东西向道路两旁，这是当地政府 90 年代后期统一规划的 。

在 2007 年 8 月—10 月为期两个月的调查时间内，笔者走访了托林旦达盖村蒙古队（当地人习称一大队）95 户蒙古家庭中的 70 户。通过对这 70 户家庭宗教信仰和具体作为情况的询问和观察，笔者对托林旦达盖村蒙古族藏传佛教信仰的一般情况有了初步的认识和把握。

一、庙上举办节庆活动时的参与情况

村民参加的庙上举办的最主要的节庆活动就是大小麦德尔节，其中尤以正月十五的大麦德尔节为重，组拉节村民们一般都是在自己家里过，当然也有不过的。举办麦德尔节时，由于不是农忙季节，所以届时多数村民都会前来参加，转经拜佛，磕头许愿。但即使相距如此之近，一大队的蒙古也有一部分麦德尔节时不来参加的。尤其是 50 岁以下的年轻人，有的庙会举办十几年以来从来没有来过，或是仅仅来过一两次。而那些来的蒙古族，其宗教热情也不是很高涨，只是当成一个节日度过。总的看来，对一大队的蒙古族来说，在他们心中参加不参加并没有什么重要，有时间想来就来，没时间或者不想来也就不来了。庙上举办麦德尔节十几年来，每一次都必定过来的，一大队中就少数的几个年龄大的蒙古族。大麦德尔节是这样，小麦德尔节就更不用说了。夏天举行的小麦德尔节，由于处在农忙季节，所以来的人就少得多，且多是一些上了年纪的人和小孩过来。可见村民们参加宗教节庆活动基本上是视生产忙闲、有无时间而定的。而且值得注意的一个现象是，像麦德尔节大部分村民有时间都去参加的情况也就是近五六年的事。据一位常在活佛身边帮忙的大姐朝丽蒙说："我连续十三年每年麦德尔节都来庙上，这几年参加的人才多一些。2002 年以前，我每次来的时候就见台下几个人，而且不懂规矩，他们，不等麦德尔佛抬出来，自己磕个头就走了。2002 年之后，也不知道咋的，人一下子就多了起来，而且也慢慢知道规矩了。以前只农民和牧民过来，城里的不见，这几年城里来的人多了很多。"这些话是可信的，因为当我问及一大队的蒙古族第一次参加麦德尔节是什么时候的时候，很多都回答七八年前或五六年前。可见村民们相对积极地参加麦德尔节也就是近几年的事情。

二、平常去庙上转经拜佛的情况

历史上，农历每月的初八、十五、三十，按规定是庙上喇嘛集体念经的日子，这三天周边的信教群众如果有时间就会去庙上转经磕头。而现今的白庙，由于僧人太少无法在这三天开展正常的法事活动，所以届时并没有喇嘛在庙里念经，但仍会有信徒在这三个日子去庙上转经拜佛。笔者调查的一大队蒙古一个月定期去庙上磕头拜佛的就五个人，且都是女性。四十岁左右的有三个，六十岁左右的有两个。而值得一提的是，这三个四十岁左右的女性均是来自宗教氛围相对浓厚的邻近地区：一个来自博乐市郊达勒特镇的红泉公社，原老白庙所在地；一个来自邻近的伊犁地区；一个来自巴音郭楞蒙古自治州。而像这样一个月三次庙上去礼佛的行为也就是近三四年才出现的现象，并且之初曾受到家人的反对和村民舆论的压力。据其中一位叫作乌兰的阿姨说："我开始来庙上磕头的时候，我们家人不理解，经常和我吵架，旁边邻居也计较我，说这是老迷信，年轻巴巴(年纪轻轻的意思)知道什么佛不佛的，可我没管，现在好了一些，(因为)他们知道了呗。"她们普遍反映最近两年一大队蒙古族对庙上转经拜佛的行为比以前了解了很多，也比较能接受了。但整个一大队不论年轻的还是年老的，平常庙上来磕头的人还是显得太少。当我问及年轻人他们平常去不去庙上转经的时候，他们均直言："平常我们好好不去，我们年轻人不是信得那么厉害，规矩也不太不知道，再说哪有时间?"

三、请喇嘛念经的情况

当我问及蒙古什么时候要请喇嘛念经的时候，村民告诉我按蒙族礼行房子出事了(指家里出事了)一般要请喇嘛念经。而这又可分为必须请和各家自愿请两种情况。家中如果有人去世，那是必须请的。刚去世的时候请喇嘛家中来念经，然后安葬的时候请喇嘛坟上去念经，死后七天、一年，家人、亲戚和朋友要到庙上来请喇嘛庙中念经。而四五年前，由于白庙当时没有喇嘛念经，精河的蒙古人死后，其家人都是到邻近的乌苏的庙上去请喇嘛念经超度。

除家中有人去世必须请喇嘛念经以外，别的情况请不请皆是各家自愿。主要有以下几种情况：一是家人有人生病，但并不是一生病第一个想到的就是去找喇嘛念经。一般的情况是先看医生，医生实在治不好了才去找喇嘛，既看病开药也念经。二是人做了噩梦，一般是女人。尤其是四十岁以上的女人做了噩梦，多会找喇嘛来房子念经，年轻的很少。三是家中常常出事，老不顺利。

这时候多半也都会请喇嘛念经,以趋吉避凶。可以看出以上几种情况请喇嘛念经在很大程度上是事后禳解补救性质的。当然也并非全部情况都是这种的。笔者调查的蒙古队最近三四年流行做一种叫作“祭泉水”的礼行。做这种礼行一般的是按家庭为单位一年一次,要请喇嘛念经。祭祀的地点选在有泉水流动的地方,祭祀的对象是泉水中的神,相当于汉族人的龙,祭祀的目的就是希望龙神保佑家人平安健康,不出什么坏事。而这种礼行多半未必是家中真的出了什么事才临时做的,这种礼行在很大程度上具有事前预防和例行的性质,因而与前述情况有所不同。此外,还有一种请喇嘛念经的情况,就是在人36、48、60、72岁等等据说是人生重要关口的年龄请喇嘛念经。因为蒙古族认为人逢这些岁数容易出事,所以要请喇嘛事前念经进行化解。而村中认为请喇嘛念经是迷信行为,从来没有请过的家庭也有,不过占少数。

四、家中拜佛的情况

在笔者走访的70户蒙古族家庭中,40岁以上的多半家中会供有十世班禅大师的黑白照片,尤其是有老人的家庭,而业已分出来的年轻人家庭很少供奉。这与十世班禅大师1984年7月20号精河一行有直接关系。时任全国人大常委会副委员长的班禅额尔德尼·却吉坚赞为考察新疆蒙古族的宗教信仰现状遍访了新疆蒙古族聚居的几个地区。班禅大师的到来极大地唤起了新疆蒙古族的宗教热情。当时的盛况,很多老年人至今仍记忆犹新,就好像昨天才发生的一样。由此以后很多家庭都供有班禅大师的黑白照片,说是当时发的。时至今日,情况仍差不多,只是一些婚后分家不久的年轻家庭没有供照片,问道一般都说是父母的房子有供,年轻人不兴供这个。而围绕这些照片的拜佛活动,有老人的家庭要频繁和规范一些,一般都由婆婆负责。但即便是有老人的家庭,也不是特别讲究,每月的初八、十五、三十这三个日子都给佛像前供茶水、点酥油灯磕头礼拜的仍在少数,据调查来看差不多有十来家。其中有三家特别虔诚,每天都拜,家中的经济情况在村中也是属于最富裕的,并且家中的老人对佛教知识了解的也比较多,其中有两个就是小时候在老白庙当过学徒的。多数的家庭并不怎么讲究,一般只是供在那里,只逢年过节的时候摆上一些供品拜一拜。当然也并非所有家中供的佛像都是十世班禅的黑白照片,也有十一世班禅小时候的,观音菩萨的,佛祖释迦牟尼的等等,但村中最先供的也最流行供的还是十世班禅大师的照片。而值得注意的一个现象是,近几年一些原先没有供佛像的年轻家庭也开始陆续供一些佛像了。

五、去藏区寺院礼佛的情况

这种现象的出现也就是近四五年才有的,多数去的是青海的塔尔寺,因为路途相对近一些,交通也比较方便,花费自然也少一些。西藏寺院去的并不多,但随着青藏铁路的开通,近两年也有选择去拉萨几大寺院礼佛的。一般而言,出外礼佛的都是家庭经济条件比较宽裕的,因为一个家庭一趟下来差不多五六千的花费,所以经济条件一般的家庭负担不起。在笔者的访谈中,有很多老人都表达了想去塔尔寺礼佛的心愿,说这是他们余生中最大的愿望。近几年随着经济的快速发展和村民生活水平的大幅提高,这种出外礼佛的现象也变得越来越普遍了,有的人甚至去了两三趟。但总体而言,一大队中去过藏区寺院礼佛的还不到1/4。

六、对佛教教义的了解程度及获知途径

托林旦达盖村的蒙古,总体而言对藏传佛教教义了解得很少,尤其是五十岁以下的年轻人,多数只知道喇嘛不能结婚、喝酒,别的就不知道了。问及的时候,基本的回答就是,“那个,佛教的东西,我们年轻人好好不知道,啥也不懂,老年人你问一下好好知道”。而五十岁以上的中老年人,据访谈来看,除个别的几个对藏传佛教教义了解得比较多以外,一般的也就知道一些具体的宗教节日和礼行的规矩。而其获知途径也比较单一,基本上是小的时候耳濡目染习得。

七、对白庙发展现状的关注程度

询问的结果令笔者多少感觉有点惊讶,因为相距如此之近,有一些村民其中,也包括一部分老年人竟然连庙上现在是谁在管理都说不上来。有的说好像是精河的人在管,有的说是都尼特在管,岂不知前任主持都尼特卸任已四年,过世也已两年。2003年起一直是巴音克西克在管理白庙。至于现今庙上有哪几个喇嘛,说不上来的就更多了,多数只知道巴音克西克和玉能,还有的说有金比(金比是巴音克西克2003年来之前负责白庙看门、打扫卫生的老头,几年前就去世了)。当我问及庙上一年当中都举办哪几次宗教活动的时候,多数也只知道正月十五的大麦德尔节,对六月初四的小麦德尔节和十月二十五的组拉节并不清楚。可见村民对白庙的发展现状很少关注。

八、对宗教信仰的态度

主要有两种态度：一种态度认为，这是老祖宗多少代传下来的东西，要信，信了有好处，占多数；另一种态度，直言宗教“都是老迷信，哪有的事”。这后一种态度，不仅会导致现实中个人心性结构和行为上信仰因素的缺失，而且会给别的信徒的心理和宗教行为造成一定的舆论压力。抱有这种态度的多是一些40岁以下的年轻人，而且在总体上占少数。另外值得一提的是一位现在温泉县派出所任职的28岁的蒙古大哥和一位现在精河一小上班的女老师的认知和态度，显得很理性，说宗教信仰就是一种心理需要，精神寄托。

而造成托林旦达盖村蒙古族个人宗教信仰差异的原因，通过调研笔者认为主要有三个：

第一是所经历的社会和成长的家庭宗教氛围的不同。

在访谈过程中笔者注意到，一大队蒙古族信不信教及信仰的程度体现在不同年龄阶段上的差异比较明显，50岁可以看作是一个分水岭。50岁以上的村民其宗教意识明显比50岁以下的人要浓。这主要是因为两代人出生、成长的时代的宗教氛围不同，所以两个不同年龄段群体的宗教意识、信仰程度形成了较为鲜明的对比。在访谈中，一位50岁的阿姨就说过，“我们这一代是受宗教影响的最后一代，我们下面的人基本都没经历过宗教信仰的那个年代，对佛不知道的多”。这是宗教信仰的代际差异。总体而言，青年一代的宗教意识和观念比之上一代要淡得多，但其中也有差异。据访谈来看，家中有老人健在的年轻人比之家中没有老人的年轻人宗教意识和观念就要强一些，谈话中提到佛呀、菩萨时态度也更尊重一些，这主要体现了不同家庭宗教氛围影响的差异。

第二是个人切身宗教体验的差异。

个人的宗教体验在个人有无宗教信仰及信仰的程度上有着决定性的作用。宗教心理学家詹姆斯在其名著《宗教经验之种种》一书中就指出宗教经验才是宗教存在的奥秘所在，也是宗教之核心和根本的要素。[①] 这集中体现在那些自称之前不信佛后又相信的人身上。这种转变主要发生在40岁左右，尤其是女性。在访谈的进程中有好几个阿姨都坦言自己信的时间并不长，也就三

① 〔美〕威廉·詹姆斯著，尚新建译：《宗教经验种种》，华夏出版社，2005年。

四年前的事，之前也好好不信。当我追问她们怎么之前不信后来又信了的时候，多半都谈及了她们自己或家人的切身体验。一位 42 岁的阿姨就说道："两年前我一直生病，看医生吧怎么也看不好，精河也去了，博乐也去了，都没用。后来实在没办法了，就去找了喇嘛，我们的小格甘(现白庙活佛)，他让抓了些药，还叫徒弟给庙里念了经。吃了一个月就好了，起那以后我就信了。"在访谈对象中，有类似这种经验的人还有好几个。而更多的人并没有这种经历，但他们也都说出了自己对人生的体验和想法。正像一位名叫明代的现年 45 岁的阿姨所说的，"年轻的时候也好好不信，现在我也信了。为啥呢？我们现在也都大了，40 多岁的人了，有个孩子也和你一样大，也外面念书着呢。说不定哪天我们就没了。给菩萨磕个头，保佑孩子平安，不出什么事。还是信的没错"。由此可见，一些个人的亲身体验和随着年龄的增长人生阅历的丰富也会促成一部分人走近宗教。

第三是文化素养的高低。

笔者在访谈中注意到一个耐人寻味的现象：出于维护民族对外形象的考虑或动机，文化水平较高的人一般都会在访谈之初我向他们询问现在这个地方的蒙古信教情况的时候有意无意地隐瞒一些真相，给我提供一部分虚假的信息，即明确肯定地告诉我，"我们这个地方蒙古都信"，而当我提出有蒙古族明确称自己不信佛的时候，他们知道瞒不过我，又会在言谈中毫不遮掩地表现出对那些声称自己不信佛的蒙古同胞的气愤和不满，继而流露出对这种有部分蒙古族不信佛的现象的忧虑及对历史上蒙古全民信教的盛况一去不复返的惋惜之情。相比之下，没有多少文化的人显得要坦诚一些、简单一些，但也缺少了那种文化人特有的民族忧患情怀，对民族传统宗教的观念和感情也相应模糊一些，淡一些，言谈之中语及宗教信仰时所表现出来的态度也缺少了文化人特有的那种尊重。

而在此需要指出的是，促成信仰的因素可能各有不同，但大家信佛的动机却基本一致。那就是消灾祈福，首要的是求佛和菩萨保佑家人的平安和健康。正像一位阿姨所说的，"佛、菩萨跟前求当官发财的也有，求子女前途的也有，但我们首要的就是求个家人平安，不出什么事，不得什么病，别的也没有想过"。可见绝大多数蒙古拜佛的动机还是比较现实的。

第二章　精河县藏传佛教现状呈现的特点及原因分析

一、精河县藏传佛教现状呈现的特点

历经58年的宗教民主改革和之后的“文化大革命”，精河县的藏传佛教遭受了巨大的冲击，上世纪80年代末新白庙恢复建成后，随着党和国家新的宗教政策的全面贯彻和落实才逐渐显现出了复苏的迹象。而在这个恢复发展的过程中，宗教信仰的观念和行为较之历史上的情形发生了很大的变化，在很多方面都呈现出了与以往十分不同的特点。主要表现在以下几个方面：

1. 僧人少，年龄结构轻，且水平较低

历史上的白庙，常住喇嘛200余人。其中有总理整个寺庙教务的活佛、大喇嘛，大喇嘛下有该斯古、德木其、翁则、格林等分别执掌教规、领经、学经等职的僧官，余为一般的喇嘛和僧童。整个的人员组织状况，无论是喇嘛的数量、总体水平还是年龄结构都比较规范。而现在的白庙，档案上注册的喇嘛仅四个，分别是寺管会主任巴音克西克、活佛阿拉西、喇嘛玉能、巴德玛拉。算上仍在外学习的活佛的几个年轻的徒弟，也还不到10个人。其中年龄最大的是负责人巴音克西克，现年46岁，最年轻的津巴才16岁，其余皆在18～30岁之间。而且整体的佛学水平比较低，除活佛外均是满吉(藏传佛教的初级学徒水平)。

2. 僧人生活比较世俗，思想观念也比较开放和民主

相比历史上白庙喇嘛相对封闭而多少带有一些神秘和神圣色彩的生活，现今白庙僧人的生活呈现出了比较明显的世俗化倾向，笼罩在以往僧侣及其生活上的神秘面纱业已脱落。白庙喇嘛生活的世俗化倾向除表现为一般意义上所言的僧人的消费方式和内容与普通民众的日趋接近以外，还表现为它呈现出了一些无论是与历史上白庙喇嘛的生活相比还是与现今藏区藏传佛教寺院的喇嘛生活相比都十分不同的特点，即庙中有的喇嘛有自己的家庭和孩子。这样的结果就是，作为喇嘛，他扮演着宗教职业者和世俗人的双重角色，过着一半是神圣另一半是完全世俗化的生活。而这显然是与藏传佛教有关僧侣生活的基本教义相违背的，在过去也是难以想象的。而这种现象在新疆的藏传佛教寺庙中并不是特例，并非仅有白庙一个地方有，在其他寺庙也有，因而不是一个单一的现象，在一定程度上具有普遍性。

伴随着僧侣生活的世俗化，其思想观念也变得比较民主和开放。新中国

成立前,老白庙喇嘛的思想观念是比较单一和封闭的,宗教的意识和观念几乎占据了他们整个的心灵。而随着时代的发展和进步,尤其是在改革开放以来多种思想文化的冲击和影响下,现如今白庙喇嘛的思想和观念也比较民主和开放。这突出表现在他们对待周边蒙古族信不信教及信教程度的态度上。当我在玉能喇嘛面前提出现在这个地方的蒙古族有没有不信佛教的问题时,他表现出了理解和比较民主的态度,说道:“信不信教是他们自己的事嘛,宗教是自愿的事,不能勉强。尤其是我们的这个教,信了叫人不信的没有,不信硬叫人信的也没有,不能那样。愿意信就信,不愿意信就不信。现在人们的思想都开放了嘛,和你们汉族一个样,有信的也有不信的。”而当我有意提及平常庙上怎么不见周边的蒙古族来磕头拜佛,而且即便有来的捐的钱也就一毛、两毛地给的时候,他是这样作答的:“这里的蒙古少嘛,再说人也不可能天天往庙里走,是吧?他要过家里面的生活呀,干个活呀什么的。他不可能把家里面的活撂掉跑庙里来吧。捐的也是不多,就是什么呢?现在农民不是这几年化肥又涨价,什么都涨价了嘛,他自己要剩一点。他就是有时候给多少,他自己的心愿嘛,‘给多少,给多少’,那样的事情没有。”由此可以看出,现今白庙喇嘛的思想观念相对历史上来说民主和开放了许多。

3. 宗教活动少,仪式简单,且民俗色彩浓重

现今白庙一年当中定期开展的宗教活动,算上农历六月份的敖包节也就四次,上已述及,而且仪式非常简单。而有关历史上白庙开展宗教活动的情况,文献资料并没有明确的记载。不过据曾于1942—1944年“三区革命”前在老白庙当过学徒的一大队的老满吉书记回忆,当时庙上的活动比现在多得多,虽不是天天有活动,但农历每月的初八、十五、三十这三个日子喇嘛们是必定要聚在庙里念经的。至于庙上一年当中举行的大型法事活动和宗教节日,他自言有印象的就是正月里的大麦德尔节和六月里的小麦德尔节。其余的有是有,只是由于自己当时的年龄太小,又不是能念经的喇嘛,而且时间隔得太长已经记不大清楚了。虽然如此,但我们可从与精河县相邻的伊犁地区的尼勒克县崇寿寺新中国成立前法事活动举办的情况窥其梗概。据《新疆研究资料》第八辑内的文章《解放以来伊犁哈萨克自治州宗教状况》记载:伊犁地区昭苏县圣佑喇嘛庙开展的宗教活动有:

(1)每天念经三次,叫小念。即早、中、晚三次,供三餐饭。每天早晨喀巴喇嘛吹法螺三次,第一次喇嘛各就各位,第二次铁棒喇嘛(管理僧众纪律,昭苏

庙由旦木其担任，别的庙有由格斯库担任的）到位，第三次大喇嘛到位，然后开始念经，先念宗喀巴赞词，再念经。法会毕，就餐，餐后各回僧房。

(2)16～17 天念一次经，为大念。

(3)每年(农历)6 月 15 日－8 月 1 日集中念 45 天经(过去到山里念，以后在庙里念；过去是全体喇嘛参加，以后由 7 个喇嘛念)。

喇嘛念经用藏文，俗人用蒙文，经典系后藏班禅的扎什伦布寺刊印。祭鄂博时要念“张格尔曾宜孙经”，求雨时念“拉姆德克桑经”。

宗教节庆法会(藏历)：

正月四日——十五日，大祈愿会；

四月一日——十五日，释迦成佛纪念(仅早晨吃一餐、不吃肉、不与人说话，光念经)；

六月四日，大法会，释迦开始传法纪念；

九月二十二日，“天降节”，释迦降临瞻部州；

十月二十五日，宗喀巴去世，晚上家家点灯，庙中加灯；

十一月二十二日，丹珠尔经法会，冬至、迎新送旧消灾；

十二月二十一日——二十九日，大法会，跳神节，戴假面具，半夜开始念经，请护法神；

正月初一，拜年。①

囿于寺院规模和僧众的数量和水平，白庙开展的宗教活动可能不如圣佑寺频繁和隆重，但毕竟都属新疆的藏传佛教寺院，二者举办宗教活动的次数和时间安排想亦不会有什么大的不同。由此可见，现今白庙开展的法事活动与历史上相比无论是次数、规模还是仪式都有很大的削减。此外，如果对比历史上寺庙开展宗教活动时信教群众的参与情况②，我们还可以看出随着时代的发展和变迁，现在举办的宗教节庆活动其宗教的味道淡化了许多，而民俗的色彩却显得比较浓重。

4. 信徒对宗教的认知和态度趋于理性

在历史上那个宗教几乎笼罩着蒙古族人全部心灵的时代，信徒对外部世

---

① 新疆社会科学院宗教研究所：《新疆宗教研究资料》(第八辑)内部资料，1984 年，第 12 页。第五章至第八章详细地记载和描述了 20 世纪 30 年代新疆土尔扈特蒙古巴伦台大黄庙正月里举办的麦德尔节的情况。

② 〔丹麦〕亨宁·哈士纶著，徐孝祥译：《蒙古的人和神》，新疆人民出版社，1999 年，第 38～62 页。

界的认知在根本上都无法抹去宗教观念的影响和印记。宗教观念就是他们认识、思考外部世界和自身的方式,既是认知的出发点,也是认知的归宿。宗教观念就是他们世界观和人生观的基础,站在宗教之外去认识外部世界是不可能的,更不用说用理性的眼光去看待和认识宗教现象。宗教的外面一直笼罩着神圣而又神秘的面纱。但是随着时代的发展,以往笼罩在宗教外部的面纱在一定程度上业已脱落。现今,精河县蒙古族对宗教的认识剥离了很多迷信和神秘的成分,而具有了某种程度上的理性色彩。这并非简单体现在他们根据生产的忙闲和时间的有无决定是否参加宗教活动以及他们比较世俗的信教动机上,更重要的是体现为他们对宗教自身的认知和态度已不再是一味盲目地轻信和崇拜,对许多外界事物的解释也抹去了宗教的色彩而诉诸于科学和理性。前文提到的老书记,他的小儿子:就直言:“请喇嘛念经是迷信的东西,现在人都知道感冒生病了要去找医生,找喇嘛有什么用?磕头拜佛就是一种精神寄托嘛。”一位现年42岁的叫作吉仁台的蒙古叔叔,当我问他磕头许愿灵不灵的时候,他回答说:“灵不灵谁知道呢?给菩萨烧个香,磕个头,拜一拜心里踏实。”而白庙喇嘛玉能的弟弟,在谈到他哥哥的时候说:“他也就有人请了,家里去给人念个经,就干喇嘛这一行嘛。庙里的事他也不管,我估摸他们庙上也和村里的大队呀什么的差不多,也是一级管一级的,人家不说县里的什么宗教局的管他们吗?”可见,现在蒙古族对宗教的认知和态度中注入了许多理性的成分。

5. 宗教信仰私人化、内在化特征明显

宗教信仰的私人化倾向主要体现在村民对宗教信仰的态度上:愿意相信的就相信,不愿意相信的就不相信,是个人的私事,不管;对别人的宗教信仰情况也很少关注、过问。前文提到的玉能喇嘛的弟弟就说道:“宗教这个东西,你信也可以,不信也可以。你要是不信的话,你也可以随便走你的路;你信的话,你就按照你信的那样子走就行了嘛,谁管你呢?!”而在现实情况中,村民在周边蒙古信不信教的事上虽然难免会有一些闲谈,但也仅仅是说说,于今已经造成不了什么切实的舆论压力。而且在访谈中可以看出很多村民确实对周边蒙古族的信教情况不关注也不知道,甚至是自己的邻居。可见宗教信仰私人化特征比较明显。

而伴随着这种私人化,信教群众的宗教信仰也呈现了内在化的特征。信教在很大程度上已不再是一种显之于外的行为,信不信教及信教的程度也很难仅仅据观察到的对方的宗教作为情况加以简单判断,如是否定期参加庙里举办的宗教活动,是否经常请喇嘛念经,布施的频率和数额怎样等等,信仰更多地遁入了人们的内心深处。下面是我(A)和一个十八岁的蒙古小伙祖勒巴特(Z)2007 年 9 月 15 号下午两点半在巴音那木山上的一段对话。

A:你说现在这边的蒙古绝大多数在心里还是信佛的,怎么我在庙上住了近一个月了也不见有几个蒙古来转经拜佛的呀?

Z:是的,现在蒙古族不积极拜佛了,但节日拜,需要的时候拜。时代变了,平常各忙各的事,各有各的生活,这不代表他们就不信佛了。我可以有我自己的生活,但心中有佛。

一句"心中有佛"给我留下了十分深刻的印象,而这在某种程度上正体现了当今的蒙古族宗教信仰的内在化特征。

6. 宗教的心理调节功能凸显

历史上,藏传佛教的影响遍及了新疆卫拉特蒙古社会生活的各个重大领域和蒙族人民日常生活的各个层面,包括政治、经济、军事、文化、教育、医疗卫生、风俗习惯等。在这些领域中,喇嘛教一直履行着强大的解释和实践功能。但是今天,随着新疆蒙古族社会和历史的变迁,藏传佛教解释和实践功能已经大为削弱。人们对周边世界和自身的认识基本上已不再诉诸宗教提供的那套解释系统,而以科学的解释为准。宗教的社会认同、群体整合、行为规范等具体的实践功能也已基本丧失。但是随着宗教解释和实践功能的衰落,其特有的心理调节功能却凸显了出来。"宗教的心理调节功能是指通过特定的宗教信念把人们原来心态上的不平衡调节到相对平衡的心理状态,并由此使人们在精神上、行为上和生理上达到有益的适度状态"①。宗教的这种功能在一大队蒙古族的宗教生活中多所体现,尤其在人做噩梦心里害怕时请喇嘛念经一项上体现得最为明显。在一大队有许多四十岁以上的蒙古族(基本都是女性)都有过做噩梦请喇嘛念经的经历,并且她们都声称很灵,说念过以后心里立马就不害怕了,睡觉也安稳了。有的蒙古人说这是老迷信,但即便是,我们也不得不承认其效果是很明显的,她们的这种心理经历不可能是杜撰出来的。不少西方的学者把这种心理上的调节功能称之为信仰治疗,因为宗教所具有的这种心理上的调节功能往往能对信徒起到心理上和生理上一定的治疗作用。而宗教的这种功能在现今新疆藏传佛教的发展中日益凸显了出来。

与历史上的状况相比,精河县的藏传佛教发展呈现出了多方面的特点,也

① 陈麟书、陈霞:《宗教学原理》,宗教文化出版社,2003 年,第 117 页。

发生了很多的变化。总体而言就是信教群众的宗教观念和信教热情比较淡薄，宗教在现实生活中的影响大为下降。

二、变迁的原因分析

1. 历史上历次政治运动的冲击

精河县藏传佛教发展的现状与历史上白庙所遭受的冲击有很大的关系。1944年爆发三区革命(伊犁、塔城、阿勒泰)，白庙年轻喇嘛成为征兵的主要对象，多数应征入伍，余者也都解散回家，白庙的宗教活动基本停止。1958年，因受当时的乌苏县黄庙喇嘛暴动的牵连，白庙阿尔布吉·加木查活佛和苍音等25名喇嘛被捕入狱，只留两三个上了年纪的老喇嘛看守庙宇，余皆遣散。“文化大革命”期间，受当时极“左”思潮的影响，精河县的藏传佛教遭到了毁灭性的摧残。白庙被拆除，庙中一切佛用设施丧失殆尽，原庙上喇嘛也遭到批斗，宗教信仰成为禁区。白庙历史上所遭受的这三次大的冲击严重侵蚀了精河县藏传佛教存在和发展的根基。因为它不仅破坏了宗教活动的场所，遣散了宗教职业人员，而且给信教群众的心理蒙上了一层阴影，极大地挫伤了信教群众的感情。

此外，可能更重要的后果是它造成了一定程度上信教传统的断裂。精河县蒙古族藏传佛教信仰的传统开始断裂，据老满吉书记说是在1944年三区革命的时候。1944－1958年间是新疆蒙古族历史上风云变幻的年代，时局动荡，战争不断，而且整个社会充斥着各种新的思潮。传统思想遭受了严重的冲击，尤其是宗教信仰。1958年至文革结束的20年间，宗教更是被贴上了封建、反动的标签成为批判的对象。1944年始至1988年新白庙恢复使用，宗教活动停止了近半个世纪，成长、出生在这期间的近三代人，在他们世界观、人生观形成的关键岁月基本没有受到宗教的影响。宗教信仰是作为一种封建、迷信、落后的东西被认识和接受的，宗教信仰的传统出现了断层。这就是为什么20世纪80年代国家落实新的宗教政策以来，精河县的藏传佛教迟迟不见恢复的一个重要原因。

2. 改革开放后世俗化浪潮的席卷

上个世纪80年代是国家的宗教信仰自由政策开始落实的年代，它理应是被长久压抑的宗教情感迸发的年代，但它恰恰也是改革开放大力发展经济的年代，是全面解放生产力的年代。长久以来被压抑的不仅仅是人们的宗教情感，还有人们生产和生活的积极性和热情，而这种需求更甚于前者，且更加根本。所以80年代国家逐步落实宗教信仰自由政策以来，人们看到的并不是宗教的高调回归，而是人们生产热情和积极性的全面释放。这一时期的人们，对世俗利益和现世幸福的追求远甚于历史上的任何一代。对经济利益的追求才是他们生活的目标和重心，其余的一切只能退居次席。宗教作为一种更高层次的精神需求自然也不例外。再加上长时间信教传统的断裂，这就使得改革开放后的20年精河县的藏传佛教一直偏处于社会生活的边缘地带，基本淡出了人们的视野，很少有人问津。因为它足够陌生，也不能给人带来切实的利益。相比之下，人们更愿意相信科学技术，因为它们的效果是显而易见的，能够直接改善人们的生活质量。世俗化浪潮几乎席卷了社会和人心的每个角落，极大地压缩了宗教生存的空间。这是导致精河县蒙古族藏传佛教发展现状的另一个重要因素。

3. 寺院重要功能的丧失及其它替代性功能系统的引入和被认同

历史上的白庙作为西路土尔扈特蒙古宗教信仰和文化生活的中心，全面担负着周边蒙古族的教育职责。按当时的蒙族规矩，家有二子必送一子入庙学习。喇嘛不仅履行着类似于现代社会教师的教育功能，而且承担着医疗的工作。他们作为社会先进文化的持有者和传播者，对社会现象拥有独尊的解释权，在当时的蒙古族中享有尊崇的地位和法律上的特权。而白庙作为信徒奉养的中心也聚敛有大量的财富。所有这一切使得寺院得以对西路土尔扈特蒙古社会生活的各个层面施加着广泛而深刻的影响。而1958年后，随着喇嘛被遣散、庙宇被拆毁，白庙历史上所具有的强大的政治、经济、文化教育、医疗等功能几乎丧失殆尽。1988年白庙恢复建成后至今，状况仍然没有多大改观。伴随着新的时期政教分离政策的实施，白庙历史上所具有的政治、经济功能首先被依法剥夺，之后随着现代教育体系和医疗卫生体系的建立，其文化教育和医疗的功能也基本被取代。

现代学校教育制度在精河县的正式确立和普及是在20世纪70年代末期开始的。起初精河县蒙古族孩子上学基本上选择的都是蒙语学校，小学大都在乡镇场所在地上，初中在县城，高中去博乐市。80年代末开始，由于蒙古族本民族语言文字接受教育升学路子比较窄，就业比较困难，一部分蒙古族群众看到这一客观现实，出于为子女将来的前途考虑，纷纷把子女转入或送到汉族学校上学，造成了蒙古族中小学生大量分流的现象。精河县的蒙语学校也因此纷纷倒闭。2004年起，随着精河县最后一所也是最大的蒙语学校精河三中的关闭，精河县蒙古族孩子上学就不得不选择汉族学校，接受的当然也是现代文化的教育。历史上寺院的教育功能已完全被现代学校所取代。而其医疗功能也有很大的萎缩。精河县境内现代化的医疗卫生系统已经遍布城乡，村上也多开设有卫生诊所，蒙古族群众生病了首先看的就是医生，喇嘛也不例外。实在治不好了才去找喇嘛开药、念经。寺院的医疗作用只是补充性的。

白庙上述这些重要功能的丧失及其它替代性功能系统的引入和被认同自然引起了寺院的权威在周边蒙古族心中和实际生活中的下降。这是导致现今精河县藏传佛教发展现状相对历史上而言不景气的直接原因。

4. **民族、文化格局的演变**

人口的频繁流动，尤其不断的迁入，是导致一个地方民族、文化格局演变的主要因素。精河县地广人稀，历史上至今不断有外来人口的迁入。清乾隆平定准噶尔叛乱后，新疆北部因连年征战以致“数千里内，遂无一人”。清廷自乾隆二十七年(1762 年)派绿营兵 270 人开始到精河屯田，随后陆续从内地遣送犯人到精河定居种地。清乾隆三十六年(1771 年)，土尔扈特蒙古归来，其西路一旗约 400 户近 3000 人被安置在精河游牧，成为精河境内的主体民族。1880 年左右至今不断有哈萨克、维吾尔、汉、回等民族人迁入精河，致使精河境内的民族结构一直发生着变化。但直到 19 世纪 40 年代以前精河人口构成中仍以蒙古族居多。而到 19 世纪 40 年代，哈萨克开始超越蒙古成为精河县人口最多的民族。据《精河县志》载：民国 33 年(1944 年)全县总人口 11,810 人，有 10 个民族，哈萨克族 5114 人，占总人口的 43.30 %；蒙古族 2676 人，占总人口的 22.66 %；维吾尔族 1987 人，占总人口的 16.79 %；汉族 1944 人，占总人口的 16.46 %；回族 30 人，占总人口的 0.25 %；其余 5 个少数民族共计 59 人。到 1955 年，维吾尔族人口开始超过蒙古族位列哈萨克之后排第二，蒙古族排第三。1958 年大批汉族人迁入，汉族人口一跃几与哈萨克齐平(哈萨克 5465 人；汉族 5160 人)。之后，汉族更是源源不断地迁入，遂在精河一直处于主体民族的位置。1970 年维吾尔族人口开始超越哈萨克排名第二，而蒙古族则在 21 世纪初回族人口开始超越蒙古前一直处在第四的位置。[①] 21 世纪初，回族人口开始超过蒙古排在第四，蒙古族在精河县的民族人口排行榜上位列

---

① 精河县《精河县志》编纂委员会：《精河县志》，新疆人民出版社，1998 年，第 144～146 页

第五(参考前文所引精河县统计局2006年底的人口统计资料)。总的看来,历史上至今蒙古族在精河县民族人口中所占的比例一直在下降,但直至1944年三区革命前精河县人口中仍以蒙古族居多。只是自那以后,蒙古族在精河县的人口排名榜上屡跌不止,时至今日已跌至回族之后位列第五,成为名副其实的少数民族。而伴随着精河民族格局的演变,境内的文化格局也发生了变化。东归之初直至新中国成立前,可以说精河一直是以蒙古族的藏传佛教文化为主,而之后随着其他民族的大量涌入,导致精河县民族人口结构发生变化,这种文化格局也被颠覆,逐渐演变成以汉族文化为主、伊斯兰文化次之、藏传佛教文化相对式微的局面。这种民族、文化格局的演变对今天蒙古族藏传佛教在精河的恢复和发展形成了诸多的牵制。而处于强势的汉族文化也对当地蒙古族的生活方式和思想观念形成了一定的影响,虽然可能这种文化更多地表现为一种功利性的、重世俗的生活态度。在笔者对托林旦达盖村蒙古族的访谈过程中,对方在得知我登门的目的是想了解他们现在宗教信仰的状况时开口所说的最多的一句话就是:"现在和你们汉族都差不多一个样了,有什么好问的?"虽然事实未必如他们所说的那样,但由此我们也可以看出汉族文化对他们宗教信仰的观念和作为所造成的影响。在托林旦达盖村中有一个值得关注的现象就是蒙汉之间的族际通婚。据一位1958年就迁过来的河南籍的汉族老太太说:"我们这个一大队民族人和汉族人结婚的多。蒙古丫头兴(嫁给的意思)汉族小伙子的也有,汉族丫头兴蒙古小伙子的也有。"而在笔者访谈的过程中就遇到有好几个这样的家庭。族际通婚在民族关系研究领域,是衡量民族关系的一个非常重要的指标。通常情况下,只有两个民族在关系相当融洽时,才会发生族际通婚。"族际通婚通常并不被本族群认为仅仅是通婚者个人的私事,在许多场景下,这种族群认同观念和相应的凝聚力才会使本族的父母、亲属、社区对于子女、族人的跨族群通婚表示他们或者赞同或者反对的意见"①。在托林旦达盖村出现的这种被村民认为是正常现象的蒙汉之间的族际通婚,一方面反映了蒙汉两个民族之间比较融洽的关系,另一方面也折射出了两种文化和价值观念之间相互影响和融合的程度,尤其是汉族文化对蒙古族的同化和影响作用。笔者所采访的几个蒙汉通婚的家庭,给我留下的共同印

① 马戎:《民族社会学——社会学的族群关系研究》,北京大学出版社,2004年,第436页。

象就是他们都和内地汉族家庭的宗教观念几乎没有什么不同。可以明显地感觉到汉族的思想观念和生活态度对蒙汉通婚家庭宗教观念的影响和作用,而这仅仅是更大范围内文化影响的缩影。

5. 社会生产、生活方式的变迁

卫拉特蒙古自 17 世纪中叶正式改奉藏传佛教格鲁派至上世纪 40 年代末新疆解放前已有 300 年的信教历史,在这 300 年中,通过与蒙古族原有文化的碰撞与摩擦,藏传佛教早已完全融入蒙古族的生活。实现了本土化的藏传佛教是与新疆蒙古族历史上所特有的封建社会的生产和生活方式相适应的。而一旦这种作为基础的生产和生活方式发生变革,作为上层建筑的宗教也必然会随之发生变化。这是因为,随着社会本身的变迁,处于社会中、受制于社会并且试图以自己的理想形塑社会的宗教也必然会随之发生变化。特洛尔奇就曾经这样说过:"如果一个宗教体系拥有关于世俗世界的社会学说,那么它必然在最大程度上是受这个世界所规定的,尤其是为这个世界的历史和变迁所规定。"[①]藏传佛教虽然可能在以自己的理想形塑社会方面比之基督教要被动消极,但作为一个完备的宗教体系,它无疑拥有自己的关于世俗世界的社会学说,所以它也必然为它所存在于其中的世界的历史和变迁所规定。

自 1944 年三区革命始至今的半个世纪,新疆蒙古族的历史发生了根本性的变革,由新中国成立前的封建农奴制社会一跃进入了社会主义社会。封建体制被打破,蒙古族原有的基于游牧的生产和生活方式也发生了很大的变化,牧民定居点的规划和建设自 90 年代始就在新疆蒙古族聚居区有计划地推行,并取得了显著的效果,现在精河的蒙古牧民基本上都是定居放牧,游牧的已经没有了。根本性的历史更替和社会变迁颠覆了历史上的新疆藏传佛教维系存在和发展的经济基础,致使改革开放后的新疆蒙古族藏传佛教迟迟找不到根基恢复和发展。用新疆社会科学院宗教研究所的蒙古族学者才吾加甫的话说就是,"改革开放后至今是新疆蒙古族藏传佛教发展阶段上崩溃性的时期,旧的基础已经丧失,而新的落脚点还没有找到。这是新的时代条件下新疆藏传佛教必然要经历的转型时期,过渡阶段"

① 特洛尔奇:《基督教与社会理论》,第 299 页。转引自孙尚扬:《宗教社会学》,北京大学出版社,2001 年,第 127 页。

第三章 改革开放后至今精河县藏传佛教的总体发展趋势及原因分析

一、精河县藏传佛教的总体发展趋势

精河县藏传佛教的发展现状虽相比历史上的盛况而言有很大的落差，但如果仅就改革开放后至今这 20 多年的发展趋势而言，则它在恢复当中，尤其近几年其复苏的迹象较为明显。除了藏传佛教庙宇的恢复重建和庙内佛用设施的逐步充实这些比较外在的表现以外，还主要表现在以下几个方面：

1. 僧人数量逐渐增加，总体水平有所提高，生活也趋于规范化

白庙恢复建成初，内仅有都尼特一人，系年幼时老白庙学徒，三区革命后还俗结婚并生有儿女。因新庙无人管理，县统战部遂请他来当主持，后又相继找来叶壬普勒、金比二人。1991 年，巴音克西克内蒙古包头市佛教学院毕业后也被分配到庙上，当时庙上就他们四人。据巴音克西克称四人中以叶壬普勒读经水平较高，年少时也是老白庙学经的满吉。金比不是喇嘛，只是找来庙上做看门、打扫卫生等杂役的。但这种四人的人员格局并没有维持多久，1993 年巴音克西克折返回山上，直到 2003 年才又重回白庙，叶壬普勒不久也年老过世，所以截至 1998 年玉能从巴州大黄庙进修归来，白庙一直就都尼特和金比二人。白庙的人员状况是随着 1998 年阿拉西活佛从乌苏来到庙上才真正有所好转的。来到白庙后，阿拉西相继收了巴德玛拉、布音巴特、夏拉、宗古、津巴等 5 个徒弟，并相继送往外地学习。虽然至今除巴德玛拉外别的仍在外学习未归，但白庙的人员格局相比之前显然发生了重要的变化。2003 年巴音克西克接都尼特任白庙主持后，庙上的所有僧人一应皆是改革开放后在新的时代环境下培养出来的新人。相比上一代而言，他们的数量和水平都有大幅的提高，生活也更加规范化。像都尼特、巴音克西克这样半是俗人半是出家人的情况，预计将不会在新一代人身上重演。

2. 宗教礼行日渐恢复，参加宗教活动的人数及热情也在逐年提高

白庙恢复建成初，庙上一年当中举办的宗教活动有三次：一次是农历正月十五的大麦德尔节，一次是农历六月初四的小麦德尔节，一次是农历十月二十五的俎拉节。参加大小麦德尔节和俎拉节的人非常少。以其中参与人数最多的大麦德尔节为例，据建庙至今每一年都没有错过的老满吉书记(因他任政协

委员,对白庙的宗教活动负有监督的责任)说:“宗教活动每一年我都有(意思是每年都参加),看起来人是不断增加,一年比一年来得多,特别是这几年,来得特别多,院子满满的都,开始的时候不多,人都不知道,也很少有来的。”可见参加集体宗教活动的人数和积极性是在不断增长当中。而除了这种参加庙上举办的面向集体的宗教节日活动的情况有所好转以外,私家举行的宗教礼行也在恢复当中,尤其是体现在祭泉水礼行的恢复上。据前文提到的奇奇格说:“近几年,一大队蒙古各家流行搞一种叫做祭泉的礼行,几乎每一家都在搞。”朝丽蒙也曾说过“这几年私家搞的敖包和祭泉水的活动特别多”的话。至于这种礼行是如何得以渐渐恢复的,寺管会主任巴音克西克的妻子吉尔格说道:“开始极个别懂的人在搞,别的人看见了也有想搞的,不懂,搞不哈(搞不了的意思)。这些他(巴音克西克)的书上都有,什么时候搞什么礼行,咋搞。有不懂的就来问他,问搞那个是啥意思,怎么个搞法。书拿出来给他们一看就都明白了。这几年搞这个(指祭泉水礼行)的多,都在搞。”而这种宗教礼行的恢复还体现在另外一个方面,就是宗教礼行的逐渐规范化,突出表现在人死后在庙上举行的宗教礼行一项的规矩上。精河县的蒙古族人去世,按规矩家人要在去世 7 天后和一年后两次来庙上请喇嘛念经超度。但近几年的情况是,有的家庭除了这两个日子外在死者过世后 49 天也到庙上来请喇嘛做法事。可玉能说:“按规矩我们这的蒙古是不过 49 天的,那是哈萨(哈萨克族)的礼行,可多数都不清楚,所以开始的时候 49 天也有来的。来了我们就给他们说,现在来的就少了。”这种在丧葬这么重要的礼行方面所出现的多少有点混乱的现象恰恰表明了这是礼行恢复的初级阶段,有点混乱是难免的事。在精河县蒙古族宗教节庆活动、宗教礼行的恢复进程中,2005 年农历 7 月间白庙举行的那次大型法会活动不能不提。这次活动据巴音克西克说在白庙有 73 年没有搞过了,上一次举行还是在 1933 年。这次活动是诵甘珠尔、丹珠尔经的大型法事活动,当时集聚了全疆十几位水平较高的喇嘛在白庙诵了近二十天的经文。周边的蒙古包括两县一市的和乌苏、伊犁的群众来了有好几千。据一位在路口开商店的老板娘说:“光那头一天就来两千多人,我光那一天卖东西嘛都知道来的人多少,矿泉水卖了多少箱都有数嘛。”可见当时的盛况。这次法事活动上信徒捐赠布施的财物也很多。白庙举行的这次大型法事活动获得了很广的宣传效应,对精河县藏传佛教的复苏也起到了极大的推动作用。

精河县藏传佛教的恢复除了以上这两点表现外,还有就是上文提到的近几年出外礼佛行为的盛行及年轻家庭宗教意识的浮现。但相比这些外在的表现可能更重要和根本的判断根据是蒙古族内心深处民族宗教意识的逐渐觉醒上,这一点作者拟在下文的原因分析中加以详细阐述。

二、能恢复的原因

精河县藏传佛教能得以恢复的原因,概括起来主要有以下几个方面:

1. 对异己力量的感知

异己力量的存在和人类对之的感知是宗教得以产生和维系的一个根源。按照恩格斯对宗教所下的经典定义,"一切宗教都不过是支配着人们日常生活的外部力量在人们头脑中的幻想的反映,在这种反映中,人间的力量采取了超人间的力量的形式"①。没有这种支配人们日常生活的外部的异己力量对人类的压迫,宗教就失去了存在的根基和必要,精河县藏传佛教自然也不例外。这可以从绝大多数蒙古信徒信教的直接动机窥得。无论是一直信佛的还是自言近几年才转信的在谈到为什么拜佛时几乎无一例外地强调疾病、灾祸、死亡的威胁,和因而希望求得佛、菩萨保佑的愿望。正是这种一直存在的异己力量对人们生命和健康的威胁推动人又走向宗教。异己力量的存在向人们昭示了生命的脆弱、有限和命运的不可预知,映射出人力的局限性。生存的境况并不是像人类所期望并一度相信的那样,能够凭着日益进步的科学技术的力量加以完全的掌控,人力是非常有限的。这就为超自然力量的存在和宗教的恢复发展预留了空间。因而我们可以说对异己力量日渐充分的感知是精河县蒙古族藏传佛教能在新的时代条件下得以恢复的内在原因。

2. 改革开放后国家新的宗教政策和措施的实行

不可否认"文化大革命"期间极"左"的宗教政策曾给精河县藏传佛教的存在和发展造成了严重的影响,但改革开放后党和国家颁布落实的全新的宗教政策和实行的一系列扶持性的措施也为今天精河县藏传佛教的恢复发展作了重要的前期准备和铺垫。宗教信仰自由政策的颁布和落实给精河县藏传佛教的恢复性发展创造了较为开放和自由的政治氛围,恢复重建庙宇及相应的后期扶持措施包括划拨给一定面积的耕地和牛羊作为寺庙的财产以维持僧人的

---

① 《马克思恩格斯全集》,第三卷,第354页。转引自吕大吉:《宗教学通论新编》中国社会科学出版社,1998年.第69页

生活、培养宗教接班人等等。这些都是今天精河县藏传佛教能得以恢复的重要基础。在某种意义上可以说正是依靠国家和当地政府的扶持，精河县藏传佛教始能维持其历经浩劫后尚存的一息至今日。当然这种作用也不能夸大，因为没有一定的信教群众作为基础，政府对藏传佛教寺庙的重建工作和相关的扶持措施不仅是没有意义的，也是没有必要的。事实上党和国家的上述措施正是建立在对藏传佛教信仰在新疆蒙古族中依然拥有大量的信众这一客观事实的充分认识之上的，也是应这部分信教群众的要求而颁布实施的。1984年，时任全国人大常委会副委员长的十世班禅的新疆一行的目的就是考察当地蒙古族的宗教信仰状况以为党和国家制定进一步的政策和措施提供客观的依据。而其考察的结果，通过现今老一辈蒙古族人对当时盛况啧啧不已的忆述即可推知，就是藏传佛教在新疆蒙古族中依然有大量的信徒。正是这部分信众的存在才促成了之后党和国家一系列重建和扶持新疆藏传佛教的举措。虽然当时存在的这部分信众由于种种原因并没有能够即刻带动起新疆藏传佛教的快速恢复，但重要的是他们使得历经风风雨雨的新疆藏传佛教信仰的火种得以保存并延续了下来，这才使得今日藏传佛教信仰在新疆蒙古族中的迅速恢复成为可能。

3. 民族情感和对传统文化的追认

民族的情感和对传统文化的追认在新疆蒙古族对藏传佛教的回归中既是一个十分重要的表现，又是一个不容忽视的重要因素。在笔者的访谈中，很多蒙古族人对自己为什么信都没有明确的认识，只是一味地强调，“这是老祖宗传下来的东西，不能不信，还是信的好”。而一位前文提到的今年18岁名叫祖勒巴特的小伙的看法给我留下了比较深刻的印象。他对自己的好朋友在我的面前声称自己不信佛非常气愤，激动地说道：“为什么不信?！你早晚会信的。现在连汉族都信，蒙古却不信了！你到拉萨的大街上去走一走，一路上全是汉族，他们都信，我们蒙古却把自己的东西不信了！把自己的根都忘了。”可见民族情感对现在的蒙古族回归传统宗教的作用，而这在那些文化人身上表现得较为明显和突出。他们的民族、宗教意识较之那些文化水平低的人要明确得多，观念和情感也要浓烈得多。

对任何一个民族来说，历史上宗教传统的恢复都不单单是个理性选择的结果，在其中民族的意识和情感以及对传统文化的追认情怀实在起到了十分重要的作用。在民族接触、民族交流日益频繁且不可避免的新的时代背景下民族融合甚至民族同化是不争的事实，甚至可以说是必然的趋势，在全球各地都不同程度地在上演着；而另一方面我们也不能不注意到伴随着这一过程，民族意识的觉醒，甚至较之前者更加引人注目和值得深思，尤其是那些游离于主流文化之外处在边缘地区或弱势境地的群体。精河县藏传佛教在新时期的恢复就一定程度上得益于当地蒙古族民族认同意识和情感的加强。在构建民族认同的诸因素中，相比语言外，传统的宗教信仰可能是个更为内在因而也更加可靠的依凭。因为语言在外界强势文化的冲击和影响下，假以时日很容易就发生了嬗变。新疆蒙古族所使用的语言改革开放后至今发生了两次大的转变：一次是向胡都木蒙文的转变；一次是向汉语的转变。新疆蒙古族历史上一直使用的是托忒蒙文，20 世纪 80 年代初期为了统一东西蒙古文字，党和国家在新疆蒙古族中推行学习胡都木蒙文的政策，至今已有 20 多年。现今精河县 40 岁以下的蒙古族人基本上就不再懂托忒蒙文了，而社会上通用的书面文字也都是胡都木蒙文。这是新疆蒙古族语言发生的第一次大的转变，带有官方推行和民族自觉的双重性质。第二次转变则肇始于 80 年代初期，蒙古族子弟就学转投汉语学校的潮流上。这种做法对新疆蒙古族的语言造成的冲击是根本性的，尤其是作为后果之一的蒙语学校的相继倒闭，使得之后蒙古学龄儿童不再有接受蒙语教育的机会，逐渐丧失了自己的民族语言，这也成了上一代蒙古普遍忧虑的现象。如果照这样发展下去，精河县蒙古族民族语言的丧失，假以时日是可以看见的事。这就使得现在具有民族诉求的新疆蒙古族失去了一个得以构建民族认同的重要凭依，而不得不寻找另一个更为恒久坚固的标志，传统的宗教信仰无疑是一个理想的对象。虽然这种心理过程和相关作为可能并不是清楚意识到的，但确实存在着。在访谈过程中，笔者注意到的一个现象就是文化素养较高的蒙古人对藏传佛教信仰传统的认同相比文化素养低的人要自觉和浓厚得多，而这种态度上的差异恰恰从一个侧面反映出了民族意识、民族情感因素在当今精河县蒙古族藏传佛教恢复和发展中的作用。因为文化人比一般民众具有更清醒自觉的民族意识和更多浓厚的民族文化情怀。

4. 外力的刺激和带动

在精河县藏传佛教恢复和发展的进程中，外部力量的刺激和带动作用是一个不容忽视的重要因素。历史上新疆蒙古族和藏区的大型寺院之间就一直存在着广泛联系，集中表现在新疆蒙古族的进藏熬茶和藏区寺院僧侣的入疆游方化缘，而这种历史上的联系于今天依然存在着。精河县蒙古族中近几年不断有信徒前往青海塔尔寺烧香拜佛，且俨然成为潮流。而西藏、青海的僧人也多有来到精河的，尤其是青海塔尔寺的达西活佛和他的一批弟子。据称建庙后至今的十多年，达西活佛每年都至少会来精河一趟。只是 2007 年也就是笔者精河调查的那一年没有过来，据前半年曾专门到塔尔寺拜见过达西活佛的巴音克西克一家人说："活佛自称年龄太大了，70 多走不动了，所以今后可能就不来了。"但他的弟子仍然断断续续有来精河的，并且来了以后据说就住在精河县城里，此地的蒙古族人延请他们念经做法事的很多。因为他们觉得相比白庙的喇嘛，青海大寺院来的不仅正规，而且他们的水平也高，所以大家更愿意请他们。借助斯达克在《信仰的法则》一书中提出的"宗教经济"这一新的宗教社会学解释的理论范式①，我们可以看出在精河县的宗教市场上虽然外来的宗教公司如塔尔寺确实抢走了白庙的一大批客户，对白庙形成了有力的竞争，但这种竞争就总体来说是有利于精河县藏传佛教的恢复和发展的。因为它激活了潜在的宗教市场，而这部分潜在的市场需求是当地的白庙因其实力不济的缘故而没有充分被唤起的。另一方面，塔尔寺僧人的到来对增进当地蒙古族对藏传佛教的了解也起到了很大的促进作用，并因此逐步推动引导当地寺庙和藏传佛教的发展步入正轨。因为信众以塔尔寺的僧人作为标准和参照势必会提高对白庙喇嘛生活方式和佛学水平的要求。所有这一切对推动精河县藏传佛教的恢复和发展都是有正面作用的。

5. **经济发展的推动作用**

经济的发展并没有促成宗教的日渐消亡，相反却推动了精河县藏传佛教的恢复和发展。随着经济的快速发展和生活水平的显著提高，精河县蒙古族群众的宗教意识、宗教热情及布施的数额都有不同程度的增长，经济的发展与宗教的恢复呈现了较为明显的正相关性。体现在个人身上就是生活条件较好的家庭，其成员的宗教意识也更加明确，参加宗教活动的热情和积极性也就越高。而那些生活条件比较差的家庭迫于生存和生活的压力，其成员的宗教意识和热情就显得略为淡薄。在托林旦达盖村笔者走访的 70 户蒙古族家庭中，村民称搞宗教活动最厉害的两个家庭，据笔者的观察和比较也是村中经济条件最好的两个家庭。而有几个经济条件看起来比较艰难的家庭，得知我登门

---

① 〔美〕罗德尼·斯达克、罗杰尔·芬克著，杨凤岗译：《信仰的法则》，中国人民大学出版社，2004 年。

的目的是了解蒙古家庭宗教信仰作为情况时，干脆就说自己不信而把我拒之门外。当然经济状况和宗教信仰态度之间的关系也不是绝对的，只是在两个极端体现得较为明显。在比例占大多数的中间家庭身上，这种关系就体现得不那么明显了，而具有较大的差异性。这是因为在经济条件差不多的情况下，各个家庭之间宗教信仰程度的差异就取决于别的因素了，但这并不能推翻上述家庭经济条件与宗教信仰程度具有正相关性的结论。而这种现象又该作何解释呢？笔者认为这与新时期精河县藏传佛教主要功能领域的转变有关。对当今精河县的蒙古族来说宗教给他们提供的主要已不再是解决基本生存需求的手段，而是一种更高层次的精神和心理安慰剂。因而宗教组织的市场区位主要就是那些经济条件较好，业已摆脱生存压力的具有较高层次需求的阶层，所以才会有上述看似违反常理的现象的出现。

结语

改革开放后，随着党和国家新的宗教政策的颁布和落实以及恢复重建藏传佛教寺庙等相关措施的实行，精河县的藏传佛教在新的形势下显示出了初步复苏的迹象。但由于种种历史原因造成的当地蒙古族宗教信仰的传统断裂日久以及改革开放后以经济发展为核心的世俗化浪潮席卷，精河县藏传佛教的恢复一直处在相对沉寂当中。只是在 21 世纪初经过之前十几年的酝酿和准备，它才显示出了较为明显的复苏迹象。但总体而言，精河县藏传佛教的恢复还没有步入正轨，各方面还都不够规范。而相对新疆其他蒙古族聚居区来说，精河县藏传佛教现阶段的恢复状况显得落后了很多。其中一个十分重要的原因就是精河县的宗教组织囿于自身的实力缺少应有的带动力，不足以激发潜在的宗教市场需求。在精河县的藏传佛教市场上出现了比较明显的供不应求的现象，即宗教组织提供的宗教产品未能满足信教群众的需求。这一方面制约了精河县藏传佛教的恢复和发展；另一方面也给它的进一步发展预留了很大的市场空间，刺激着宗教组织去充实提高本身的能力。因而可以说精河县藏传佛教的发展前景还是比较乐观的。但随着时代的进步，期望其恢复发展到历史上的水平是不现实的，也是不可能的。所以这种恢复并不是完全循着复古主义的路线，更多的是一种适应新时期社会大环境的有取有舍的继承和发展。相比在很多方面呈现出了不同的特点。总的来说，就是信教群众的宗教观念和信教热情比较淡薄，宗教在现实生活中的影响大为下降。本文通过对博尔塔拉蒙古自治州精河县土尔扈特蒙古族藏传佛教信仰状况及精河县唯一的一座藏传佛教寺庙的调查研究，可以得出一个基本的结论，那就是：改革开放后宗教的逐渐恢复是包括精河土尔扈特蒙古在内的整个新疆蒙古族的藏传佛教发展的一般性趋势和特点。尽管在恢复的进程中，新疆各地的蒙古族聚居区由于自身条件的差异，其步伐有先后之分，速度也有缓急之别，但总体而言都是处在恢复的路上。

（作者：陆军，中央民族大学哲学系博士生）

东正教在古罗斯地区的早期传播

古罗斯国家的文化是接受外来文化的基础上形成的。《文化理论和俄罗斯文化史》一书中这样阐述："外来文化对俄罗斯文化的发展有很大的影响。它对于俄罗斯来讲更像是一种激励因素，因为俄罗斯的发展需要一种外力的推动。9 世纪的罗斯接受的是斯堪的纳维亚的影响，10 世纪受到的则是拜占庭的熏陶，13 至 15 世纪这种外力源自蒙古鞑靼人，而 18 至 20 世纪则分别源于西欧和美国。"[①]本文试就 10 世纪开始到 12 世纪止从拜占庭传入古罗斯国家的东正教，深入分析东正教在古罗斯国家早期传播的途径、特点及对这一地区所产生的深远影响。

一、东正教早期传播时古罗斯国家的地域界定

拜占庭正教在古罗斯国家开始传播时，古罗斯国家还是一个地域概念。在有关古罗斯的文献记载里称之为"the land of the Rus"[②]。这一地区包含了西起卡帕斯山脉直到东部的罗斯托夫和东北部的苏兹达尔的广大地域。东北罗斯地区在地形上是一块独立的区域，这里集中了罗斯半数的政治和宗

① 叶·米·斯科瓦尔佐娃：《文化理论与俄罗斯文化史》，王亚民等译，敦煌文艺出版社，2003 年版，第 152 页。

② 《Byzantine and the rise of Russia》John Meyendorff, printed in Britian by George Over Limited Cambridge University Press page 9.

教文化中心。在罗斯地区每一个中心都是一个单独的实体，在古罗斯文献记载里称之为“principality”，意即“公国”或“公国君主的领地”。

存在于古罗斯地区的“公国”这一国家形态，是公元 6 世纪开始到公元 9 世纪北部民族诺曼人征服后，这一外来文明作用下形成的。在有关古罗斯的论著中称之为“斯堪的纳维亚文化的影响”，“当斯拉夫人从蛮荒状态逐渐解脱之后，从斯堪的纳维亚接受了公国一军事体制”。①

古罗斯地区由于没有形成无可争议的、居于首位的中心，地域概念还没有明确的划分，因此有必要对当时存在于古罗斯地区的大大小小五十多个公国做出大致的地域划分。

东北罗斯地区，古罗斯文献称之为“Novgrod dominions”，即诺夫哥罗德辖区。东北罗斯在地形上是一块独立的区域，这一地区有大小 20 个公国。具体有“Moscow、Novgrod、Pskov、Ryazan、Vladimir、Suzdal、Rostov 等。

西部罗斯地区，北部是 ZHMUD 大公国，南部是 VOLHYNIA 大公国。ZHMUD 大公国里有 10 个小的公国：Polotsk、Vitebsk、Trki Vilna、Vitebsk、Smolensk、Minsk、Grodno、Novgordok、Slonim 等。VOLHYNIA 大公国里有 6 个小的公国：Brest、Gorodlo、Pinsk、Lutsk、Turov、Kremenets 等。

南部罗斯地区，古文献称“Podolia”地区。南部罗斯有 7 个公国，包括：Kiev、Belgorod、Pereyaslavl、Vinnitsa、Cherkassy、Kamenets、Braslov 等。

东部罗斯地区，这一地区没有明显的政治中心，散布着 11 个小的公国。包括：Bryansk、Starodub、Novgorod in Severia、Chernigov、Putivl、Kursk、Rylsk、Novosil、Odoev、Peremyshl、Lyubutsk 等。在拜占庭的正教传入古罗斯之前，这些公国受外来民族北方的诺曼人的军事征服，处于基辅罗斯时代，他们与外界的接触主要就是商业联系。公元 9 世纪，古罗斯处于瓦良格王朝的领导下，作为他们的经济、政治、军事基地，处于“从瓦良格到希腊”连接里海和黑海的商路，这是一条重要的商路，连接着涅瓦、拉夫那、第聂伯尔，诺夫哥罗德和基辅这两个要塞城市是控制这条路的咽喉。这条商路成为基辅的财源。

---

① 雷永生：《东西文化碰撞中的人——东正教与俄罗斯人道主义》，华夏出版社，2007 年，第 9 页。

二、基辅罗斯时代的时间界定

基辅罗斯时代的开始一般认为是据编年史记载的 862 年，是年瓦良格大公留里克、西涅乌斯和特鲁沃尔任诺夫哥罗德公；另一说是 882 年，诺夫哥罗德王公奥列格（？ － 912）征战基辅之年，他兼并基辅后疆域北起芬兰湾和拉多加湖，南至第聂伯河中下游。这一时代的终结之年是智者雅罗斯拉夫（1019－1054）在基辅统治公国之时，也有学者一直算到弗拉基米尔二世（1113－1125）。辞海记载的下限时间是在公元 12 世纪 20 年代至 40 年代，基辅罗斯解体，分裂成许多独立的公国[①]。由此可见，基辅罗斯（Киевская Русь）的编年上自 9 世纪中叶下至 12 世纪初。

三、基辅罗斯时期拜占庭正教在古罗斯国家的传播

自从罗斯建立公国以来，地理和经济一直是促成罗斯与拜占庭相互联系的因素。罗斯连接着“从瓦良格人到希腊人之路”，地处这条重要的商路的要害，这一直是拜占庭通往西欧的重要商路。

拜占庭帝国所处的马其顿王朝（867－1056）成功地抑制了阿拉伯人和巴尔干人的征服者并克服了国内圣像破坏运动的危机，进入了一个令人注目的急速扩张时期。在中欧和罗斯，拜占庭文明以基督传道的方式进行渗透。基督教 9 世纪时已经在瓦良格人和东斯拉夫人中间开始传播，罗斯地区最早受洗的大概是“一些参加袭击拜占庭领地，或与希腊基督徒进行商业贸易活动的士兵”。[②] 10 世纪时古罗斯的基督徒数量增多，基辅王公的亲兵中就有接受基督教洗礼的。伊格尔大公与拜占庭缔结的条约中，签字的有多神教战士，还有“受洗的罗斯人”。[③]这一时期古罗斯“从瓦良格人到希腊人之路”上已经出现了传播基督教的教堂和修道院，如距离梁赞 27 公里的波休波夫，这里的约翰神学修道院早在公元 8 世纪就已存在，大概是罗斯最早的修道院了[④]。

（一）罗斯接受洗礼和皈依东正教

《编年纪事》记载，约 988 年，弗拉基米尔在诺夫哥罗德的圣瓦西里教堂接受洗礼，之后他的眼疾（失明）痊愈了，这使他对上帝佩服得五体投地。回到基

① 《辞海》历史分册（世界史·考古学），第 98 页。

②③ 曹维安著：《俄国史新论》，中国社会科学出版社，2002 年，第 36 页。

④ ［俄］A·尼佐夫斯基编著，吴琪等译《俄罗斯最著名的教堂和修道院》，中国财政经济出版社，2001 年，第 247 页。

辅后，弗拉基米尔下令，让全城的百姓统统参加洗礼。就在这一年，弗拉基米尔一世（？ —1015）作出了重大的历史性抉择，定希腊正教为国教。而在别的文献记载里，弗拉基米尔一世皈依东正教的原因是拜占庭皇帝瓦西里二世（963—1025 年在位）由于国内出现叛乱，向弗拉基米尔一世求助，弗拉基米尔一世提出娶安娜公主为条件，而瓦西里二世要求弗拉基米尔皈依东正教为先决条件。在这种情况下弗拉基米尔一世皈依东正教，并命令自己的臣民也接受东正教的洗礼。弗拉基米尔一世要求臣民皈依东正教的命令也没有遇到真正的、有力的抵抗，东正教作为国教与当地的多神教并存至今。

弗拉基米尔原本是一个坚定的多神教徒，有关弗拉基米尔一世皈依东正教的上述原因只是表层原因，很难令人信服。于是学者开始挖掘弗拉基米尔皈依的深层原因。曹维安先生认为应当首先从政治原因考虑，因为在与任何基督教国家的交往中，多神教国家不可避免地要成为权利不平等的伙伴，这是基辅大公所不能容忍的，基辅大公的目标就是要建立罗斯强大的国际地位。另一政治上的原因是弗拉基米尔想以全国统一的宗教来缓解东北罗斯诺夫哥罗德王公与基辅显贵之间的政治对立。曹维安先生提出弗拉基米尔个人思想深处的转变是他皈依东正教的更深层原因。弗拉基米尔长期作恶、生活放纵，编年史记载他有数百名妻妾，还要对自己臣僚的妻子非礼。[①] 这种生活只能使他精神越来越空虚，精神反思后的幡然悔过使他的思想出现很大转变，从而根本上转向基督教信仰。

基督教从南方，从拜占庭（Византия）开始渗透到罗斯，这种现象早在弗拉基米尔一世奉它为国教之前就有，例如，基辅大公伊戈尔的妻子奥莉加（？ —969），以及更早的阿斯科尔德（？ —882）和季尔就信奉基督教。《编年纪事》其中有相当多的篇幅描摹弗拉基米尔一世及其贵族在做出选择时的矛盾心理。书里写道，传教士从拜占庭来到基辅，穆斯林由多瑙河沿岸的保加利亚而来，犹太教教徒自哥萨里亚而至；弗拉基米尔大公听了他们的布道后，都感到不满意，惟有对拜占庭的传教士另眼相看；他派遣贵族到各个国家，了解各种宗教的情况；最后决定皈依拜占庭式的基督教。

弗拉基米尔大公把东正教定为国教，对此基辅人没有什么重大理由拒绝受洗而对抗大公。罗斯南部和西部的城市居民也同样平静地前去受洗，虽然

---

① 曹维安著：《俄国史新论》，中国社会科学出版社，2002 年，第 40 页。

他们还生活在多神教的环境中。而在罗斯北方和东方，情况有所不同。诺夫哥罗德、罗斯托夫等北方的公国忠诚于多神教信仰，在这里有多神教组织的核心，存在正规的、固定的宗教仪式，也有术士和巫师组成的祭祀团体。这些远离基辅的大城市对基辅大公的服从建立在不受限制的自治的基础上，他们认为从基辅发出的皈依东正教的命令是对其自由和自治的威胁。弗拉基米尔大公虽长在诺夫哥罗德，但受到异教的希腊人的影响，破坏了他们传统信仰，所以他们认为弗拉基米尔是改信基督、压迫他们自由的叛教者[①]。

来自罗斯北方和东方的抵抗时间很短，没有阻碍东正教的传播。在诺夫哥罗德，10 世纪末期已经建立了索菲亚大教堂，当时是橡木结构，建造者是弗拉基米尔·雅罗斯拉维奇大公。虽然它比基辅的索菲亚教堂晚几年，但在罗斯是较早的教堂了。公元 1045－1052 年间，这所教堂得到重建，这源于“智者雅罗斯拉夫大公的一纸诏令”，由其子弗拉基米尔·雅罗斯拉维奇大公和大主教卢卡·日吉亚塔于 1045 年奠基。[②] 在诺夫哥罗德尤里耶夫修道院是较为古老的修道院之一，始建于 1030 年。传说 1030 年，智者雅罗斯拉夫大公为接受格奥尔基（尤里）主持的洗礼，在与克尼亚热夫小河交汇处的沃尔霍夫河左岸为修道院奠基。[③]

（二）东正教文明的传播方式

东正教文明在罗斯地区传播是通过“保加利亚－摩拉维亚”方式进行的。拜占庭与保加利亚的关系尤为密切。公元 8 世纪时，由于拜占庭的财富和复杂的外交，开始对保加利亚的政治及社会产生影响。保加利亚的统治者常去君士坦丁堡接受常规教育，学习希腊语和文学，在教会和首都建设上以拜占庭为师。而拜占庭也向保加利亚、巴尔干派送使节。

9 世纪中叶，基里尔（Cyril，约 827－869）和马斯迪亚（Methodius，约 815－885）兄弟从拜占庭来到大摩拉维亚国，建立了不受日耳曼主教团管辖的斯拉夫教会，在保加利亚和摩拉维亚传教。他们设计了西里尔文字，虽然采源于希腊的书写体，但这种文字的发音更接近于斯拉夫语。直到 12 世纪时拉丁文

① 曹维安著：《俄国史新论》，中国社会科学出版社，2002 年，第 40 页。

② ［俄］A·尼佐夫斯基编著，吴琪等译：《俄罗斯最著名的教堂和修道院》，中国财政经济出版社，2001 年，第 388 页。

③ ［俄］A·尼佐夫斯基编著，吴琪等译：《俄罗斯最著名的教堂和修道院》，中国财政经济出版社，2001 年，第 409 页。

出现，西里尔文字仍被使用，在有些地区这种文字沿用至今。

古罗斯的活的口语，确切地说是它的方言（南方方言和北方方言）是规范语的基础。南方方言通用于第聂伯河沿岸地区，北方方言流行于诺夫哥罗德公国。与此同时，古斯拉夫语（старославянский）或教会斯拉夫语（церковнославянский）虽然是外来的语言，但与规范语是近亲，所以在规范语的形成过程中起过很大作用。9世纪下半叶，基里尔和马斯迪亚兄弟就是使用这种语言翻译圣经的。在此基础上，罗斯的教会文字在祈祷仪式里日渐完善。教会斯拉夫语作为古保加利亚语的一支方言拥有整套表示抽象概念的词汇，如“空间”、“永恒”、“理智”、“真理”等。这些词汇成为俄语不可或缺的财富。

据史籍记载，奥列格与拜占庭于911年签署条约时使用两种文字——希腊文和斯拉夫文。编年史和属于11世纪的出土文物，许多诺夫哥罗德的桦树皮文献（берестяные грамоты）都证明，当时在社会各阶层中文字的运用已相当普遍。

斯拉夫书写语言的创造使斯拉夫人组织复杂的政治机构、发展复杂的思想文学成为可能。西里尔文字加快了罗斯对东正教的皈依。传教士把基督教经典和教堂圣礼翻译成斯拉夫语，西里尔文作品帮助他们用斯拉夫词汇解释基督道义和思想。传教士还成立学校，保证斯拉夫人以他们基本的读写能力来接受宗教的训诲。

弗拉基米尔大公皈依后，拜占庭的影响迅速涌入罗斯。西里尔文作品、文学、东正教会在罗斯迅速发展。拜占庭教师北入罗斯，建立学校，拜占庭牧师也为罗斯的皈依服务。两个世纪里，基辅成为拜占庭文化向罗斯传输宗教影响的传导。①

基辅大公对罗斯的东正教会建立了牢固的控制，这与拜占庭帝国很相似。通过控制与拜占庭的商路，他们获得了经济资源，以建设繁荣的社会。11世纪时，基辅已拥有400座教堂和8个宗教超级场所，12世纪初基辅信奉东正教的人口已达到3万，1124年教堂达到600座。②

(三)东正教传播早期古罗斯的教堂和修道院

基督教在罗斯取得合法身份之后，大兴修建崇拜性建筑物、教堂和修道院之风。由安东尼(983 —1073)和费奥多西(？ —1074)奠基于11世纪中叶的基

①②《Traditions and Encounters－a Global Perspective on the past》Volume Ⅰ，Jerry H · Bentley and Herbert F · Ziegler (University of Hawai'i)，Von Hoffmann Press，Inc 2000 page 300.

辅洞窟修道院，是第一批中心修道院之一。洞窟是基督教苦修者们来此修行的地方，之后在他们周围开始有追随者聚居，变成集体修道院。除基辅修道院外，还有位于切尔尼戈夫的伊林地下修道院，这是建筑史上独一无二的文物，据传是安东尼在 1069 年修建的。普斯科夫州伊兹博尔斯克近郊的洞窟修道院也颇负盛名。

在洞窟隐居修道（пещерное затворничество）的现象是随基督教传入罗斯的，与其倡导者圣安东尼的名字有关。基督教精神文化的异常现象称为宁静主义（психизм，也译“默功”、“内功”），这是人通过苦行，改造精神的途径，是“出世”之道。地下修道院是罗斯实施宁静主义的最佳场所，因为在这里既无尘世的喧嚣，也无白昼的阳光，修行者可专心致志地祈祷、修炼。集体修道院的传统生活没有如此严格。脱离俗家生活而进修道院的人可继续履行许多世俗的义务。修道院院长与主教同样可兼任外交家、法官、调解人等。修道院成为传播宗教知识的中心。普通的修士可当上编年史的作者、建筑师、圣像画家等。毫无疑问，修道院在俄罗斯人民吸收拜占庭文化财富中，在传播知识和创作大型文艺精品方面起过决定性作用。

皈依基督教后，在 10 世纪末，罗斯开始使用石材进行建筑。第一批石头建筑由拜占庭的建筑师营造。989 年，基辅的圣母升天教堂奠基。大公把自己的十分之一收入作为建堂的费用，故名十一圣母升天教堂。1240 年，这一教堂毁于拔都的战火。从考古发掘出来的遗址以及对这座罗斯最早的寺庙废墟的研究可以确定，这座建筑物的占地面积为 900 平方公尺左右，据编年史记载，顶部有 25 个圆顶，气势恢宏。另一座多圆顶的教堂是基辅索非亚大教堂，是智者雅拉斯拉夫执政时期奠基的，顶部有 13 个圆顶。基辅的这座大教堂取与君士坦丁堡的同样的教堂名，旨在确定罗斯与拜占庭平起平坐的地位。出土的遗址证明，教堂四周是都主教城堡的要塞城墙。

11 世纪 30 年代，石头金门及门上报喜教堂落成。在这个世纪里，波洛茨克、切尔尼戈夫、维杜别茨基等地的教堂拔地而起。在基辅近郊的维什哥罗德，为纪念第一批罗斯圣者——鲍里斯和格列勃大公修造了一座占地面积近 600 平方公尺的大教堂。

公元 12 世纪，在罗斯各地出现众多的教堂和修道院。智者康斯坦丁于 12 世纪下半叶所建雅罗斯拉夫尔的主显圣容修道院。建于 12 世纪特维尔的主显圣容教堂被称为“神圣救世主的宫殿”。[1] 在东北罗斯弗拉基米尔地区，1158年，安德烈·博戈柳普斯基王公建立了圣母升天大教堂，而德米特里大教堂则建于1194—1197年间。涅尔利河边的圣母庇护教堂建于1165年，这与弗拉基米尔军团战胜伏尔加河的布尔加人有关，为纪念这次胜利，安德烈·博戈柳普斯基王公亲自给圣母庇护教堂奠基。[2] 同一时期建成的还有，1157年落成的佩列斯拉夫利一扎列斯基的主显圣容教堂；1170年建成的尼基塔修道院；在戈罗多克1152年创建的圣母升天大教堂；在斯摩棱斯克1101年建的圣母升天大教堂；1198年在涅列季察建的救世主教堂；1106年建的安东尼耶夫修道院；1192年建的胡腾斯基修道院等。

四、基辅罗斯的分裂与东正教

基辅罗斯皈依东正教初期，教会不依附于拜占庭而是更接近保加利亚主教。直到1037年罗斯才从拜占庭得到第一位希腊人主教，并开始建立自己独立的都主教区。雅罗斯拉夫大公模仿拜占庭的圣索非亚大教堂和保加利亚的圣索非亚大教堂，在基辅罗斯修建了圣索菲亚大教堂。之后，他与拜占庭进行血战(1043年)，并指派伊拉利昂(Hilarion)，一个罗斯人，作为基辅的都主教(1051年)。[3] 公元1054年他死后，罗斯分割成封国分给了他的五个儿子，很快国家分裂，公国间为权力相互争斗，这在以后的几个世纪里阻止了帝国中心的形成。

当罗斯地区的公国越来越多和越来越小，随着Rurikid王公数量的不断增长，他们依地理和经济形态形成群体、联盟。基辅大公渐渐失去了初期的权势。基辅最后一任杰出的大公弗拉基米尔·莫诺马赫(1113—1125年在位)，是雅罗斯拉夫之重孙，通过其母亲、拜占庭皇帝康斯坦丁四世，建立新的政治中心，代替旧都[4]。公元1169年，安德烈·博戈柳普斯基王公占领基辅，接任了大公之位，他把居所迁到罗斯东北部的弗拉基米尔地区，这是新开垦之地，

---

① [俄]A·尼佐夫斯基编著，吴琪等译：《俄罗斯最著名的教堂和修道院》，中国财政经济出版社，2001年，第84页。

② 同上，第162页。

③ 《Byzantine and the rise of Russia》John Meyendorff, printed in Britian by George Over Limited Cambridge University Press page 15.

④ 《Byzantine and the rise of Russia》John Meyendorff, printed in Britian by George Over Limited Cambridge University Press page 16.

并且可免于游牧民族的入侵。结果，罗斯东南地区的加里西亚(Galicia)和弗赫尼亚(Volnynia)独立于大公控制而自治，他们转向其邻国波兰、匈牙利，与罗斯其它地区就没有多少联系了。最后，商业繁荣之诺夫哥罗德，经济上与波罗的海联系紧密，发掘其北方森林的财富，虽名义上依附于弗拉基米尔大公，却也独立地发展其政治传统和外交关系。

小结

在罗斯接受东正教之前，罗斯统治者的财富主要来源并非他们所占有的土地，而是来自商业贸易和战利品。封臣封地的封建制度还不存在，也就更不存在西欧国王、公爵、伯爵、男爵和骑士那样的等级制。各地与基辅的政治联系松散，地方王公名义上服从于基辅大公。

罗斯接受东正教后，逐渐改变了这种松散的政治状态。从拜占庭而来赴任的都主教控制着其辖区(see)内的主教的提名和撤免权，其称号开始为"Metropoltian of Kiev"，到后来为"Metropoltian of all Russia"。又由于希腊都主教倡导的基督教的世界主义、信奉一神与忠诚于基辅大公，反对罗斯内部的分裂结合起来，这就造成了政治分裂状态下教权的统一性。

在整个12世纪基辅罗斯分裂时期，不管罗斯王公内部怎样争斗，一种文化上的统一却在各公国间维持着。尽管罗斯不存在一个毫无争议的政治中心，维持国家的联合很大程度上是通过教会代理。罗斯国家间的联结与由拜占庭指派的都主教所倡导的、基督教的世界主义是分不开的。东正教大大增强了古罗斯国家的凝聚力，共同的宗教信仰缓和了多种民族的矛盾冲突，成为维持古罗斯国家统一的思想基础。

（作者：张超，西北民族大学历史文化学院讲师）

费尔巴哈与老庄无神论思想的比较研究

【摘　要】 本文对费尔巴哈与老子和庄子思想中，关于无神论思想的可比较之处进行对比。二者虽然在时空上相隔悬殊，但是他们的学说中都包含着深刻的无神论思想。首先，对费尔巴哈与老庄关于自然的学说进行比较，可以看出，费尔巴哈与老庄关于自然的学说是他们无神论思想的坚实基础，更是他们无神论思想最鲜明的所在。其次，对费尔巴哈与老庄关于人的学说进行比较，就可以发现，费尔巴哈与老庄都没能正确认识和解决人的问题，所以，他们关于人的学说中，还是给有神论（唯心主义）留下了空间。再次，对费尔巴哈的“利己主义”与老庄的“为我重生”进行比较。虽然“利己主义”与“为我重生”是费尔巴哈和老庄思想中重要的标志，但是由于他们无法正确解决人的问题，费尔巴哈最终走入了要在人间建立爱的宗教，而老庄则走入了“无我”之境，这样，唯心主义占据了整个空间。然而，在当时的社会历史条件下，他们的无神论思想还是闪烁着星火之光的。

众所周知，路德维希·费尔巴哈是19世纪德国杰出的唯物主义哲学家和无神论者。而且他的人本学唯物主义哲学是旧唯物主义哲学的最后形式，并成为马克思主义哲学直接的理论来源之一。而我国传统文化老庄思想也是以自然和人为对象来体悟现实的，其思想的核心也具有人本学和无神论的特点。如果对费尔巴哈与老庄思想中关于无神论的思想作一比较研究，那么，对我们理解费尔巴哈会更有启发意义。

一、费尔巴哈与老庄关于自然的学说之比较

在德国近代哲学发展史上，路德维希·费尔巴哈的最大历史功绩，就是在唯心主义长期统治德国之后，恢复了唯物主义的权威，并在此基础上完成了德国资产阶级对封建神学的批判。19世纪30年代，宗教和黑格尔唯心主义在德国占绝对统治地位，唯物主义的权威被降到了最低点。这时，费尔巴哈作为当时德国资产阶级最民主阶层的思想代表，正像“费尔巴哈”这个字本身的含义一样（“费尔巴哈”原文是Feuerbach，可译为“火流”。Feuer是“火”的意思，Bach是“流”的意思），用“火的洪流”把唯物主义应有的权威恢复了过来，把自然界和人从宗教和唯心主义中解放出来，并把它们提到了首要的地位。

费尔巴哈自己曾经把他的学说概括为人和自然这两个词。确切地说，是人和自然界。费尔巴哈所说的自然，就是我们现代意义下，通常所说的自然界、纯粹的自然界、与人相对而立的自然界。也就是以自然为认识对象，以人为认识主体时的自然。所以行文时，不用给费尔巴哈所论自然加双引号。而老庄所言“自然”，与现代意义下的自然是不同的。老子首先提出“道法自然”（《老子》二十五章）的命题，此后，“自然”也就成为道家思想的中心观念。那么，老子的“自然”是什么呢？这就必须从“道”说起。老子的“道”是一个本体范畴，也是一个存在范畴，简称之为本体存在，或存在本体。那么，“道法自然”的“自然”就是一种存在状态或样态。这里“自然”不是一个名词，而是谓语前的一个状语（词），就是自然地存在。老庄思想中，在“道”之外再没有更高的实体存在，那么，“自然”就是“道”的存在状态。“道”又是如何取法于其自身的存在状态呢？这就涉及了“道”与自然界万物的关系问题。“道法自然”的意思是：一方面说，“道”之所以是本体存在，是因为其“自然”，故曰“法自然”，而并不是说“道”之外还有一个“自然”本体存在；另一方面说，“道”是纯任自然状态，自己如此。也可以说，“自然”就是自然而然的意思，“道”的存在是自然而然的，没有任何意志和目的，它是万物生长、发育的根源，使每物刚好就是每物的那个样子。“道”并不与万物分离，而是存在于万物之中，显现于万物之中，通过万物生长、发育和变化显示出来。

庄子继承并发展了老子的“道法自然”思想。庄子称“道在蝼蚁”（《庄子·

知北游》),将老子描绘为玄奥、幽深的“道”,落到了具体的自然万物之中。更加强调了“道”是不能脱离万物而独立存在的,“道”在万物之中,万物之中皆有“道”。可以说,庄子将“道”与“自然”等同起来,“道”就是“自然”。这里庄子的“自然”,当然也不是现代意义下的纯粹自然界。庄子所讲的“自然”,目的不是为了说明自然万物,而是要将“自然”内在化、人性化。

费尔巴哈坚决反对神学目的论,主张从自然本身去认识自然。费尔巴哈以自因论来解释自然,即自然来自其本身,把自然界看做是它自身的原因,就是说自然界在时间上和空间上都是无限的,人不应把关于自己在一定时间的始终的表象推移到自然那里。自然并不是从某种超自然的精神力量所派生出来的,它的存在和变化的原因在于它自己。费尔巴哈说:“自然界从何而来呢?它是来自自身,它没有始端和终端。”①又说:“从我的观点看来,自然界这个无意识的实体,是非发生的永恒的实体,是第一性的实体,不过是时间上的第一性,而不是地位上的第一性,是物理上的第一性,而不是道德上的第一性;有意识的、属人的实体,则在其发生的时间上是第二性的,但在地位上说来则是第一性的。”②

老庄也主张从自然本身去认识自然,用自然界自身来解释一切。他们打破当时天帝有神论的传统,没有到自然界以外去找原因,没有用神来解释一切,而是在客观存在中找原因,尤其是在观察自然万物中体悟和提升出宇宙的本原。老庄的道,不只是一个本体论的范畴,具有本体的意义,它还是一个宇宙论的范畴,具有生成的意义。并且道具有实存性,以道来取代进而否定神学上天帝无上权威的思想,在中国哲学史上是一个突破性的发展。《老子》第二十五章说到:“有物混成,先天地生。寂兮寥兮,独立而不改,周行而不殆,可以为天地母。吾不知其名,强字之曰‘道’,强为之名曰‘大’。大曰逝,逝曰远,远曰反。故‘道’大,天大,地大,人亦大。域中有四大,而人居其一焉。人法地,地法天,天法‘道’,‘道’法自然。”③

《庄子·大宗师》中讲到:“夫道,有情有信,无为无形;可传而不可受,可得而不可见;自本自根,未有天地,自古以固存;神鬼神帝,生天生地;在太极之上

---

① 《费尔巴哈哲学著作选集》上卷,商务印书馆,1984年,第355页。
② 《费尔巴哈哲学著作选集》下卷,商务印书馆,1984年,第523页。
③ 陈鼓应:《老子注译及评介》,中华书局,1984年,第163页。

而不为高，在六极之下而不为深，先天地生而不为久，长于上古而不为老。”①这里不难看出，庄子的道与老子的道是一脉相承的。“自本自根”就是说自己是自己的原因，整个自然界的生成和运动都是自然而然的事，一切都是自然界自己的事，明确否定了天地神灵的主宰，只有客观的具有实存性的道才是自然万物的本原。

虽然费尔巴哈和老庄都是从自然本身去认识自然的，但是由于时代的限制，老庄所认识的自然，远没有费尔巴哈的接近于现代科学的自然。在费尔巴哈和老庄看来，什么是自然呢？他们各自有不同的认识，下面将分别叙述。

费尔巴哈十分明确地肯定自然是感性实体，只有感性的实体才是真正的、现实的实体。他认为自然界是一切感性的力量、事物和本质之总和，是直接地、感性地表现出作为人的生存基础和对象的一切东西，因而也就是为人的感官所感知的东西。正如费尔巴哈在回答别人对他提出的那个诘难（什么是自然界？它是否是斯宾诺莎所谓的“自然界或神”？）时所说：“我所说的自然界，就是人拿来当作非人性的东西而从自己分别出去的一切感性的力量、事物和本质之总和。一般说来，像我在起初几次讲演时已经说过的，我所说的自然界当然是像斯宾诺莎所说的那个不带意志和理智而存在和活动的（即不像那个超自然的神）、却只依靠其本性的必然性而施行影响的东西。但我并不像斯宾诺莎那样，认为这个东西是一个神，即又是一个超自然的、超感性的、抽象的、神秘的和简单的东西；我却认为它乃是一个繁复的、平凡的、实在的、一切感官都能觉知的东西。”②

费尔巴哈认为自然实体是实在的、一切感官都能够觉知的东西。费尔巴哈强调自然界的可感性，对批判神学和思辨哲学具有积极的意义。神学上，被设想为具有感性形象的上帝，却是感官不能把握的超感性形象；在思辨哲学中，“绝对精神”又把感性活动归结为纯粹的逻辑活动。费尔巴哈以感性实体有力地揭露了神学和思辨哲学的荒谬和错误。这样一个感性实体的自然，是统一的，又是多样的。作为实体，它是统一的，作为感性存在，它是丰富多彩的，具有多种多样的具体存在。如光、电、水、火、气、土、植物、动物，乃至一个无意志和不自觉而活动着的自然人，都是自然的具体存在的形式。自然界就

---

① 陈鼓应：《庄子今注今译》，中华书局，1983年，第181页。

② 《费尔巴哈哲学著作选集》下卷，第591页。

是多种感性事物的总和。而自然之所以具有多样性,并不是什么神秘力量或神的作用,而是因为世界的基质是有差别的,是异质的(因为“吸引”和“排斥”是基质本质上所固有的)。

老庄认识到的自然不可能像费尔巴哈所认识到的那样清晰,更不可能概括描述得那么科学。老庄在他们的道论中,对道的说明就包含了他们对自然的认识。本文无意于讨论将老子哲学定为唯物主义或是唯心主义。就像有的学者所认为的,老子的道是精神,还是物质,他自己是没能讲清楚的,就当时人类认识的水平来看,老子也不可能讲清楚。我们能做的,是如实地讲清,进行历史地科学地评价。《老子》第二十一章:“‘道’之为物,惟恍惟惚。惚兮恍兮,其中有象;恍兮惚兮,其中有物。窈兮冥兮,其中有精;其精甚真,其中有信。”[①]这一段话中,无论是否把“象”、“物”、“精”解释成物质性的东西,从而断定道是气之类的物质性实体,但有一点是可以确定的,那就是说明了道是实存性的,即道具有真实存在性。接下来,《老子》第二十五章有“有物混成,先天地生”,第二十一章有“道之为物,惟恍惟惚”,第四十二章有“道生一,一生二,二生三,三生万物”,都可以说明道是一种混沌未分的原始状态。还有《老子》第三十二章有“道常无名、朴,虽小,天下莫能臣”,可以说明道是最原始的材料。老子的道,仅仅是构成万物的原始材料的初步设想,他是没有可能形成“物质一般”的认识水平的。庄子在为了说明万物的生成时,使用了“气” 这个概念。在庄子看来,“气”是构成万物的基始。阴阳这两种性质对立的“气”相互作用,天地原始的存在状态(道)就会发生变动,就将产生万物了,如果说道是一种原始状态,那么“气”就构成了这一状态。在老子那里,模糊的道在某种意义上是一种最原始的材料,那么,经庄子的进一步发展,提出了“气”这个更明确的概念,用以说明万物的生成。并且在此基础上,对世界的统一性有了一定的认识。

在庄子看来,天地万物都是统一于道的“气”的变化流行。庄子提出 “通天下一气耳”的命题,明确地认识到世界统一性的问题,肯定了无限多样的自然事物有一个统一的基础,这就是“气”。总之,老庄的道具有实存性,不是纯精神的客观存在,并且老庄,尤其是庄子已经认识到了世界的统一性问题,这种统一是在自然本身而不是在自然以外的某种神秘因素中得到的。这样就使得中国古代思想从殷周宗教神学观念(有意志的“天”)摆脱出来后获得了一个

---

① 《老子注译及评介》,第 148 页。

新的基础或立足点。

费尔巴哈认为:“时间是与发展不可分离的”,“是从运动中抽象出来的一种概念。”[①]因此,说时间是以事物为前提的,也就是说运动是事物所必然具有的,因为“时间或运动——时间不过是从运动中抽象出来的一种概念罢了——也是必须以某个能运动的东西为前提的”[②]。由此费尔巴哈提出自然运动、变化、发展的思想,自然事物相互联系的思想。“自然处于恒久不息的运动与变化之中。”[③]在他看来,由于自然存在物原来是一个含有差异性在内的东西,因而某些存在物互相吸引,有些互相排斥。地球也并不是一直就是现在的这个样子,它是经历了一系列的发展和变化才成为如今这个状况的。这样费尔巴哈就以他的时空观念及其一切事物都在不断运动变化的思想,否定了有神论那个无限、永恒的神的存在。

原本是道路意思的道,经过老子的提升与概括,成为整个自然界以及人类社会发展变化的总的法则和规律。老子言道“独立而不改,周行而不殆”,而自然界中也确确实实是存在着这么一种东西,它是宇宙中一切存在物发展变化的“原动力”,是天地万物永不枯竭的“生命之源”。这个东西就是我们现代称之为物质的运动。运动是物质的存在方式,运动就是物质的“生命”。老子在对天地万物以及千变万化的自然现象的观察和思索中,认识到自然界中有这么一种东西,这么一种力量存在,他亦“不知其名”,只能“强字之曰道”。《老子》一书中,用极其简单晦涩的文字,十分玄奥地描述着的道,可以说就是物质的运动及其规律。当然,说道是运动,并不意味着老子对运动的理解已经有了初步的像我们今天这样科学的认识。从认识论的意义上讲,所谓物质的东西,无非就是与观念的东西、与人的意识相对立的东西。因此,在这个意义上看来,道就是存在,就是物质。老子以他的道否定了天帝的至上性,并且是从自然界本身,而不是从人的思想观念上去否定的。

庄子继承了老子的思想,特别强调世界的变动不居。《秋水》中说:“道无终始,物有死生,不恃其成;一虚一满,不位乎其形。年不可举,时不可止;消息盈虚,终则有始。是所以语大义之方,论万物之理也。物之生也,若骤若驰,无

① 《费尔巴哈哲学著作选集》上卷,第 135 页。

② 《费尔巴哈哲学著作选集》下卷,第 620 页。

③ 《费尔巴哈哲学著作选集》下卷,第 812 页。

动而不变，无时而不移。”[1]这就是讲大道的方向，谈万物的道理。一切存在物都像骏马在奔驰，无时无刻不在变动迁移。庄子就是这样肯定事物的不断运动变化的。而且，庄子已经认识到了事物运动变化的动因，他认为是“自化”。《则阳》中说：“鸡鸣狗吠，是人之所知；虽有大知，不能以言读其自化，又不能以意其所将为。”[2]鸡鸣狗吠，这是人所知道的；即使有大智慧的人，也并不能用语言来说明它们所以会叫的原因，也不能用心意去推测它们还会有什么动作。可见，庄子完全明确地认为万物运动变化的动因存在于它自身之内。这样，庄子旗帜鲜明地否定了有意志的“天”对世界万物的统治。万物是按自己行事的，不是听命于“天”的。

费尔巴哈和老庄不仅认为事物是运动的，而且认为事物的运动变化是有规律的，费尔巴哈在坚持自然界是客观存在的同时，明确肯定自然规律的客观性。针对宗教神学认为的，自然界中的因果必然性是上帝的意志，费尔巴哈指出：“在自然界里也没有什么神来统治，有的只是自然的力量，自然的法则。”[3]在费尔巴哈看来，统治自然界的不是上帝，而只是自然界自己的力量，自然界的规律，自然界客观地有其因果性和必然性，自然界一切都是自然而然地，按其自身的本质发生、发展、变化、运动。“自然到处活动，到处化育，都只是在内在联系之下、凭着内在联系而进行的……只是由于必然性，凭着必然性而进行的”[4]。自然界的因果之间，本质与现象之间，都是有一种“必要的联系”的。总之，自然的法则就存在于自然之中，不是自然规律服从思维规律，而是思维去反映、把握自然规律。

老子的天道自然无为论正是承认自然界的客观规律性的最好论断。老子的道“一身数任”，它既是宇宙本体，又是万物之源，还是客观规律。如“道常无为而无不为。侯王若能守之，万物将自化”[5]。这里就表明道是法则和规律，并且这法则和规律是自然而然的，就是无为。我国先秦哲学中最为重要的一个问题，就是“天道观”的问题，一直以来，我国古人都认为天是有意志的，是具有人格神性的天，天地万物是由天帝创造和推动运行的，人类社会发展变化的原

---

① 《庄子今注今译》，第 425 页。

② 《庄子今注今译》，第 696 页。

③ 《费尔巴哈哲学著作选集》下卷，第 641 页。

④ 《费尔巴哈哲学著作选集》下卷，第 484 页。

⑤ 《老子注译及评介》，第 209 页。

因是由天神主宰的。虽然这样的“天道观”不断地增加人文主义的色彩，但是直到老子以前，还是从未明确地否定过天的意志性。只有到了老子这里，把道凌驾于天、帝之上，提出了天道自然的思想，才第一次从根本上明确地否定了天的意志性，使天还原为万物之一物。

庄子继承并发展了老子天道自然的思想，承认自然界的客观规律性，否定任何有意志的主宰和一切超自然的力量，强调天地万物的自生自化。《知北游》中说：“天不得不高，地不得不广，日月不得不行，万物不得不昌，此其道与！”[①]这里庄子实际上是说道就是万物的生命之源，也就是说道是物质的运动及其规律。“天地固有常矣，日月固有明矣，星辰固有列矣，禽兽固有群矣，树木固有立矣”[②]。一个“固有”就已将有意志的主宰者排斥在外了。庄子明确肯定了天地万物都是按其自身所固有的规律运行变化，根本就不存在什么超自然的主宰者。承认自然界的客观规律性，这是唯物主义无神论最基本的理论原则之一。

二、费尔巴哈与老庄关于人的学说之比较

费尔巴哈用两个词来概括自己的学说和观点，这两个词就是自然界和人。不过，在费尔巴哈的学说中，人和自然界不是平列的。人是他的学说的中心，自然界则是人的基础。他认为，自然界是物质的，是唯一的客观实在，它不是由任何东西派生出来的，也不必依靠什么别的东西，它是自身存在的原因，并且是一切存在的源泉。由此出发，费尔巴哈认为人不是任何超自然的特殊被造物，人不可能是由基督教的创世说或某种思想上的虚构所产生，因为人类的起源比基督教的出现要早得多，所以人只能产生于自然界，是自然界的产物，是自然界的一部分。他说：“一切支持人作有意识、有意志的、通常单独被称为人性的行为和活动的东西，一切优良的天资和天赋，都不是从上而下，而是从下而上的，都不是来自九霄云外，而是来自自然深处的。”[③]费尔巴哈坚决反对把人看作是上帝的创造物或精神的异在，坚决反对宗教神学和黑格尔思辩哲学把人同自然割裂开来的错误倾向。费尔巴哈曾有这样的结论：“我们只把保持我们的功绩归之于自然物的特有效果、特性和力量；因此我们不仅有权利而

---

① 《庄子今注今译》，第 569 页。

② 《庄子今注今译》，第 347 页。

③ 《费尔巴哈哲学著作选集》下卷，第 438 页。

且不得不作出结论说，我们的产生也只能归功于自然。我们置身于自然之中，我们的起源、我们的来源难道应该在自然之外吗？我们生活在自然之中，与自然一块儿生活，靠自然生活难道还不应该出于自然？这是多么大的矛盾！”[①]的确，人只能产自自然界，并且“那个做人的前提的、人必然要与之发生关系的、否则就不能设想人的存在和本质的实体，先生们，不是别的，正是自然界，而不是你们的上帝”[②]。这表明，费尔巴哈认为自然界才是人的存在和本质的基础。

费尔巴哈从人是自然界的产物，这一观点出发，认为人也是物质的，客观实在的。他还认为，不仅人的肉体是自然界的产物，而且人的思维器官也是自然界的产物。“自然界不仅建立了平凡的肠胃工厂，也建立了头脑的庙堂”[③]。当然，精神本身不能从自然界直接产生出来，但是精神本是与肉体、感官一同发展起来的，精神联系着感官、头脑、肉体上的一般器官，因而不能说肉体器官、头脑是出于自然界，而在头脑里面的精神却是出于一个思维实体和幻想实体。

老庄关于人的学说是与其朴素的唯物主义自然观，即道论密切联系在一起的。老庄提出道的观念与传统的天命观念（天具有意志及无上权威，天主宰和左右着宇宙和人间的一切事物）相抗衡，在他们看来，天命在道的面前没有任何威力可言，而道及道所派生的一切事物也都是自自然然的，道本身不是别的什么神物，而就是自然，道与人也不是主宰和被主宰、支配和被支配的关系。这样，他们就以道的至上性、自然的至上性否定和取代了天命的至上性。

还有，道家老庄在否定天命观念的同时，对鬼神观念也进行了改造和变革。传统的鬼神观念虽然没有天命观念那样的神圣性和权威性，但它与天命观念相辅为用，从而制约和影响人们的生产生活。到了老子这里，所谓鬼神已不是传统意义上的鬼神，它已被赋予某种自然属性，成为自然世界中普通的一物了。老子认为“以道莅天下，其鬼不神；非其鬼不神，其神不伤人；非其神不伤人，圣人亦不伤人”[④]。老子留下的只是鬼神的名称，而实际上却抽去了鬼神能够伤人这一说法的理论依据。庄子也认为人是自然界的万物之一，所谓：

---

① 《费尔巴哈哲学著作选集》下卷，第449页。
② 《费尔巴哈哲学著作选集》下卷，第521页。
③ 《费尔巴哈哲学著作选集》上卷，第84页。
④ 《老子注译及评介》，第298页。

“号物之数谓之万，人处一焉”[1]，就是说，物类的名称数目有万种之多，而人是万物中的一种。庄子肯定了人是自然界的一员，是自然界的组成部分。道家老庄就是这样通过对天命观念的扬弃及对鬼神观念的改造来推崇道，推崇自然，进而推崇人。道家老庄主要是通过揭示人与自然的统一与联系来高扬人作为类的存在的意义与价值的。

在费尔巴哈看来，人虽然来自自然界，“但直接从自然界产生的人，只是纯粹自然的本质，而不是人。人是人的作品，是文化、历史的产物”[2]。他并且承认“作为教育的产物的人与作为自然界的产物的人之间”存在着“一系列无穷多的变异和媒介”[3]，这一系列的变异和媒介都是在社会中实现的。费尔巴哈在许多地方都强调人的社会性。他曾经说，应当“把人的实体仅仅置放在社会性之中”[4]，“只有社会的人才是人”[5]。并且还提到：“孤立的、个别的人，不管是作为道德实体或作为思维实体，都未具备人的本质，人的本质只是包含在团体之中，包含在人与人的统一之中，但是这个统一只是建立在‘自我’和‘你’的区别的实在性上面的。”[6]这些都清楚地说明，人的本质只能是人在社会中的本质，人只有在与他人的联系中，才能成为人。费尔巴哈认为，人是人的作品，是文化、历史的产物。那么，人的本质也不是一成不变的，它随着时代的推移而发展变化着。纯粹的自然本质，只是人的原始本质，“人，完善的、真正的人，只是具有美学的或艺术的，宗教的或道德的，哲学的或科学的官能的人”[7]。随着社会的不断发展，人的本质也越来越丰富。费尔巴哈说：“我之所以为我，我之所以成为我，却仍然只在于同这些人、这个民族、这个地域、这个世界、这个自然界的联系当中，仍然只在于同这些环境、这些关系、这些状况以及构成我的传记内容的这些事变的联系当中。”[8]可见，费尔巴哈的人的本质概念并不是一个生物学上的僵化概念，其中也蕴含了社会关系和历史发展的成分。

而老庄只强调、推崇自然，忽略人的社会性。照老庄的认识，个人虽然不

① 《庄子今注今译》，第 411 页。
② 《费尔巴哈哲学著作选集》上卷，第 247 页。
③ 《费尔巴哈哲学著作选集》上卷，第 355 页。
④ 《费尔巴哈哲学著作选集》下卷，第 435 页。
⑤ 《费尔巴哈哲学著作选集》上卷，第 571 页。
⑥ 《费尔巴哈哲学著作选集》上卷，第 185 页。
⑦ 《费尔巴哈哲学著作选集》上卷，第 184 页。
⑧ 《费尔巴哈哲学著作选集》下卷，第 667 页。

能抛开人伦社会而独立存在,但个人却可以按照自己的意志和愿望去生存生活,排斥一切人际的交往,以谋求个体独立的自由。在他们看来,错综复杂的人伦关系、人际交往中的繁文缛节毋宁就是对个人之生存生活的桎梏和束缚。所以老子提倡"使民重死而不远徙","邻国相望,鸡犬之声相闻,民至老死,不相往来"①,认为只有断绝一切经济的、文化的、政治的种种人际交往,去除一切烦琐的人伦关系,才能建立起符合人性发展的理想社会。庄子虽不反对"与世俗处",但他在内心深处更向往和追求"独与天地精神往来"②,因而他的思想仍然是与老子一脉相承的。《老子》一书,可以说是一套社会改革方案。在书中,老子对人类社会生活的各个方面都提出了一个总的指导原则,这个原则就是自然,也就是顺乎自然、自然而然。自然这一原则,主要是针对当时的社会、特别是政治的状况提出的。《老子》中说:"大道废,有仁义;智慧出,有大伪。六亲不和,有孝慈;国家昏乱,有忠臣。"③在老子看来,社会的混乱无序诚然与人们不能在道德上自觉自律有关,而道德之失落却有着更深层的原因,那就是自然价值的失落,由于社会的道德观念体系和评价机制严重地背离了自然的原则。自然的秩序既不需要强制性的手段来建立和维持,也不需要人为规定的道德规范,它完全是自然而然的、自己如此的、本来如此的,是人类社会最和谐的状态,人类的潜能在这种自然的秩序中可以得到最充分的发挥。这种自然的秩序是靠社会内部自我调节、自我平衡的固有机制实现的。对于这种机制来说,任何强制与非强制的干预、干扰都是多余的,都会破坏这种机制,而人类质朴纯真的天性,便是这种机制的永不枯竭的源泉和动力。无疑,老子动摇了"君权神授"、"天人感应"的理论基础,为无神论开辟了一片新的天地。

如果说老子不强调人的作用,那么庄子就是完全放弃了人的作用。在庄子看来,人是不需要具备社会本质的。庄子明确地主张社会应该向后退,历史的车轮应该倒转,对人类的社会、政治制度和文化生活采取了全盘否定的态度。庄子从当时社会现实出发,不承认有判断社会、政治制度的是非美恶的客观标准。他说:"帝王殊禅,三代殊继。差其时、逆其俗者,谓之篡夫;当其时、顺其俗者,谓之义之徒。"④他又说:"彼窃钩者诛,窃国者为诸侯,诸侯之门而仁

---

① 《老子注译及评介》,第 357 页。
② 《庄子今注今译》,第 884 页。
③ 《老子注译及评介》,第 134 页。
④ 《庄子今注今译》,第 421 页。

义存焉,则是非窃仁义圣知邪?”[①]庄子和老子一样,认为仁义礼法破坏了人类的自然状态,不是什么善,而是罪恶的渊薮。那么,庄子又是怎样处世的呢?其实,庄子是从避世到游世。大家都知道,隐者是避世的。他们希望能过上自然闲适的生活,而不受国家政权、规章制度的控制、束缚。但是想做到这一点是不容易的,生活离不开社会,而社会生活的各个方面都渗透着当权者的政令法规。在庄子看来,人活着就要过一种符合自己本性的恬静安适的生活,摆脱社会的束缚,使自己得到自由。

上述老庄对人的社会本质的认识,反映了老庄无神论思想的不足之处。一般说来,无神论思想总是否定神而肯定人,否定神的主宰作用而强调人的主观能动性,而老庄只强调自然。当然,老庄的无神论思想毕竟是他们当时时代的产物,他们的思想仍然在无神论史上留下了光辉的一页。老庄思想中包含有要人尊重客观事物的规律、本质以及本性的积极意义。在社会生活的各个方面,老庄所贯彻的自然的原则,是有些消极,但是他们并没有将人的命运交到神的手上,让神来主宰决定人的一切。老庄以自然为本,与人为、天神相对立,排除了天帝鬼神对于世界的创造与主宰,并与孔子的人本思想一起,成为中国古代无神论的理论基石,两者共同地和自然地筑成了中国传统思想中阻止宗教的、主宰世界的神或上帝观念越入的观念屏障。

总之,费尔巴哈关于人的学说,是用人的眼光而不是用神的眼光来谈论人及其本质的,是从有血有肉的人而不是从自我意识的人谈论人及其本质的。费尔巴哈在谈论人及其本质时,力图超出仅仅从人的自然属性考察人的局限或限制,按照他自己所理解的“社会性”的含义,解释人的所谓社会性问题。费尔巴哈关于人的学说使人、人的本质问题更鲜明、更尖锐地摆在人们面前,并为以后的人正确地解决人的问题作了某种思想准备。就费尔巴哈所说明、所强调的:人是感性的,人是自然的产物,人的本质应从自然的、肉体的人中间去找寻,而不应从虚无缥缈的精神中去找寻而言,是具有反神学、反唯心主义的积极意义的。老庄关于人的学说,否定了天的意志性,从而否定了天对人的主宰。虽然他们的思想有消极的因素,但还是将具有人格、具有意志的天、帝排斥在外了。

① 《庄子今注今译》,第256页。

三、费尔巴哈利己主义与老庄为我重生之比较

费尔巴哈对宗教的批判，着重于从分析宗教产生的根源来揭露宗教的本质。费尔巴哈分析了宗教产生的心理根源。他说："人的依赖感是宗教的基础。"①所谓依赖感，包括恐惧和崇拜两个方面。由于人对自然事物的真正本质达不到完全的知晓，在自然力量面前无能为力，就产生了恐惧感，特别是对死亡产生恐惧。人都崇拜自然界中使其感到恐惧的事物和现象。同时，人也崇拜对人有益、给人带来幸福的对象。并且，人们害怕的对象往往又是人们感激和崇敬的对象。如洪水可以伤人，但它又灌溉了农田和牧场。而人之所以有依赖感，是因为人要生存，是对生命的爱，是利己主义。费尔巴哈指出，只有利己主义才是产生宗教的终极原因和最后依据。他认为，人作为一种自然的产物，他的首要目的就是要健康、愉快地生活下去；因此，满足生活的需要，追求幸福的愿望是人人所具有的，这就是利己主义。人的需要和愿望是主观的，满足需要和愿望的对象则是客观的；人的需要愈多，愿望愈强，他就愈深切地感到依赖于那个对象。因此，正是这个利己主义决定人产生对自然的依赖，"没有利己主义，也就没有依赖感"②。

费尔巴哈对利己主义作有详细的说明，他清楚地区分了他所说的利己主义与普遍意义下的利己主义（一切为我这种自我中心主义、唯我主义）。按照费尔巴哈的看法，利己主义是每一个人所必须拥有的，离开利己主义人无法生活，更无法成为一个所谓真正的人。说自己是利己主义的，却绝不会受到道德上的谴责。并且，对他人的爱也是此种利己主义的内容。费尔巴哈所说的利己主义，可以说是人想满足自己要求的愿望，实现自己愿望的意向。从费尔巴哈所说的利己主义中，可以看出人的利己主义最基本的内容，就是人要生存，要为了人的这个"机体"而利己主义。

虽然费尔巴哈的利己主义是空洞的，但在其与一切听命于神的宗教道德的对立中，还是具有积极的意义。费尔巴哈的利己主义显然抽掉了人的社会本质（人是一切社会关系的总和），这固然是它的致命弱点，但是在反神学和反对其他超自然主义上，还是具有积极意义的。

注重养生之道和对生命本质的思考与探索，乃是我国道家学派的重要传

---

① 《费尔巴哈哲学著作选集》下卷，第436页。

② 《费尔巴哈哲学著作选集》下卷，第580页。

统。老庄的全生保真思想甚为丰富,也就是重生思想贯穿始终。老庄认为,人的生命也是一个自然之体,对待生命也应本着因任自然的原则,不可妄加增加。老子提出了以恬淡寡欲、清静质朴、纯任自然为主旨的独特的养生之道。在老子看来,只有生命才是真正属于自己的,功名利禄、声色厚味等都是身外之物,世人抵制不住身外之物的诱惑而一味追求感官刺激和物质享受,无节制地放纵自己的欲望,以为这样是对生命有益的,结果却在不知不觉中残害了身体,损折了生命。

庄子同老子一样,也十分重视生命。在庄子看来,保护生命不受侵害,对于人来说是极其重要的。庄子仍旧强调自然的原则,生命是自然而然的,贪欲之心太强、精神生活匮乏无益于生命的保护;最后,庄子说明了自然原则的依据,就是生命的来临不能拒绝,生命的离去也不能阻止,从而也就得出了庄子对生命认识的客观结论。

"为我"的思想贯穿于道家各派之中,老庄的"为我"思想,尤其是庄子以"为我"为起点,以"无我"为终结的思想,不但是从隐者"为我"思想要想保全自我、寻求独立于流俗的个性真我而来,而且还继承了自然道论的理论传统,以人与自然相互关系的一种新理解为理论支持。道家自老子起,相信自然中隐含着比人的心智力更高的深奥法则,并希望以此法则来更正人类生活。老子曾说过:"天下之至柔,驰骋天下之至坚","天下莫柔弱于水,而功坚强者莫之能胜。"[①]世间没有比水更柔弱的了,但是冲激坚强的东西却没有能胜过它的。这里,道家把这种自然的伟大准则称为"无为"和"虚静"。道家认为,自然的默默无言的智慧比人的心智力(包括天帝通过人来实现的主宰性智慧)高出许多。人类一切失败和困苦的根源,就在于人的自我中心意识,因此解救之道不在发扬人的私智,而在效法自然的无为与虚静。这种观点,涉及人与世界之间一种新关系的建立。此种新关系有两个要素:一是相信自然界有深奥法则可以指引人类,这不同于天神崇拜,也不同于泛灵论的原始自然崇拜,而是对自然万物隐蔽着的不可思议的自组织能力的信仰。不以主观成见妨碍对客观事务的明澈观察,不以主观妄行违碍自然的自组织过程,使人的行为能合于自然。

总之,费尔巴哈和老庄都试图解决人的问题。费尔巴哈说:"要使你们从

---

① 《老子注译及评介》,第350页。

神的朋友转变为人的朋友，从信仰者转变为思想者，从祈祷者转变为工作者，从彼世的候补者转变为今世的研究者，从基督教徒（他们自己供认，他们“一半是禽兽，一半是天使”）转变为人，转变为完全的人”①。这里清楚地说出了，费尔巴哈对于人的美好愿望，也可以说，费尔巴哈的全部学说的目的就是这个美好的愿望。他就是如此来解决人的问题的。但综观费尔巴哈的思想，这个愿望在他那里是无法实现的。只有到了马克思辩证唯物主义和历史唯物主义的创立，这个愿望才可以逐步地实现。同样，老庄为了解决人的问题，最终走入了“无我”之境，这样离现实意义上真正解决人的问题更是遥远。但是无论如何，费尔巴哈和老庄都将具有意志、具有人格的神排斥在可以解决人的问题的大门之外。

（作者：肖群，西北民族大学少数民族语言文学2009级博士生）

① 《费尔巴哈哲学著作选集》下卷，第786页。

关于中国农村基督教的调查与分析

——以河南省郸城县郑集基督教活动场所为例

【摘　要】 近几年,基督教在我国农村发展较快。在对中原农村的一个基督教活动场所调查的基础上,笔者从中西文化的角度,对基督教在我国农村传播与发展的现状、原因、影响等进行了初步分析。

"基督教是指信奉耶稣基督为救世主的所有教派,即包括罗马公教、正教、新教三大派及其它一些小教派",[①]"我国的传统文化是以儒家为主、包括道家、法家、阴阳家、杂家以及民间信仰在内的多元一体文化体系"[②]。有学者认为,在文化划分中,可将基督教文化归于"罪感文化",而将中国传统文化归于"乐感文化"。其中,"所谓'罪感文化'乃是根据基督教信仰中的原罪观以及与之相关的负罪感和忏悔感。所谓'乐感文化'则是基于中国思想传统中孔孟'人性本善'的看法、老庄'逍遥'、'无为'的精神,以及荀子'人定胜天'的乐观情怀。"[③]

基督教作为一种信仰体系、价值体系和思想文化体系,对中国农村人的生活方式和行为方式产生着深远影响。由于基督教是与中国传统文化不同的文化体系而导致中国知识分子对

① 段琦、陈东风、文庸:《基督教学》,当代世界出版社,2000 年,第 1 页。

② 李平晔:《当代中国基督教发展透视》,转引自罗明嘉、黄保罗主编:《基督宗教与中国文化》,中国社会科学出版社,2004 年,第 238 页。

③ 卓新平:《基督宗教论》,社科文献出版社,2000 年,第 197 页。

其态度不一,有人认同,有人排斥。笔者在调查中发现基督教的原罪观、拯救观、超越观、终极观、普世观对中国农村人的生活方式和行为方式的深远影响。原罪观使人们能够不断的自省;拯救观以其独有的悲壮和深沉给人们以感染和激励;外在的超越观使人们谦虚谨慎,减少盲从。

在中国近代史上,基督教曾被帝国主义国家用作统治中国、奴役中国人民的工具。新中国成立后,人民当家做了主人,基督教逐渐成了中国基督徒自办的事业。基督教对我国农村发挥着与其入华传教史本质不同的影响和作用。近年来,基督教在中国农村发展较快。基督教在中国农村的的展现状怎样?原因何在呢?笔者以豫东农村的一个基督教社区为例,对此作了初步的调查与分析。

一、郑集基督教活动场所的基本情况

郸城县位于河南省东南部,总面积 1471 平方公里,总人口 131 万余人。2009 年 3 月,笔者从县宗教局了解到,全县已经经过县宗教局批准的基督教活动场所 106 个,从 1987 年郸城县"两会"即郸城县基督教三自爱国运动委员会和郸城县基督教协会成立至今,已有 400 余人从南京金陵神学院、武汉中南神学院等神学院毕业。全县没有牧师,有长老 4 人,传道员 500 余人。全县有基督教徒 43000 多人,约占全县人口的 3.3%。在县城里的基督教新教堂耗资 900 多万元,耗时 2 年半,预计在 2009 年 6 月投入使用。其经费主要来源于"两会"22 年的积蓄、教徒的捐献,和其他宗教活动场所的捐献。

郑集基督教活动场所是经过县宗教局批准的基督教活动场所。该活动场所主要有临近 8 个村的人做礼拜,有教徒 295 人,其中男教徒约占 1/3。教堂有传道员 8 人,组长 1 人,负责日常工作,副组长 6 人,分别负责传道、财务、扶困、保安等工作。郑集原有的活动场所是三间的民房,新建的教堂耗资 13 余万元,全部来自信徒的募捐,由教徒及其亲友无偿捐献建立起来的。

基督教最早是在 19 世纪 20 年代传到该地区,由于历史原因,直到 1949 年,信奉基督的教徒也只有数 10 人。从 1949 年到 1978 年,因政府的宗教政策未落实,基督教在该地区的传播基本处于停顿甚至萎缩的状态。1978 年改革开放以来,随着人们精神需要的发展,加之党和政府的宗教政策的实施,郑集活动场所 8 个村庄基督教的传播活动逐步恢复正常,从此开始走向缓慢发展的阶段,到 20 世纪 90 年代,该基督教活动场所已有信徒 200 多人,合法活动场所1处。一直发展到今天，在原有信徒人数的基础上，增加了流动人数100多人，这些人是外出务工人员，回家时才能运河教堂做礼拜，他们的年龄也稍微年轻些。由于他们的经济状况相对较好，在提供资金支持方面他们有时候发挥着巨大的作用，比如这次建新的教堂，他们提供了大量的资金援助，其中有个外出务工的教徒一次性捐了7000元。

2009年2月6日到3月8日，在对该地区情况进行初步了解的基础上，我们采取随机抽样的方法，从郑集基督教活动场所抽取40人，进行了问卷调查，并对10名教徒进行了更深入的个案研究。在40名基督教徒中，60岁以上老年人约占26.7%；45～60岁的壮年人约占46.6%；30～45岁的中年人约占26.7%；30岁以下的青年人很少，年龄老化的特征十分明显。正因为这样，以上的基督教徒大多数已婚，部分基督徒因年老丧偶。在性别方面则以女性为主，约占2/3。由于我们调查的区域是农村，所以调查对象在职业方面的趋同性较强，受教育程度和经济收入水平普遍偏低。在家庭人口规模方面，两口以下家庭大约只占23.3%，3～5口之家均达66.7%，6口以上家庭只有33.3%；在受教育水平方面，被调查的基督教徒的文盲率达到43.3%；受过小学教育的却有33.3%；受过初中教育以上的基督教徒只有23.3%。

在问到信教的途径时，63.3%的人认为信教是通过亲友介绍。只有36.7%的人认为是自己主动信教。由此可见，在农村亲友之间的传福音、亲友之间的互相影响是农民信教的主要途径。

在对国家宗教政策的了解程度方面，尽管大多数教徒认为国家采取措施引导基督教健康发展了，但是除了几个经常去县里开例会的组长和负责人外，其他信徒几乎都不了解国家的宗教政策。

二、郑集基督徒的发展变化趋势及其制约因素

调查中在问到今后几年，信基督教人数的发展趋势时，86.6%的基督徒认为会增加，或略有增加，认为没有变化以及认为会减少的均为6.7%，另外6.7%的人不知道将来基督徒会增加还是会减少。调查结果显示，基督教在该地区的传播与发展的速度有加快的趋势。尽管信教人数增加是基本趋势，但是调查中了解到其增加的幅度不会很大，其主要原因表现在以下方面：

首先，党和国家积极引导农民发家致富，很多农民外出务工或经商，忙碌的生活节奏使他们没有时间进行宗教活动，甚至没时间去了解宗教信仰。他

们中的一部分人感觉还是赚点钱实在一些;另一部分人则本来是基督徒,外出务工以后根本没有节假日,渐渐地淡化了自己的信仰。

其次,现阶段人们信仰的多元化,在郸城县道教、民间宗教、佛教、天主教、伊斯兰教都有信仰者。在郑集地区占主要地位的信仰是民间信仰、道教和佛教。其中以敬祖先、祭鬼神为主要内容的民间信仰根基最深,信徒也最多。有些人在信仰一段基督教后,发现家里还是不平安,感觉还是我国的传统宗教道教能保佑平安。

第三,教会制度不健全,存在有法不依、有章不循的现象,再加上制约机制不缺乏,导致个别基督教堂的领导者和个别基督徒,没有起到榜样的作用。某些领导者结党营私,争权夺利,官僚主义,账目不清,管理不善。个别基督徒不能很好地约束自己,不能按照基督教的戒律做事,这不但影响广大信教群众的凝聚力和向心力,而且给想信教的人造成负面的影响。

第四,传道者水平有限,不能给教徒们讲出满意的、有启发性的知识来满足教徒们的要求。教职人员的缺乏,是郑集地区基督教面临的主要问题之一。尤其对于一些中学文化水平的信徒来说,他们有对传道者的水平要求更高些。在观察中我们发现传道员,一般是农村中文化水平稍微高一些的人,他们接受的培训也很有限。

第五,中国传统文化对基督教的制约,以及马克思主义世界观的深入人心。“中国传统文化也制约着宗教,使任何宗教信仰在中国都不可能成为至高的、一统的意识形态”[①]。我国传统文化的特点是理性化的,注重经世致用,强调“不语怪力乱神”,“未能事人,焉能事鬼”。儒家宗教观的最高概括,也就必然是孔子所说:“务民之义,敬鬼神而远之。”[②]。这种宗教观潜移默化地影响着每一个中国人。基督教的一些教义如道成肉身、童贞女受孕、原罪等与我国传统文化相违背,使许多农村人感觉陌生。新中国成立以来,国家对全民进行了50多年的无神论教育,马克思主义唯物主义逐渐深入人心。以上这些在一定程度上影响着农村人对基督教的信仰。

---

① 李平晔:《当代中国基督教发展透视》,转引自罗明嘉、黄保罗主编:《基督宗教与中国文化》,中国社会科学出版社,2004年,第237页。

② 李秋零:《宗教在中国社会中的地位》,转引自罗明嘉、黄保罗主编:《基督宗教与中国文化》,中国社会科学出版社,2004年,第314页。

三、郑集基督徒的结构特点与新变化

在个案访谈中，我们发现在五年以前基督教徒在结构上呈现以下特点：一是年龄普遍较大，绝大多数已婚；二是以女性为主，男性较少；三是家庭经济收入相对偏低；四是受教育程度普遍不高。老人多、妇女多、穷人多、文盲多等四多是当地基督徒的基本特点。用当地的话说，信仰基督教的没有“好人”，要么是老弱病残，要么就是家里不和睦或出现天灾人祸，要么就是家里很穷。由于信徒发展主要在农村，基督徒在结构上老人多、妇女多、经济收入低、文化程度低的现象在短期内不会得到根本的改观。但是，在调查中我们发现近 5 年基督教徒在结构上呈现出新变化：

一是年轻化。在个案研究时中发现有 20 岁左右信教的。他们大多受父母的影响信教，起初他们中的有些人对信教有些反感，但是经过一些比较巧合的事以后，他们就把其归结为父母的主在暗中帮助他们。然后，他们逐渐就信了基督教。

二是知识化。一方面是基督徒的知识化。这是与年轻化相对应的一种趋势，年轻化必然带来教徒受教育程度的提高。随着我国九年义务教育政策的落实和社会的发展，青年一代的受教育程度有所提高。另一方面是传道者的知识化。传道者通过参加各神学院以及县级以上教会组织通过各种方式所办的培训班，使自己成为有一定神学造诣、群众基础、拥护党拥护社会主义、爱国爱教的教牧人员。

三是富裕化。在农村一些比较富裕的人由于疾病或者受亲友的影响开始信教。另外，随着社会的发展，一些基督徒通过外出务工、做生意等，经济状况有了明显改善。基督徒的富裕化是政府积极引导，基督教与社会主义相适应的一部分内容。基督徒的富裕化有利于基督教的自立和自养。

四、基督教在郑集传播的原因及其发展趋势

当问到信基督教的原因时，80％的人选择了为了健康平安；13.3％的人认为信基督教是为了灵魂得救；6.7％的人是为了精神寄托而信教。在选择信教是为了健康平安的信徒中，他们同样认为他们信教的最终原因是为了灵魂得救。

由此可见，农民信仰基督教有很强的功利性。“中国民众信仰的动机，从基本的生存需求，到精神上对人生价值和意义的寻求，大都为今生现实的困惑

所驱动,极少基于对来世的思考或追寻。”[1]这种重今世的现实主义发展到极端,使得中国民众的信仰具有十分浓重的功利主义色彩。[2]“无事不等三宝殿”、“临时抱佛脚”这种实用主义的思维方式成为为数不少的中国百姓对待信仰的基本态度。[3] 基督徒认为只要相信耶稣,按《圣经》的指示做事,耶稣就会保佑他们及他们的亲人。受中国传统文化的影响,有些基督徒把上帝看成直接因果报应的神,对上帝产生了如“清官断案”那样的信赖感。

笔者在进行个案访问中体会最为深刻的是很多基督徒徒接二连三地讲述自己信教的经历。一连几天,听得最多的是这样一类故事:疾病与信教的关系。在信教前他们或者其他信徒患有什么病,医治无效或者某大医院医生都认为治不好了,在这种情况下皈依于基督教,信教后病就不治自愈或者有所减轻。

尽管在信仰基督教的原因方面,寻求健康平安的信徒占大多数,但是在个案访谈中我们发现,随着基督徒的年轻化和信徒对基督教了解的加深,寻求健康平安的因素有弱化的趋势,而追求灵魂得救的因素有强化的趋势。

五、基督教在中国农村传播的积极作用和消极作用

宗教是人们对生命的价值和意义的一种探索,是人类对自身生存的宇宙、自然、社会的一种认识。基督教在中国农村既有积极作用,也存在着消极影响。

1. 基督教在农村的主要作用是使人们互助互爱,互相宽容。基督教倡导“上帝面前人人平等”的平等观念,“爱”的思想,要求人谦卑,爱人、爱神,这种精神能够限制人的自我中心,使人超越自我,关爱他人。我国传统文化中也包含提倡人们互助互爱,互相宽容的内容,像“仁者爱人”、“己所不欲,勿施于人”等等,然而儒家传统也倡导“亲疏有别”。在个案访谈中,信徒们几乎都主动提到,人与人之间应互助互爱,应该宽容,要爱自己的仇人。农忙时节,他们之间互相帮忙。平时,谁家有困难(甚至不同教堂的信徒之间),大家也都捐钱捐

---

① 李平晔:《中国基督教的历史特点及基督教在中国的发展》,转引自卓新平、许志伟主编:《基督宗教研究》第二辑,社会科学文献出版社,2000 年,第 272 页。

② 同上。

③ 李平晔:《中国基督教的历史特点及基督教在中国的发展》,转引自卓新平、许志伟主编:《基督宗教研究》第二辑,社会科学文献出版社,2000 年,第 273 页。

物，慷慨地伸出援助之手。由于信仰上帝能看到一切，他们能心态平和地包容他人，忍受一些不公平。

2. 基督教使人们夫妻和睦，孝敬父母，从而有力地促进农村家庭的和谐。基督教宣传主与每一位信徒同在，“上帝会看到一切，会惩罚一切、奖赏一切”，使基督徒一方面心灵上得到安慰，另一方面对神产生畏惧，不得不按照基督教的戒律和要求做事。“当孝敬尔父母，则可于耶和华尔上帝所赐之地，而享遐龄”[①]。中国传统文化和传统道德十分强调孝敬父母和夫妻的和睦，有“百德孝为先”还说“家和万事兴”的说法。在观察中我们发现基督徒一般能孝敬父母。一些原来夫妻之间不和的家庭，随着夫妻中一人或夫妇二人信教，情况明显改善。家庭是社会的细胞，基督教促进了家庭和谐，也即促进了农村社会的和谐。

3. 基督教在农村起到普及和巩固文化知识的作用。由于基督徒的知识水平比较低，通过听老师讲课和唱赞美诗，他们不仅学会了大量的圣经故事，而且原有的文化知识也得到了巩固。在个案访谈中，一些信徒告诉我们，信教前他们几乎不看书、写字，以致以前学过的知识都忘记了，信教后，他们开始看圣经、记笔记，以前的知识得到了巩固。

4. 基督教在农村还起到满足农民的精神需求的作用。对精神生活的追求是人的基本属性，并使人区别于其他动物。随着社会的发展，农村原有的文化娱乐活动像电影、庙会甚至茶余饭后的闲聊，被一家一户的电视、扑克麻将所取代了，农村的精神文化生活日益单调。基督徒把人们聚在一起，听课、唱赞美诗，一起讨论等，客观上起到了丰富农村的精神文化生活的作用。基督教的信仰能给弱者带来抚慰和鼓励，给陷入隔膜的人们创造一种理解和沟通的气氛，使信徒生活踏实，对人生充满信心。“民间信仰又在某种程度上改造着中国农村的基督教”，[②]民间化的基督教包含了大量的民间信仰，例如，把上帝当成直接因果报应的神；把耶稣视为土地神、灶神、丰谷神等来敬拜等等。

基督教在中国农村，一方面发挥着的积极作用。由于事物的两面性，与其他事物一样，它对我国农村产生着一些消极的影响。

1. 一些信徒把一些偶然因素、自然现象，归结于神，扩大了神的作用，存在

---

① 《旧约·出埃及记》第二十章十二节。

② 高师宁：《对 21 世纪的中国基督教与中国社会进程之关系的几点思考》，转引自卓新平、许志伟主编：《基督宗教研究》第三辑，宗教文化出版社，2001 年，第 94 页。

着把主迷信化的色彩。笔者在调查中发现,有些信徒把自家的庄稼长得好,牲畜产仔多都归结为主的赐福。有些信徒甚至把东南亚的海啸归结为主耶稣对该地人的惩罚。由于传道员水平限制,他们在传道过程很容易把基督教与我国民间信仰结合起来,以致把基督教迷信化。

2. 大多数农村信徒,认为信教能治病。在调查中发现尽管基督徒并不排斥医生的作用,但是他们中的大多数人对信教能治病是深信不疑的。只有少数信徒表示,信教至多能起到精神慰藉的作用,有病还得靠医生。有位教堂的传道者向笔者介绍了信教能治病的原因:“从基督教的方面讲,它是一种对上帝的祈祷;从科学的角度讲,它是精神治疗的结果。”在我们的调研中,并没有发现,信仰基督教而贻误病情的事例。但是,我们认为过度认为祷告能治病,存在着耽误病情隐患。

中国传统文化具有极强的开放性和包容性,它在不断吸收异文化基础上,逐渐形成了博大精深的文化体系,形成了中国文化“和而不同”的特色。而基督宗教作为一个世界性的宗教、文化体系,超越特定的民族、文化及地域的限制,而属于整个世界人类文化体系之一。由于中国传统文化的包容性,以及中国传统文化与基督教在价值观、伦理观等方面有相同之处,因此它能与基督教和睦共处。政府应加强对基督教活动场所的管理和引导,最大限度支持宗教的积极作用,促进社会的和谐稳定发展,避免其可能的不利因素。

(作者:王丽萍:西北民族大学民族学社会学学院硕士研究生)

道教初传河陇地区时流播之特征

【摘　要】 东汉末年，道教正式出现，随即传入河陇地区。从秦陇氐、羌族定居的范围沿着河西走廊一路向西，并沿途吸纳了当地本土民众，最终在魏晋时期遍布河陇。河陇地区素有巫鬼道、方仙道传统，与道教思想有着内在的联系，所以当道教在河陇地区流播时便体现出一定的特殊性。同时河陇地区的独特人文气质也浸染入道教思想体系本身，成为道教思想内涵的一部分。本文即讨论东汉末年道教传入，至南北朝道教大张这一时期河陇地区道教流播时所体现之特征。

中国道教形成于东汉后期(约公元 2 世纪)，首先出现的教团有太平道和正一道。东汉末年，张角始创太平道，十余年间便“连结郡国”，信徒达数十万，传播于中原地区的青、徐、幽、冀、荆、扬、兖、豫八州[①]。张陵则创正一盟威之道，简称正一道，亦称五斗米道、天师道，其传播范围则在西南益州的巴蜀、汉中地区[②]。

至北魏太平真君年间(440—450 年)，嵩山道士寇谦之自称奉太上老君的意旨，授以天师之位，并赐他《云中音诵新科之诫》二十卷，令他“宣吾《新科》，清整道教，除去三张伪法，租米钱税，及男女合气之术。……专以礼度为首，而加之以服食

① 《后汉书》，中华书局，1965 年，2299 页。

② 《三国志》，中华书局，1959 年，263 页。

闭练"[1]。寇谦之以此作为宗旨，经过一系列改革后，将一个民间宗教改造为符合封建统治阶级需要的士族宗教。此道派被称为北天师道，并在宰相崔浩的支持下得到了北魏统治阶层的尊崇，魏太武帝"崇奉天师，显扬新法，宣布天下，道业大行"[2]，北天师道俨然成为北魏国教。

《广弘明集》卷四《废李老道法诏》记载，继寇谦之之后，南朝宋有庐山道士陆修静，在宋齐两代，"祖述三张，弘衍二葛(葛玄、葛洪)"[3]，搜罗经诀，尽有上清、灵宝、三皇各派经典，遂总括三洞，汇归一流，并编制了《三洞经书目录》。又在总结自天师道以来原有各种斋仪的基础上，吸收佛教的修持仪式和儒家的礼法，为道教广制斋醮仪范，编制《道门科略》。扭转已经涣散的组织状况，建立和健全道官祭酒依功受箓和按级晋升的制度，废除父死子继的陈规，禁止道官自行署职，以对道官祭酒进行认真的整顿，改变当时道官祭酒良莠不齐的局面。经过陆修静所改革后的天师道被称为南天师道。[4]

道教的教规教戒、斋醮仪范经过寇谦之和陆修静修订之后，便逐步定型，各种规章制度更为健全，道教组织也较为严密了。在此基础上，齐梁时茅山道士陶弘景继续接收儒、释两家的思想以改造和充实道教的神仙学说和修炼理论。

经过寇谦之、陆修静、陶弘景的一系列改革之后，道教作为一种宗教团体得以逐步成熟，教理教义、科仪规范等也更加完备，从而改变了早期道教那种比较原始的状态，并由民间宗教转化为上层化的为封建统治服务的士族贵族道教。[5]

道教作为一种中国本土生长的宗教形态，有着区别于其它外来宗教的独特个性，在其早期发展过程中"综合进古老的巫史文化、鬼神信仰、民俗传统、各类方技术数，以道家黄老之学为旗帜和理论支柱，囊括儒、道、墨、医、阴阳、神仙诸家学说中的修炼思想、功夫境界、信仰成分和伦理观念"[6]，其思想体系"上承古代神秘信仰的传统，下启后来道教最常用的知识和技术"[7]。因此，早

---

① 《魏书》，中华书局，1974 年，3051 页。
② 《魏书》，中华书局，1974 年，3052～3053 页。
③ 《弘明集·广弘明集》，上海古籍出版社，1991 年，116 页。
④ 卿希泰主编：《中国道教史》第一卷，四川人民出版社，1996 年，第 465～472 页。
⑤ 卿希泰、唐大潮：《道教史》，江苏人民出版社，2008 年，第二章。
⑥ 胡孚琛、吕锡琛：《道学通论》，社会科学文献出版社，2004 年，258 页。
⑦ 葛兆光：《中国思想史》上册，复旦大学出版社，2004 年，343 页。

期道教的出现与传播都与这类民间巫术、鬼神信仰有着密切关系，并将之转化为自身的理论思想成分，或以之为载体促使道教迅速传播。

建安二十年(215年)，汉中张鲁政权为曹操所灭，大批信奉天师道的汉中民众随曹军北迁至陇右、略阳地区，“内徙者亦万余家，散居陇右诸郡及三辅、宏农”[①]。天师道教即进入河陇地区。之后便沿着氐、羌族定居的范围一路向西，并吸纳了当地本土民众，在这片拥有原始道教思想基础的沃土上广泛流播。最终天师道在魏晋时期遍布河陇，普建道观，在秦陇地区与西部河西走廊逐渐形成一片广阔天地。进入魏晋南北朝时期，北天师道在河陇地区更加广泛流行，在当地独特的人文环境之下形成了自己独特的时代、地域特征，为隋唐之后道教的繁荣奠定了坚实基础。

一、道教思想与当地民间西王母信仰、“阴阳五行”方术紧密结合

西王母信仰在河陇地区由来已久。北魏太和(477—499年)末年，便有泾州刺史抱嶷所开的王母宫石窟(化政寺石窟)[②]。虽历经千年，至今仍为海内外信众所敬仰。

史籍中西王母信仰最早见于西汉。《汉书·哀帝纪第十一》载，汉哀帝建平四年春，“大旱，关东民传行西王母筹，经历郡国，西入关至京师。民又会聚祠西王母，或夜持火上屋，击鼓号呼相惊恐”[③]。《汉书·五行志第七下之上》记载则更加详细：

> 建平四年正月，民惊走，持稿或棷一枚，传相付与，曰行诏筹。道中相过逢，多至千数。或被发徒跣，或夜折关，或逾墙入，或乘车骑奔驰，以置驿传行，经历郡国二十六，至京师。其夏，京师郡国民聚会里巷阡陌，设祭，张博具，歌舞，祠西王母。又传书曰：“毋告百姓：佩此书者不死。不信我言，视门枢下，当有白发。”至秋止。

至魏晋时期，西王母信仰仍然流行与河陇，据《晋书·列传第五十六》记载，东晋永和元年(345年)，张骏：

> 以世子(张)重华为五官中郎将、凉州刺史。酒泉太守马岌上言：

---

① 〔清〕汤球：《十六国春秋辑补》，中华书局，1985年，534页。

② 杨晓春：从《金石录》的一则题跋推测甘肃泾川王母宫石窟的开凿者与开凿时代，《敦煌研究》，2008年第1期，37页。

③ 《汉书》，中华书局，1962年，342页。

“酒泉南山，即昆仑之体也。周穆王见西王母，乐而忘归，即谓此山。此山有石室玉堂，珠玑镂饰，焕若神宫。宜立西王母祠，以裨朝廷元疆之福。”（张）骏从之。

《晋书·沮渠蒙逊载记》称，沮渠蒙逊：

遂循海而西，至盐池，祀西王母寺。寺中有《玄石神图》，命其中书侍郎张穆赋焉，铭之于寺前，遂如金山而归。

近年发掘的十六国五凉时代酒泉丁家闸五号墓壁画，有西王母、东王公等神仙形象①。在敦煌莫高窟的北魏249窟、西魏285窟顶部壁画也绘有东王公与西王母分别驾龙凤车出行、前方有方士开路、后有神兽随行的场面②。可见河陇地区崇奉西王母由来甚久，即便在魏晋十六国时期，仍在当地有着根深蒂固的推重与信仰。

在民间信仰中，西王母“司天之厉及五残”③，是掌管灾厉（瘟疫）和刑罚的神仙，自然能干涉人的生死。黄老思想则认为，西王母有使人长生不死之能力。此说出现甚早，据《穆天子传》记载，西王母曾为周天子谣曰：“将子无死，尚能复来。”④《淮南子·览冥训》讲：“羿请不死之药于西王母”⑤，可见西王母处可求得长生药。收录于《道藏》、托名汉代班固所著的《汉武帝内传》中，称这种不死之药为“仙桃”（蟠桃），此桃“大如鸭卵，形圆色青……桃味甘美，口有盈味……三千年一生实，中夏地薄，种之不生”⑥。

这种西王母与长生的联系成为道教长生久视理念之滥觞，西王母自然成为早期道教信奉的神仙。明代王士贞著《列仙全传》第一卷记载：“西王母即龟台金母也，以西华至妙之气，化而生于伊川。……配位于西方，与东王公共理二气，调成天地陶钧万品。”⑦天地所有女仙皆归西王母管理。《老子中经·上》列东王父为第三神仙，西王母为第四神仙⑧。

---

① 甘肃省博物馆：《酒泉嘉峪关魏晋墓的发掘》，《文物》，1979年第6期，第8页，图版2。

② 段文杰：《敦煌早期壁画的民族传统和外来影响》，《文物》1978年第12期，第10页，图版5。

③ 袁珂：《山海经校注》，中华书局，1980年，第50页。

④ 《道藏》第5册，文物出版社、上海书店、天津古籍出版社，1988年，第40页。

⑤ 何宁：《淮南子集释》，中华书局，1998年，第501～502页。

⑥ 《道藏》第5册，文物出版社、上海书店、天津古籍出版社，1988年，第48、50页。

⑦ 《道外道书》第31册，巴蜀书社，1994年，第581页。

⑧ 《道藏》第22册，文物出版社、上海书店、天津古籍出版社，1988年，第133页。

阴阳五行学说是我国古代朴素的唯物论和辩证法思想。它认为世界是物质的，在“阴”、“阳”二气作用的推动下孳生、发展和变化；同时认为金、木、土、水、火五种最基本的物质是构成世界的元素，并由此引申为世间一切事物都是由这五种基本物质之间的运动变化生成[①]。这五种物质之间，存在着既相互滋生又相互制约的关系，在不断的相生相克运动中维持着动态的平衡[②]。这种理论在春秋战国时已经形成，当道教诞生时就自然而然地和道教理论紧密结合在一起。

《敦煌汉简》中收录了一枚道教木简，其正面上书：“仙师敕令三齎都星镇定空炁安”，反面书：“金木水”三字。[③] 根据陈槃先生《敦煌木简符箓试释》一文考证，这枚木简是非常典型的天师道的符箓，大约为三国时期魏元帝景元四年(263 年)之物。观其形制、书写范式与现在仍然通行的道教符箓几乎完全相同，只不过材质有所差异而已。

符箓反面仅存“金木水”三字，疑似后应有“火土”二字，这正是阴阳相生相克之“五行观”在道教方术中的体现[④]。天师道符箓与阴阳五行观念的结合，说明了道教创始初期，仍然遗留着民间巫术中常用的五行相生相克之“厌胜术”[⑤]。可见，天师道传入河陇地区之后，因其思想体系还没有完全成熟，有着巫鬼道术思想的残留，传播时往往与当地文化习俗相结合，时常辅以巫鬼道术、方仙道术，以获得民众支持，加速其广泛流播。

二、氐、羌族与道教关系紧密，道教谶言成为民族起义的号召力量

天师道教本由巴氐传入河陇地区，魏晋南北朝时期，河陇地区氐、羌等少数民族力量大张，道教信仰流播更是广泛。

收于《道藏》的北周道经《无上秘要》是一部道教类书，引录了大量经典来说明各种道教斋醮科仪的节次、做法[⑥]。其中卷五十《次卫灵神咒》载“出官

---

① 葛兆光：《中国思想史》上册，复旦大学出版社，2004 年，第 74～76 页。

② 梁钊涛：《中国古代巫术——宗教的起源和发展》，中山大学出版社，1999 年，第 92～94 页。

③ 甘肃省文物考古研究所编：《敦煌汉简》，中华书局，1991 年，图版 176；《释文》第 310 页，2317AB。

④ 谢松龄：《天人象：阴阳五行学说史论》，山东文艺出版社，1989 年，第 100－103 页。

⑤ 许地山：《道教史》，江苏文艺出版社，2008 年，第 148 页。

⑥ 吕鹏志：《唐前道教仪式史纲》，中华书局，2008 年，第 271 页。

仪”，就有召少数民族老君汇集法坛，以共行济度之法的文字：

甲子诸官将吏、考召君、东九夷胡老君、南八蛮越老君、西六戎氐老君、北五狄羌老君、中央三秦伧老君、五岳四渎丘沼君。

唐末杜光庭编《太上正一阅箓仪》“出诸部将军兵马仪”中亦有此类记载：

出东方胡老君反甲逆鳞兵九十万人，出南方越老君火营骑吏火烛兵十万人，出西方氐老君炼杖金精兵六十万人，出北方主老君扁鹊乌丸兵五十万人，出中央三秦伧老君二十五万官君兵士百二十万人。

足以见得当时信道民众中夷胡、蛮越、戎氐、狄羌、秦伧之类名称的少数民族极多，因此对当时撰写道教经书的作者产生巨大影响，在此后的道教科仪中亦将请“四夷”神将吏兵作为不可或缺的重要环节。上世纪 90 年代，陕西省文物普查队在耀县新发现了一批造像碑，其中有一块被称为《北魏荔非周欢道教造像碑》，碑文主要供养人题名多为荔非氏家族成员，研究显示此碑为魏晋羌族大姓荔非氏家族所造①，可证道教信仰此时已经在羌族中间形成了庞大的信仰团体。

天师道教在河陇地区少数民族中间广泛流播，致使在魏晋南北朝社会动荡不安的时期，众多民族起义纷纷借助道教信仰，以应“天数”②。常常以老君降世化名“李弘”，宣扬新的王朝即将建立，以此进行起义前鼓动宣传③。《道藏·老君音诵诫经》中就记有当时众多李弘领导的起义：

九州四海之内土地真神，五岳官属，尽集对各说土居好德异同，林言事实，称今世人恶，但作死事，修善者少。世间诈伪，攻错经道，惑乱愚民，但言老君当治，李弘应出，天下纵横，返逆者众。称名李弘，岁岁有之，其中精感鬼神，白日人见，惑乱万民，称鬼神语。愚民信之，狂诈万端，称官设号，蚁聚人众，坏乱土地。称刘举者甚多，称李弘者亦复不少。

史籍中也有大量“李弘”起义的记载，例如在《晋书·帝纪第八·海西公纪》中记载了东晋太和五年(370 年)九月一起以预言中下凡老君化身“李弘”为首的起义：

广汉妖贼李弘与益州妖贼李金根聚众反，弘自称圣王，众万余

---

① 陕西省文物普查队：《耀县新发现的一批造像碑》，《考古与文物》1994 年第 2 期。

② 卿希泰主编：《中国道教史》第一卷，四川人民出版社，1996 年，第 267 页

③ 王明：《道家和道教思想研究》，中国社会科学出版社，1984 年，第 373 页。

人，梓潼太守周虓讨平之。

之后此类起义层出不穷，《晋书·列传第二十八》载，魏太武帝始光年间（424—428年）：

太和中，蜀盗李金银、广汉妖贼李弘并聚众为寇，伪称李势子，当以圣道王，年号凤皇。

河陇地区亦有此类民族起义。《魏书·列传第三十九·封敕文传》记载：

又仇池城民李洪，自称应王，天授玉玺，擅作符书，诳惑百姓。

汉魏时期，氐人聚居地域主要分布在今甘肃省东南、陕西省西南、四川省西北交界处，包括渭水、汉水、嘉陵江、岷江、涪江诸水源头，在氐族聚居区设有武都郡、陇西郡、阴平郡等，并置十三氐道[①]。仇池属武都郡，是氐族聚居区之一。足见汉魏之后河陇地区成为天师道教流播、信仰的一个中心地带，天师道在当地氐、羌族的流传更是进入了一个空前繁荣的时期[②]，同时氐、羌族文化对后世道教的发展产生了巨大影响。

三、士大夫修道者渐多，尚保留汉代方士与隐士性格

个人修道为道教初创前后之一大特征。东汉末年有陇西封衡，亦名封君达，常驾一青牛，"号青牛师"[③]，"人有病，不问识与不识，便以腰间竹管中药与之，或下针，应手立愈"。魏武帝时曾招至京师，询问"养性大略"，后入玄丘山隐居[④]。

《直隶秦州新志·人物志》亦载，东汉"姜岐，上邽人，守道隐居，名闻西州"[⑤]。同时见于史籍的著名方仙道士，如东汉时在沈黎郡（今四川汉源）修道的陇西人山图[⑥]，魏晋著名高道王嘉[⑦]，"游岐陇间"的葛用[⑧]等等。

晋代修道之士开始出现上层化的特征，原因是道教开始在皇家的支持下

① 顾颉刚：《史林杂识初编》，中华书局，1963年，第66页。

② 张泽洪：《魏晋南北朝时期少数民族与道教——以南蛮、氐羌族群为中心》，中南民族大学学报（人文社会科学版），2005年第25卷第6期，第35～36页。

③ 《后汉书》，中华书局，1965年，第2750页。

④ 《道藏》第32册，文物出版社、上海书店、天津古籍出版社，1988年，第336页。

⑤ 〔清〕费廷珍：《直隶秦州新志》清乾隆二十九年刊本，台北成文出版社，1977年，第1011页。

⑥ 《后汉书》，中华书局，1965年，第2854页。《道藏》第22册，文物出版社、上海书店、天津古籍出版社，1988年，第738页。

⑦ 《晋书》，中华书局，1974年，第2496页。

⑧ 《道藏》第5册，文物出版社、上海书店、天津古籍出版社，1988年，第491页。

传播于世胄高门，使大批高级士族加入道教，成为它的信徒，或个人修道、或出现了一些所谓的天师道世家。陈寅恪先生在《天师道与滨海地域之关系》一文中，曾对此作过考证，此处不再赘述。高级士族大量涌进道教，必然将其思想也带到道教中来，引起道教内部在思想和组织上的变化①，河陇地区亦是如此。

《晋书·列传六十四·隐逸传》记载，前凉张茂统治时，敦煌有隐士索袭：

虚靖好学，不应州郡之命，举孝廉、贤良方正，皆以疾辞。游思于阴阳之术，著天文地理十余篇，多所启发。不与当世交通，或独语独笑，或长叹涕泣，或请问不言。……弃众人之所收，收众人之所弃，味无味于慌惚之际，兼重玄于众妙之内。

索袭之行为举动，俨然道学大师风范。索氏本为敦煌大族，敦煌遗书中有不少索氏族人抄写的道经。如最早建衡二年(270年)抄写《老子道德经》者便是索姓族人索紞②，至唐代仍可见大量索姓道士所抄道经写本。

又据《晋书·文学传》记载，十六国时期著名道士王嘉：

字子年，陇西安阳人也。轻举止，丑形貌，外若不足，而聪睿内明。滑稽好语笑，不食五谷，不衣美丽，清虚服气，不与世人交游。隐于东阳谷，凿崖穴居，弟子受业者数百人，亦皆穴处。……其所造《牵三歌谶》，事过皆验，累世犹传之。又著《拾遗录》十卷，其记事多诡怪，今行于世。

足见此时期之修道，已从民间转向士人与世家大族。常以成仙飞举、长生久视为修道之信念；大多是以“方仙道”思想为主的个人行为。此时期道士的修行方式比较自由，尚保留着汉代方士的修炼态度③。上述提到的著名道士都没有固定的修道场所，往往行踪不定，游方各地，随山水优美、聚天地灵气之处而居，具有典型的隐士风范④。

葛洪在这个转变关头，对战国以来的神仙方术思想作了系统的总结，在其《抱朴子·内篇》中为道教构造了种种修炼成仙的理论和方法，提出以神仙养

---

① 卿希泰主编:《中国道教史》第一卷，四川人民出版社，1996年，第294～295页。

② 王卡:《敦煌道教文献研究》，中国社会科学出版社，2004年，第291页附表。

③ 顾颉刚:《秦汉的方士与儒生》，世纪出版集团、上海古籍出版社，2005年，第10～12页。

④ 蒋星煜:《中国隐士与中国文化》，生活·读书·新知三联书店上海分店，1988年，第38页。

生为内、儒术应世为外的主张，将道教的神仙方术与儒家的纲常名教相结合，建立了一套长生成仙的理论体系[①]，使道教的神仙信仰理论化，丰富了道教的思想内容，为上层化的士族贵族道教奠定了理论基础，对后世道教的发展有较大的影响。

四、新道派出现，官方开始大修道观

在张鲁道团北迁之后，天师道内部也开始分化。北方各地天师道流传情况在其发布的一些道教戒令《大道家令戒》、《阳平治》中也可发现其端倪。于是，北迁后的诸祭酒便“人人称教，各作一治，不复按旧道法”[②]办事，各自立治传教。这样便使天师道的势力扩展到北方，在中原地区广泛传播开来。张鲁迁邺后的第二年便去世，五斗米道失去了统一的领导。于是道书的造制日益增多，新的道派也相继出现，河陇地区则有“楼观道”。

楼观道形成于北魏时期，其地处盩厔（周至）县终南山麓，本为老子西游时尹喜索书后修道之所，建有楼观台，后王嘉率徒来此，大加修葺，从此楼观道派大兴，终南山成为魏晋南北朝河陇地区道教活动的一个中心。最早为三国末的郑法师（履道）在此地隐居修道。继之有其弟子梁谌，活动于西晋，卒于东晋初。接着又有王嘉、孙彻、马俭等，活动于东晋十六国时。[③]

楼观道真正的繁荣则在北魏太武帝拓跋焘时，《历代真仙体道通鉴》卷三十载，太武帝始光（424—428）初，道士尹通事马俭法师于楼观，其后道术精进，“太武好道，钦闻其名，常遣使致香烛，俾之建斋行道。自是四方请谒不绝”[④]。之后，道士牛文侯、尹法兴等人接踵而至，道士人数大增。北魏孝文帝太和（477—499）中，道士王道义又从姑射山率弟子六七人来楼观，并大修观宇，土木工匠就役者，日常百数。楼观坛宇，一皆鼎新。王道义又“令门人购集真经万余卷”[⑤]，置于楼观。于是在北魏时期，楼观道在统治者的支持下，形成了一个拥有相当数量的徒众、有一定影响力的北方道派。

天师道教传入河陇伊始，道观的建设在不自觉中已经开始。《三国志·魏

① 王明：《道家和道教思想研究》，中国社会科学出版社，1984年，第66～68页。
② 《道藏》第18册，文物出版社、上海书店、天津古籍出版社，1988年，第238页。
③ 卿希泰主编：《中国道教史》第一卷，四川人民出版社，1996年，第431页。
④ 《道藏》第5册，文物出版社、上海书店、天津古籍出版社，1988年，第271～272页。
⑤ 《道藏》第5册，文物出版社、上海书店、天津古籍出版社，1988年，第272页

书四·三少帝纪》载:魏元帝咸熙二年(265 年)八月,司马炎袭晋王爵,欲图篡魏,"是月襄武县言有大人见,长三丈余,跡长三尺二寸,白发,著黄单衣,黄巾,拄杖,呼县民王始云:'今年当太平'。"①

当年十二月,司马炎果然代魏称帝。《晋书·志第十九·五行下》亦曰:

魏元帝咸熙二年八月,襄武县言有大人见,长三丈余,迹长三尺二寸,发白,著黄巾黄单衣,拄杖呼王始语曰:"今当太平。"晋寻代魏。

杜光庭《历代崇道记》中亦有详细记载:

先魏末,陇右临洮郡有神人长三丈,著白衣,垂素发,戴金冠,现于襄武县,告县人王始曰:"不久当见太平。"及武帝受禅,果天下一统。帝乃令于所现处造告平观,即李宗之故居也。

随即修建的"告平观",亦名"太平观",文献记载中应为河陇地区最早设立的道观。此观位于临洮岳麓山,其中供奉有老子的画像,明初毁于战火。嘉靖四十一年(1562 年),有当地人御史雍焯撰碑记其始末②。同时期修建的还有秦安县王家山慈航宫等,有些道观进行了扩建维修,如崆峒山几处道观和回中山王母宫等。不少地区的北魏北周时代的石窟壁画,都有道教的内容,敦煌莫高窟、安西榆林窟、天水麦积山石窟、永靖炳灵寺石窟,其中都有不少道教塑像、壁画。③ 因此,魏晋之后河陇地区道教的流播进入了一个具有规模性的组织化阶段,为以后隋唐道教的发展奠定了坚实基础。

五、结论

总之,河陇地区有着独特的民族环境与人文背景,这为天师道教传入河陇地区提供了适宜的软环境。当天师道教进入河陇地区之后,便在此地沿着巴

---

① 《三国志》,中华书局,1959 年,第 153 页。

② 〔清〕呼延华国:《狄道州志》官报书局排印本,台北成文出版社,1971 年,第 370～373 页。

③ 甘肃省地方史志编纂委员会:《甘肃省志·第七十一卷·宗教志》,甘肃人民出版社,2005 年。

氐、羌族聚居地一路向西，并吸纳了当地本土民众，在这片拥有原始道教思想基础的沃土上广泛流播。最终天师道在魏晋时期遍布河陇，普建道观，在东起秦陇、西至河西的狭长地带形成一片广阔天地，并且形成了自己独特的时代、地域、民族特征。在流播过程中结合当地民间信仰、民风习俗，为后期道教思想之成熟与发展注入了新鲜的有机成分。

（作者：张震，西北民族大学历史文化学院2008级硕士研究生）

明朝儒学在朝鲜的传播

【摘　要】 建立在儒家文化基础上的和平和相互尊重的中韩朝贡关系，在明朝时达到顶峰。在这种体制下，文化交流中的儒学传播成为中韩关系中更为动人和持久的内容。前人的研究中往往以中国儒学传去朝鲜的过程为重点，而忽视了李氏朝鲜其国内自上而下广泛传播儒学并接受儒学的具体过程。我想这一点在儒学传播中同样也具有重要的意义和研究价值。

一、引言

杜维明把起源于中国的儒学划分为三种类型，即作为意识形态被政治化的儒学，成为权力者的统治工具；作为一门学问的儒学，涉及复杂的阐释技巧和对儒学经典的注释、训诂；作为为人处世和基本意义上的伦理与生活方式的儒学。[①] 在儒学长期的发展过程中，这三个方面的内容也不断地传入了朝鲜半岛。目前关于儒学在朝鲜的传播的研究，有丰富的成果，但也存在不足之处。张敏的《儒学在朝鲜的传播与发展》，主要研究儒学何时由中国传入朝鲜；如何在朝鲜立足；又怎样与朝鲜固有文化相结合在朝鲜嫁接、开花、结果。张品端的

---

① 曹长青：《儒学：文化中国的源头活水——杜维明教授和他的“三个意义世界”》，《世界日报》（美国）1991 年 12 月 8 日。

《朱子学东渐及其朝鲜化的过程》，阐述朱子学在高丽和朝鲜的传播，以儒学适应朝鲜固有的文化传统和统治阶级的需要为论点，从朝鲜的统治者、儒学者、国家制度等上层社会的视角进行分析。梁宗华《朝鲜儒学的本土化与民族化的历程》和李宜春的《儒学在朝鲜的发展及其特点》，从教育科举、编纂事业等政府制度层面和儒学学术的讨论出发，论述儒学在朝鲜本土化的完成并突出历代朝鲜学者的不懈努力。而李相圭在《中国国学在朝鲜的传播与发展》中更加强调早期儒学衰败、理学盛行的过程中朝鲜大儒的作用。在前人的研究中，有两个特点引起了我的注意：一是儒学在朝鲜的传播非常注重中国在儒学传入朝鲜过程中的作用和地位；二是在论及儒学在朝鲜境内的传播时，往往以统治者的需要、统治制度、儒学者等上层社会的视角出发探讨儒学在朝鲜的普及和影响。其中，对于儒学在朝鲜国内如何被大力的推广、发展以及儒家道德伦理如何被一般百姓所接受的研究却没有多少。儒学在朝鲜的传播，不可能仅靠中国单方面的传入就能实现，而儒家道德伦理在全社会的普及也不能缺少在统治者的引导下普通民众所做的努力。由此，笔者想讨论的便是对极力奉行“抑佛扬儒”策略的朝鲜王朝如何自上而下传播并广泛接受儒学。

二、早期儒学传入朝鲜及其特点

早在中国古代的尧、舜统治的时代，就已经有了外族或者其他部落的首领前来朝贡的传统。在未完成统一的中国古代，相对强盛的中原邦族往往在排除军事手段之余，采用使小邦宾服的策略，来维持自己的正统地位和保持相对强盛的优势。古语说得好，“远人不服，则修文德以徕之；既徕之，则安之”。中国在处理与邻邦的关系时，这种主张“礼”与“和”的思想始终影响着后来的中国历史。而中朝“朝贡”关系，则正是这种思想观念的深刻反映。发展到明朝，“朝贡”关系达到顶峰。明朝是崇尚“平和”与“礼治”的，因此作为强大帝国和兼而具备中国古代文化繁盛发展期的明朝，对当时的朝鲜王朝具有莫大的吸引力。在这种历史背景下，中国儒学在朝鲜才能得到广泛的传播。汉武帝时推行“罢黜百家，独尊儒术”的思想统治政策，儒学正式成为汉代的治国理念。儒学得到了充分发展，为她的对外传播创造了条件，而汉四郡在朝鲜的设立也为儒学在朝鲜的传播提供了有效的途径。因此，儒学传入朝鲜的时间在汉武帝元封三年即汉四郡建立的时间。到 3 世纪中叶，由于汉字的陆续传入引起了中国儒家思想在高丽、百济、新罗的进一步传播。儒学先传入百济，后传入新罗。高句丽于公元372年仿照东晋，正式建立太学，推广儒家思想。新罗统一后，随着儒学的传入，新罗不断模仿唐朝的制度，并于公元640年将王族子弟派往唐朝，进入"太学"即我们通常所谓的"国学"学习。到高丽王朝太祖王建开国之初，于公元930年创建学院，教授《周易》、《尚书》、《毛诗》以及三传、三礼等儒学经典。国内私学大兴，代表则是崔冲创立的九斋学堂。国家设立国子监，"睿宗的时代，振兴官学，扩充国学，并设置七斋"[①]。此时，"理学"也于元朝时传入高丽，性理学成为儒学传播的主流，安珦是高丽传播朱子学的第一人，而最杰出的代表则是宋裕。

关于早期儒学传入朝鲜的特点，我将通过中朝的图书交流、教育机构和科举制度、人员的往来这三个方面来分析。书籍是文化的重要载体，中朝之间的图书交流历史悠久。从朝鲜的三国时代就开始受容汉字和儒学。中朝图书交流的特点有二：一是以中国图书单向流入朝鲜为主；二是传入朝鲜的图书以儒家经典为主。其主要途径有三种：一是中国朝廷赠予朝鲜；二是朝鲜请求赠书和自己购买；三是民间的图书往来。明朝皇帝在谈到赐书之本意时表示，"圣人之道与前代得失俱在此书，有天下国家者不可不读。闻裪勤学，朕故赐之。若使小国之民，得蒙其惠，亦朕心所乐也"[②]。朝鲜王朝时代之前，由于国家政治统治的需要、好学的君主积极的图书政策以及读书人的欲求，使得中朝图书交流成为可能。于是，儒家的《五经》、《史书》、《汉书》、《后汉书》、《三国志》、《文选》等典籍成为韩国古代人喜欢读的儒家典籍。到朝鲜王朝时代，图书交流繁盛空前。如明宣宗宣德元年，明赠送《四书》、《五经》、《性理大全》、《通鉴纲目》等书籍。[③] 明朝世宗十七年李朝遣使到明，求《历史笔记》、《宋史》、《通鉴前编》、《源委》等书籍。李朝文宗时期，集贤殿依国王之命，拟定的购买书目是《周礼》、《仪礼》、《通志》、《资治通鉴》、《朱文公集》等书籍。[④] 在《明宪宗实录》卷六一中记载："且朝鲜虽称外国，其人多读书识礼，苟使臣非人，必为所轻。付讫追寝成命，于翰林院或六科给事中推选一员，及行人司官一员往使为便"，

---

① 杨昭全、韩俊光：《中朝关系简史》，辽宁民族出版社1992年版，第154页。

② 《明太宗实录》卷二二，第十册，第578页。

③ 杨昭全何彤梅：《中国——朝鲜、韩国关系史》（下册），天津人民出版社，1994年，第575页。

④ 杨昭全何彤梅：《中国——朝鲜、韩国关系史》（下册），天津人民出版社，1994年，第576页。

"而上曰：'英所言良是，今后赍赏遣内臣，其册封等礼仍选廷臣有学行者充正副使，庶不失中国大体而亦可服远人之心'"①。可见，当时明朝在派使节时的谨慎考虑。由此我们也得知，李朝使节在礼仪与儒学修养上也很有造诣。通过频繁的图书交流和人员往来，中朝的友好交往得到了发展和巩固，朝鲜也在国家治理的层面以儒学为依托。中国以儒家传统治国，这点直接反映在教育机构和科举制度的设立上。明代的永乐皇帝主持编纂和出版新儒学的各种经典著作，在科举考试中也广泛运用经典的注疏和考究，并在民众当中普遍推广儒家教义作为整个社会的道德价值和伦理行为的基础。在这一点上，明朝皇帝和古代朝鲜的国王拥有强烈"共识"，都认为促进儒学的教义会获得某些意想不到的好处。余继登撰写的《典故纪闻》中讲，"太祖尝谓群臣曰：彪悍骄暴，非人之性也，习也。苟有礼法以一之，则彪悍者可使善柔，骄暴者可使循帖"；"人者国之本，德者身之本，德厚则人怀，人安则国固"②。中国的教育和科举制度深刻影响着朝鲜的教育科举体制。因为本着齐家治国的思想，朝鲜王朝时代以前，就开始仿制中国。他们设立中央和地方学校传授儒家经典，通过科举考试选拔人才，力图利用儒家思想和制度统治国家。

综上所述，早期儒学传入朝鲜的特点是均以中国为传播的主导，并往往从统治思想和制度的层面强调，儒学只是"齐家治国"的工具。到朝鲜王朝，在政府大力推广下儒家社会的伦理道德观念才被一般百姓所接受。韩国儒学家琴章泰先生说过，具有广泛功能的儒教是朝鲜民族精神的动力，是韩国社会制度和伦理规范的基础。鉴于儒学在历史上的地位，我想在儒学传播的过程中，仅靠中国单方面的传入是远远不够的。这就是我下文中要阐述的朝鲜王朝在传播和接受儒学成为国家儒教所做的诸多努力。

三、明朝时儒学在朝鲜的传播

儒学在朝鲜的传播经历了漫长的过程，到了李氏朝鲜时儒教政治成为儒学的基本理念。《韩国史新编》一书在谈到"佛教的受容与大众化"的问题时讲，"必须从传入一侧的立场理解佛教的传入、从受容一侧的立场理解佛教的受容、从作为国家法制措施正式承认佛教的立场来分阶段地理解佛教的传入

---

① 刘菁华等：《明实录朝鲜资料辑录》，巴蜀书社，2005年，第147页。

② 〔明〕余继登著，顾思点校：《典故纪闻》，中华书局，1981年，第6页。

过程,而且必须把佛教在民间的传播和受容与在王室的传播与受容区分开来,了解其各自的具体情况"[①]。虽然其分析的是佛教传播的规律,但我想这种理解佛教传播的理念也适用于儒教在李氏朝鲜的传播。关于前人研究的部分,应该是从传入一侧及明朝的立场理解儒教的传入;而我第二部分的内容则是从受容一侧即李氏朝鲜的立场分析儒教的受容。李氏朝鲜时期,奉行"抑佛扬儒"的政策,原因是高丽时期作为国教的佛教,与李朝的建国者们所坚持的"礼治主义"的治国理念是冲突的。这一点孙科志在他的《朝鲜儒家社会的确立》中也有详细的论述。明朝时儒学在朝鲜的传播,具体可以细分为三个方面的内容:李朝政府的大力推广、乡校和乡约。

(一)政府的大力推广

以礼治主义为治国原则。李氏朝鲜,在对外政策中标榜"事大",与明建立深厚的外交关系,全面提倡儒教的政治理念,并主张"抑佛扬儒"的政策,用儒家"忠、信、仁、义、礼、智"的理念建立并巩固自己的统治。李朝政府大力推广儒教作为其大一统思想的有力武器,原因有二:一是以李朝李成桂为代表的建国者,本身崇尚以礼制主义为原则的儒教理念;二是高丽时代跋扈的佛教妨碍了小农生产体系的建立。高丽朝末期,新兴士大夫这种新的社会势力的兴起和成长。他们出生地方社会中具有土著基础的乡吏阶层,具有性理学的素养,并通过科举进入仕途。他们之所以能进入中央的政治舞台,虽然是以地方中小地主的物质基础做后盾,但是他们一般都具有清白廉洁的人品,与通过各种非法的方法拥有庞大农庄的权门、世族的立场是有区别的。[②]韩国的李基白在论及李氏朝鲜的建立时,讲到了由新兴士大夫阶级进行的彻底的"私田改革",他说,"士大夫改革鼓吹者基本上是新儒教的信奉者,他们不仅基于思想上的原因反对佛教,而且因为佛教势力像权门势族一样广有田产,正在侵蚀国家的经济命脉"[③]。在意识形态上,佛教主张"无父无君、无家无国",这与儒家以"忠"、"孝"为基本理念的礼治主义完全相悖。加上僧侣们的整体堕落,佛教的社会功能自然也会缩小。在这种情况下,佛教当然会遭到来自新儒学即性理学的挑战。在经济基础上,高丽时期由于对佛教的尊崇,政府设立"僧科",分

---

①② 高丽大学韩国史研究室编著:《韩国史新编》,高丽大学出版部,2003 年,第 65 页。

③ 李基白著,厉帆译,厉以平译校:《韩国史新论》国际文化出版公司,1994 年,第 173 页。

配土地给和尚并且免除他们的徭役，同时寺院又通过王室和贵族的捐赠、农民的托管以及直接侵占扩大了他们的土地，而且这些土地又有免税的特权，于是佛教机构在经济上变得异常强大。而权门势族子弟成为和尚，使得佛教势力与权门势族相互勾结。小农生产体系的基础便是土地，这样农民的土地和生产体系的发展受到了诸多限制。由此我们得知，以礼治主义为原则的儒教在意识形态和社会系统上与高丽时期的佛教针锋相对，而且广有土地的佛教势力直接阻碍了小农生产体系的建立和发展，这也成为高丽社会最终被以新兴士大夫阶层为后盾的李成桂政权所取代的重要原因。至于朝鲜王朝“抑佛”的措施，太祖时禁止兴建庙宇，并控制僧侣人数，裁减寺院的土地和奴婢。到成宗时则采取完全强硬的压制政策，干脆废止了僧侣注册制度，禁止削发出家，而到中宗时则废除了“僧科”，佛教的衰落不言而喻。

李朝政府“扬儒”的策略。因为儒家的传统道德体系强调社会的和谐，反对社会上存在的各行其是，也主张“皇帝”或者“王”作为统治者的绝对权威，并强调这种权威高于任何其它的权威。这也正是儒学在明朝得到推崇，在李朝义无反顾传承的重要因素之一。建国初期，郑道传编纂了《朝鲜经国典》，其后权近将《劝学事目》呈给国王，提出了儒教国家的方向与儒教教育的理念。世宗时设立了集贤殿专门培养儒学学者，并开始对古典和制度进行研究，同时还通过“经筵”讲论儒教经典。经筵是指负责每天为国王讲授儒教经典和历史著作这一任务的机构。[①] 世宗时期整理了礼乐，缓和了刑罚。成宗时，设立了弘文馆。朝鲜初期的学问发展得力于集贤殿和弘文馆出身的学者官僚的积极活动，国家的文物制度也是在他们的主导下得到了整顿。[②] 随着国家编纂著述事业的发展，儒教伦理也跟着迅速普及，先后刊行了《三纲行实》和《孝行录》。儒教作为统治理念，担当的是教育和伦理规范的重任，具体的推行则突出表现在教育机构和科举制度的完善上面。李朝太祖在即位诏书中提出，“内而国学，外而乡校，增置生徒，敦加讲劝，养育人才”[③]。在教育机构的设置上，政府建立以儒家经典著作为教学内容的中央官学和地方官学。国学，即为中央官学，乡校则为地方官学。设立于京都汉城的成均馆是中央官学的最高教育机构，地位仅次于成均馆的则是东部学堂、西部学堂、南部学堂、中部学堂等“四学”，其

① 前引《韩国史新编》，第 143 页。

② 前引《韩国史新编》，第 143 页。

③ 杨昭全：《中国——朝鲜·韩国文化交流史Ⅰ》，昆仑出版社，2004 年，第 122 页。

学生都是贵族子弟。而广设在各郡、县的地方官学即乡校，则是儒学在普通民众中间得以广泛传播和接受的重要机构。朝鲜王朝在科举制度上也仿制明朝，文武两科并重，考试的内容也不外乎中国经学，诗赋辞表以及时务策论。值得一提的还有全国以书院为载体的教授儒家经典的私学，政府允许书院的建立和发展，在李朝高宗减废书院之前，其数量竟多达650所。[①] 与教育机构直接相关的便是科举制度。教育和科举的目的是为了做官，由于朝鲜限制二品以上的官员之子荫叙，所以通过科举进入文官阶层便是大多数学子的必由之路。李朝时的教育和科举制度，无疑为儒学的传播提供了良好的生存和发展空间。以儒学理念出发的教育和科举，从内容到目的都是为了在全国上下贯彻以忠、孝为社会基本价值观的儒教理念。

（二）乡校

《辞海》中解释乡学，为西周乡遂设立的学校。《礼记·学记》："古之教者，家有塾，党有庠，术有序，国有学。"《文献通考·学校》也称："下曰校，殷曰序，周曰庠，皆乡学也。"毛奇龄的《学校问》综考《周礼》、《礼记》，认为乡学有四：家塾、党庠、州序、乡校。[②] 可见，中国古代的乡校与李朝时的地方官学即乡校还是有区别的。

乡校设立的目的在儒教教化。李朝时期的儒教不再是单纯的政治工具，它具有波及整个国家和社会的文化基层的功能，不仅如此，乡校在儒教理念的普及上也起了一定的作用，这是我们不能不承认的。学习儒教基本精神的地方就是乡校。在新王朝中，作为新社会秩序基准的儒教精神、儒教伦理的实践都欲以乡校为中心推行。乡校是朝鲜时期在全国各地设立的地方官学，它与设立在京都汉城的中央官学成均馆相对，相当于成均馆的缩小版。乡校在空间分布上分为讲学空间和文庙；而讲学空间又有明伦堂和东西斋。因此，乡校从一开始就具备了教育和祭祀的两大功能。同时，乡校还是人们集会进行互相教育的地方。关于祭祀的功能，李朝仿制中国，乡校内建有专供祭祀的文庙，而祭祀的都是以孔子为代表的中朝儒学大家。起先李朝在成均馆的文庙前立下马碑，后于公元1519年（李朝中宗十四年）李朝中宗令诸州及郡县乡校仿成均馆之例，亦于文庙之外立下马碑。[③] 除此之外，还在文庙前立下马石，凡

---

① 杨昭全：《中国——朝鲜·韩国文化交流史Ⅰ》，昆仑出版社2004年版，第123页。

② 《辞海》（彩图缩印本音序4），上海辞书出版社1999年版，第2326页。

③ 《李朝中宗实录》卷36。

经过文庙时都必须下马驻足，以示对以孔子为代表的圣贤先儒的尊敬。先贤的奉祠为学校的权威提供了保障。关于乡校的数量，“据李朝《经国大典》载，李朝全国之乡校为 329 所”[1]。而在李正秀和尹张双的文章《朝鲜时代乡校·书院建筑构成形式的比较研究》中，提出乡校的数量为 331 所。[2] 成宗时，在告谕各道观察使的教旨中说，治国之道应教化先行，欲行教化，则须从学校开始。[3] 而社会教化的要谛不仅在于主张儒家理念，而且还在政策层面。统治者认为，风俗是国家的元气和教化国家的急务，而实施以儒教理念为根本的社会教化，最好的地方莫过于学校，地方乡校成为普及儒教理念的窗口。

政府制度层面对乡校的支持。《高丽史》中讲到，“学校风化之源，国家理乱政治得失，莫不由斯。近因兵兴，学校废弛，鞠为茂草。乡愿之托儒名，避军役者。至五六月间，集童子读唐宋人绝句，至五十日乃罢，谓之夏课。为守令者视之泛然，会不介意。如此，欲得经明行修之士以补国家之盛理，其可得乎？原自今以勤敏博学者为教授者，分遣五道各一人，周行郡县其马匹供亿，并委乡校主之。又以州郡闲居业儒者为本官教导，而令子弟常读四书五经，不许读辞章。而教授官巡视一道，严立课程”。[4] 可见，高丽时期就已经对学校给予了高度重视，李朝继承并完善了乡校教化的实行。《太祖实录》卷 8 讲，“农桑，王政之本，学校风化之源也。即位以来，屡下教书，示以劝农桑、兴学校之意”。[5]，认为劝农桑、兴学校才是爱民重道之本。在朝鲜王朝时期的郡县制中，从郡留守府到县，都设立乡校进行儒学教育，而且还举行乡试，科举成功可以进入文官阶层，由此，乡试成为推行儒学教育的强大动力。作为地方行政长官的各郡县守令，掌管儒教教育是一种义务，不仅要负责行政事务，还必须对乡校的运营负起责任，甚至于乡校的运营和发展成为考核地方行政长官的一个标准。李朝《太宗实录》卷 12 中具体说到了褒贬守令的法则：存心仁恕赈恤穷乏者几人惠养老疾者几人……修明学校几间，内修治几间，生徒几人，内读书几人，通

① 杨昭全，前揭文，第 122 页。

② 〔韩〕李正秀、尹张双：《朝鲜时代乡校·书院建筑构成形式的比较研究》，《大韩建筑学会学术发表论文集》1987 年第 7 卷，第一号。

③ 李范稷：《朝鲜前期儒学教育与乡校的机能》，《历史教育》第 20 辑，1976 年，第 5 页。

④ 李范稷，前揭文，第 3 页。

⑤ 李范稷，前揭文，第 7 页。

几经几人。[1] 在中央政府选任守令的同时，派遣专门负责儒学教育的外官教授、训导来辅佐守令，他们都是中央派遣的外官。为了使各郡县的乡校顺利运营，政府提供学田、学奴婢作为乡校的财政基础。除了乡校之外，政府还奖励私学，作为乡校的补充。因为私学也实行儒学教育。政府齐备的策略，使得以儒教为中心的儒化政策顺利展开。

乡校实现了儒教理念的生活化。从儒教教育的"化民成俗"来看，乡校教育具有重大意义。朝鲜王朝为了达到以儒教理念为中心的教化目的，在乡校教育中强调四书、五经，同时也在乡校中普及能在日常生活中体现儒教理念的《小学》、《三纲行实》、《孝经》和《朱文公家礼》等，以孝悌忠信为本，强调君臣、父子、夫妇之间的伦理，同时还积极表彰忠臣、孝子和烈女、孝妇等，从而使儒教伦理和秩序在李朝的民众当中得到了迅速普及。以忠、孝为根本价值观的儒教教育，通过乡校的大力推广，我们看到了统治者实行教化的初衷，即"厚人伦，正风俗"。

（三）乡约

乡约，一是同乡的人共同遵守的规约，《宋史·吕大防传》称："[吕氏]常为乡约曰：凡同约者，德业相劝，过失相规，礼俗相交，患难相恤"；二是旧时奉官命在乡里管事的人，《儒林外史》第六回有这样的内容："族长严振先，乃城中十二都的乡约"[2]。显然，这里要讨论的李朝乡约属于第一种。朝鲜社会从建国之初就实行抑佛扬儒的政策，追求将儒教政治理念作为国家统治理念的王道政治。乡约是朝鲜时期在乡村社会内部具体实现儒教理念的乡里居民之间的规约。朝鲜时期儒教社会所追求的理想方向就是理想乡，在乡村社会实现这种儒教理念的就是乡约。以儒教原理为基础的乡里居民间的约定，其目的在于教化和善导乡里、纯化风俗。

乡约的发展。在朝鲜时期，对国民的统治强调的不是通过法治，而是强调通过礼的规范实践而实现的礼治主义。[3] 李基白认为，乡约是士林用以巩固其在乡村地位的另一种手段。乡约的精神体现在它所强调的四个目标上，即德业相劝，过失相规，礼俗相交和患难相恤。李朝中宗时的士林学者赵光祖，反对与儒家行为准则相违背的迷信，主张按照儒家的理想，以道义上的规劝来建

---

① 李范稷，前揭文，第16页。

② 《辞海》(彩图缩印本音序4)，上海辞书出版社，1999年，第2326页。

③ 前引《韩国史新编》，第165页。

立政府，并大力推行“公约”即一种倡导公正待人和必要时互助的地方自治形式。中宗十四年(1519 年)，在赵光祖的积极主张下，这些建议得到采纳。赵光祖一派把《吕氏乡约》和《小学》一起翻译成国文，普及全国，后来由于赵光祖的下台，推行“公约”的努力也宣告失败。[①] 但是此后在地方士林的推动下，乡约在一些地方开始实行，以多种形态制订的、符合朝鲜实际情况的乡约以郡县或乡村为单位开始施行。到李朝宣祖时期，乡约得到了广泛的实行。执行乡约的通常是当地士林中有权势的人物，不过普通农民也在其中。统治者希望通过实行以儒教伦理为基础的乡约，来实现社会的根本稳定。这种性质的乡约以栗谷创制的西原乡约、海州乡约等为基础，在畿湖地方广泛传播，而在岭南地方，退溪创制的着眼于道德和社会秩序安定的礼安乡约则发挥着重要的影响。[②] 国家专门制定了乡约法，更加速了乡约的普及。

乡约的基本理念和特点。乡约在各地或不同时期虽然有变化，但儒教的核心理念却没有发生变化。《损益蓝田吕氏乡约》开篇便提出：事亲能孝，事君能忠。夫妇以礼，兄弟以恩，朋友以信。能睦乡邻，能敬官长，能为姻亲。与人恭逊，持身清约，容止庄重，辞气安和。衣冠合度，饮食中节。凡此皆谓之德。[③] 这正是儒家伦理关于教化的核心。乡约以乡村为单位实现教化，由此乡约可以理解为朝鲜社会教育的一个环节。当时乡约的主要内容或者说基本理念，就是德业相劝、过失相规、礼俗相交、患难相恤。以《栗谷全书》卷十六中关于“海州乡约”、“增损吕氏乡约文”的内容，以及《退溪集》卷四十二中关于“乡立约条序”的阐述，我认为乡约的特点有四：一是组织，乡民自愿加入，并由众人推举德行俱佳的人为领导；二是形式，在乡校和书院举行集会，进行乡民的互相教育，而且集会时的座次严格按照儒家长幼、尊卑有序的原则；三是内容，以《吕氏乡约》的基本理念为原则，根据朝鲜社会自己的特点制定约文，在栗谷的《增损吕氏乡约文》中就提到，仿吕氏乡约而节目多不同[④]，实行赏罚公开、扬善惩恶；四是本质，以忠、孝为基本价值观的儒教道德伦理来实现“化民成俗”的目的。《奎章阁文书》提到，若是讨论治国之道，以正风俗得贤才为先，而要正

---

① 李基白著，厉帆译、厉以平译校：《韩国史新论》，国际文化出版公司，1994 年，第 216 页。

② 前引《韩国史新编》，第 166 页。

③ 《朱文公文集》卷七四《杂著损益蓝田吕氏乡约》，中华书局，1983 年。

④ 《栗谷全书》，卷十六，三四七。

风俗，就要使人人都知道为善，并以行恶为耻，以忠信孝悌教化民众，使其明白是非善恶，赏罚分明，于是教化的目的才可以达到。朝鲜社会想通过乡约的具体规定，力图达到全民为善的礼俗效果。乡里社会的成员不仅是乡约的客体，也是乡约的主体，使乡民不仅人人受约，而且自约和互相规约，以保障乡里社会全体成员在共同的生活伦理和规范中共同进步，这才是乡约的初衷，也是乡约制度存在的本义。

乡约的追求。乡约是利用道德的约束，在一定的地域范围内进行自我管理的一种道德伦理规范。它具有非官方的自治性质。德礼为政教之本，刑罚为政教之用。[①] 乡约对乡民的言行的确有指引、评价、教育、惩罚的作用，也有调整和维持秩序的社会作用。乡约的目的在于确立乡村社会的道德秩序、伦理规范，发展培养乡里间的美风良俗，并且在应对各种灾难时能够发挥相扶、相助的协同精神。这样一来，乡约与儒教理念便有了一种不可分离的关系。因此，朝鲜时代的乡约所追求的就在于乡里的治理和教化，即“化民成俗”。这与李氏朝鲜所坚持的礼治主义的治国理念是一致的。

四、朝鲜儒家社会的确立

朝鲜王朝李成桂建国之初，就奉行“抑佛扬儒”的统治政策，主张以儒家礼治主义为治国的根本原则。在思想上，抛弃了高丽时期以佛教为国教的理念，力图用儒家忠、孝、仁、义、礼、智的道德和伦理传统建立和巩固自己的统治。金东勋在《韩国宗教文化略论》中提出，以《四书》、《五经》为经典，并有祭天、祭孔、祭祖等规定的宗教仪式，从历史角度看把儒学归类为宗教是合理的，即所谓的儒教。儒学经由政府的大力提倡，为其树立了思想正统的地位，儒教也成为朝鲜王朝的国教。儒学不仅是“齐家治国”的工具，而且也是人们“安身立命”的根本。儒家统治思想在朝鲜社会确立。在制度上，朝鲜王朝时期的统治者们不断模仿中国的体制，并按照朝鲜本国的实际情况建立和完善自己的统治制度。以礼治主义为治国的原则，极力反对佛教，大力提倡儒学，主张用儒家“克己复礼”的传统精神，统治国家，教化民众。以农桑为本的朝鲜王朝，实行科田制，保证小农生产体系的建立和发展。以儒学为立国之本，以郡县制为基础，在教育机构和科举制度的设立上都始终贯彻儒学的传统理念。国家制

---

① 〔唐〕长孙无忌等撰：《唐律疏议》，中华书局，1983 年，第 3 页。

定乡约法，使得乡约借助国家法制的权威迅速普及。在与明朝的对外关系中，也以礼治主义为原则建立和平和相互尊重的外交关系。儒家统治制度在朝鲜确立。

朝鲜王朝将儒学作为国家统治的根本思想，并从制度层面保障了儒教教化的展开。樊树志在讲周公“制礼作乐”的时候，认为礼的本质或确切含义是“异”，即差异，用来确定社会中各等级之间——贵与贱、尊与卑、长与幼、亲与疏之间各有各的特殊行为规范。中国古代的周公“制礼作乐”，目的就是形成一整套规范社会的等级仪礼制度。孔子在宣扬自己的主张时，也讲“郁郁乎文哉，吾从周”。以儒家理念治国的李氏朝鲜，也以儒家忠孝为基本价值观的道德和伦理传统，统治国家、教化民众，以期达到“化民成俗”的效果。实现教化的途径有三：一是个人的修养，二是学校的教育，三是团体的规范。李朝从强调个人修养的儒家理念出发，通过国家完备的教育体制和法制化了的乡约，使得儒教理念和传统被一般百姓所接受。由此，以孝为家庭伦理和为国尽忠的基础，孝悌和仁义成为维持美好的人际关系、良好的家庭规范和社会秩序的根本。朝鲜社会逐渐形成了一整套以儒家传统道德和伦理为基础的人生礼仪和风俗，指导和规范每个社会成员的实际言行和举止，儒学文化和礼仪深入到了普通百姓生活的各个层面。至此，儒学在社会各个阶层的传播使得儒家的伦理道德观念被整个社会所接受，朝鲜儒家社会确立。

五、结语

中国向来以所谓的中原文化为荣，并以天朝上国自居，自认为是中原正统。因此在外交政策中较为宽厚，始终坚持以儒家平和思想为根本的天朝礼仪观念。在这种历史背景下，中国的儒学顺利传入朝鲜。到了明代，由于明朝皇帝保国安民的思想以及中国儒学的繁盛发展，使得中朝的友好关系更加坚固，也为儒学在朝鲜的继续传播创造了条件。从传入一侧的立场来看，以儒家传统治国的明朝乐意用儒学的方式影响朝鲜，从而维护自己的正统地位。从受容一侧的立场来看，与明朝保持友好关系是朝鲜王朝树立统治权威的有效途径，借鉴明朝的思想和制度也有利于巩固和维护自己的统治，而且儒学本身所具有强烈吸引力都使得儒学在朝鲜王朝广泛传播和普及。于是，以儒教理念为基础而延伸出来的礼治主义成为李朝实现统治的最根本原则。在“抑佛扬儒”的策略下，朝鲜王朝在统治思想、统治制度上实现了儒教的确立，而以忠信、孝悌为基础道德伦理价值观的儒学被普通百姓所接受，则完成了朝鲜儒家社会的确立。由此我们得知，儒学在李朝的传播，是明朝和李朝在礼治主义的原则下共同实现的。在儒学传播的过程中，我看到了以儒学为代表的文化的深刻魅力和影响力，觉得以文化为核心的国家交往才更具亲和力和生命力。

（作者：王艳，西北民族大学民族学 2007 级硕士研究生）